陪宝宝
一起上幼儿园

写给父母的100个入园建议

维宁 ◎ 编著

北京理工大学出版社
BEIJING INSTITUTE OF TECHNOLOGY PRESS

版权专有　侵权必究

图书在版编目（CIP）数据

陪宝宝一起上幼儿园/维宁编著.—北京：北京理工大学出版社，2016.7（2017.3重印）

ISBN 978-7-5682-2253-2

Ⅰ.①陪… Ⅱ.①维… Ⅲ.①学前儿童-家庭教育 Ⅳ.①G78

中国版本图书馆CIP数据核字（2016）第091423号

出版发行 / 北京理工大学出版社有限责任公司	
社　　址 / 北京市海淀区中关村南大街5号	
邮　　编 / 100081	
电　　话 / （010）68914775（总编室）	
（010）82562903（教材售后服务热线）	
（010）68948351（其他图书服务热线）	
网　　址 / http://www.bitpress.com.cn	
经　　销 / 全国各地新华书店	
印　　刷 / 北京泽宇印刷有限公司	
开　　本 / 710毫米×1000毫米　1/16	
印　　张 / 15	责任编辑 / 杨海莲
字　　数 / 214千字	文案编辑 / 杨海莲
版　　次 / 2016年7月第1版　2017年3月第2次印刷	责任校对 / 周瑞红
定　　价 / 29.80元	责任印制 / 马振武

图书出现印装质量问题，请拨打售后服务热线，本社负责调换

前　言

　　孩子在家长们的呵护下长到了两三岁，转眼到了上幼儿园的年龄。送孩子去什么样的幼儿园呢？是公立幼儿园，还是民办幼儿园？是双语幼儿园，还是蒙特梭利幼儿园？是离家近的普通园，还是离家远的贵族园？是两岁半送，还是三岁送？这些问题是每个妈妈都要考虑的问题。选择好了幼儿园，孩子能快一些适应，能少一些焦虑和不安。

　　孩子要上幼儿园了，对于妈妈来说，不是仅仅把孩子送到幼儿园就没事了，也不是给孩子选一个托费最贵的幼儿园就是对孩子最好的。负责任的妈妈会弄清楚各个幼儿园的优势，会根据自己家的实际情况和孩子的性格选择一家最合适的幼儿园；在孩子入园前带他先熟悉幼儿园的环境，让孩子先认识一下小同学；负责任的妈妈还会事先按照幼儿园的作息时间安排孩子的生活，会锻炼孩子自己吃饭、穿衣服的能力。这样的妈妈带出来的孩子，能很快地适应幼儿园，能早点从分离焦虑中走出来。妈妈做完这些，也仅仅是完成了一些准备工作。等孩子上了幼儿园，真正的战争就打响了。

　　孩子们进了幼儿园，离开了家人的呵护，他们需要适应全新的环境。他们有了老师，有了同学，开始了集体生活，每个孩子都会面临分离焦虑的考验。孩子们的分离焦虑很正常，他们渴望在熟悉的环境中被呵护。孩子刚上幼儿园的时候，那些撕心裂肺的哭声里，更多的是不安和委屈。他们害怕妈妈不要他们了，他们在全新的环境里不知所措。这个时候，妈妈要给孩子一个大大的拥抱，接纳孩子的无理取闹，适当地转移孩子的注意力，告诉孩子，妈妈永远爱他，上幼儿园只是和妈妈短暂的分离，告诉孩子，晚上还要他帮助妈妈择菜做饭，帮助妈妈扫地。当孩子知道妈妈永远爱他，知道上幼儿园只是待一会儿而不是不回家了，孩子就会慢慢走出分离焦虑的困扰，开始快乐的幼儿园生活。

随着孩子在幼儿园的时间越来越长，孩子的各种问题也会逐渐暴露出来。有的孩子胆子小、害羞、不善于表现自己、害怕与人交往；有的孩子开朗外向、总是闯祸、喜欢攻击小朋友；还有的孩子喜欢告状，别的小朋友都不喜欢跟他玩……不管孩子是哪种情况，妈妈都要帮助他们解决这些问题。妈妈要跟幼儿园的老师紧密联系，及时掌握孩子的各种信息。还要积极参与到孩子的成长过程中，让孩子做一个懂礼貌、爱进步、喜欢帮助人的小朋友。

当了妈妈，就要让自己成为一个"战士"。只有妈妈做好了准备，用知识武装了自己，遇到各种问题都能找到恰当的方法引导孩子，才能让孩子多一些欢乐、少一些烦恼。我们在这里要讲的，就是怎样成为一个全能型妈妈，怎样让我们的努力真正帮助到孩子，让孩子度过快乐的幼儿园生活，让他们在我们的努力下得到最好的照顾。每一个有心的妈妈，都要用知识武装自己。不要害怕自己的孩子胆子小受欺负，不要害怕自己的孩子老惹祸，孩子都是需要教的。只要有一个懂教育的妈妈，就会有一个大方开朗、懂礼貌的孩子。

妈妈永远要记住一点：只有妈妈最了解自己的孩子，也只有妈妈能给孩子最好的帮助。不要把孩子的一切都推给幼儿园。好妈妈胜过好老师！

目录
CONTENTS

第一章 妈妈们所不知道的孩子的幼儿园生活

1/选对幼儿园，孩子不受罪 …………………………………… 2

2/孩子必须上幼儿园吗 …………………………………… 11

3/孩子要上幼儿园了，父母要准备些什么 …………… 15

4/孩子能独立，就会尽快适应幼儿园 ………………… 20

5/和老师多沟通，了解孩子的幼儿园生活 …………… 24

6/分离焦虑没那么可怕，我们一点点处理掉 ………… 30

第二章 孩子在幼儿园最常遇到的问题

1/孩子去幼儿园会撕心裂肺地哭 ……………………… 42

2/孩子上幼儿园总是生病 ……………………………… 47

3/孩子胆子小，被小朋友欺负 ………………………… 53

4/孩子喜欢攻击别人 …………………………………… 60

5/孩子不和小朋友分享 ………………………………… 68

6/孩子挑食，不爱吃饭 ………………………………… 75

7/别人有的，我也要有 …………………………………… 80

8/孩子"爱告状" …………………………………………… 86

第三章　孩子上幼儿园，应掌握的本领和规则

1/动别人东西前要征求意见，别人动了自己的东西要维护权利 … 92

2/犯错了就得受惩罚 ……………………………………… 97

3/说脏话必须及时制止 …………………………………… 102

4/别人的东西不要拿回家 ………………………………… 108

5/让孩子懂得帮助他人 …………………………………… 112

6/自己的问题要自己解决 ………………………………… 119

7/养成良好的睡眠习惯 …………………………………… 124

第四章　我喜欢上幼儿园，幼儿园里朋友多

1/父母对孩子社交的关注能让孩子少走很多弯路 ………… 134

2/帮助不合群的孩子适应集体生活 ……………………… 140

3/孩子和小伙伴闹了矛盾，父母尽量少插手 …………… 144

第五章　上幼儿园该养成的好习惯

1/让孩子爱上阅读 ………………………………………… 150

2/锻炼孩子的表达能力，引导孩子口齿伶俐地表达自己 …… 155

3/培养孩子的专注力，一定不要突然打断孩子正在进行的事 … 157

4/幼儿园时期应该早点养成的好习惯 ……………… 163

第六章 成功的幼儿园教育，离不开妈妈的参与

1/和孩子一起快乐地识字 ……………………… 176
2/认真对待孩子的提问 ………………………… 181
3/避免会惹麻烦的不良沟通方式 ……………… 185
4/父母不能恐吓、吓唬孩子 …………………… 191
5/孩子上幼儿园不能缺少的安全教育 ………… 194

第七章 当敏感期、叛逆期碰上幼儿园

1/接纳孩子的第一个叛逆期 …………………… 204
2/孩子发脾气要疏不要堵 ……………………… 210
3/尊重孩子的个性，少命令、多沟通 ………… 215
4/接纳孩子的负面情绪，让孩子发泄出来 …… 222
5/怎样教见人来就兴奋的孩子 ………………… 227

第一章

妈妈们所不知道的孩子的幼儿园生活

1　选对幼儿园，孩子不受罪

每个幼儿园都是不一样的，有的比较看重孩子自身能力的发展，有的比较看重知识的传授。在为孩子选择幼儿园时，妈妈一定要弄清楚自己的理念是什么。

在乐天儿两岁半的时候，妈妈便打算送孩子进幼儿园。虽然很多人都鼓励乐天儿妈跟上形势，让她将儿子送进贵族幼儿园，可是，乐天儿妈却有自己的想法。她知道，孩子还小，需要大量的玩耍活动，一个连活动课都不安排的幼儿园，是不适合孩子的。因此，她在考察幼儿园的时候，每次都会问时间安排，给孩子安排的活动课是多少小时，会给孩子安排一些什么样的游戏活动……经过比较之后，乐天儿妈最终将儿子送进了自己中意的幼儿园。因为，这所幼儿园每天会为孩子安排两个小时的课外活动课。

乐天儿妈在为孩子选择幼儿园的时候，一点都不盲目，而是心中早就定好了目标，就是要有丰富的课外活动。

如果你希望孩子能够在幼儿园学到知识，就将孩子送进注重教授知识的幼儿园；如果你希望孩子能够自然愉快地成长，能够在童年中充满游戏地欢笑，那么，选择注重知识传授的幼儿园或许就是一种错误。在为孩子选择幼儿园的时候，妈妈要问自己几个问题：

"我们希望幼儿园做什么？"

当我们在给孩子挑选幼儿园的时候，首先需要好好问一问自己："我们希望幼儿园做什么？"

如果你希望幼儿园能够在你上班的时候替你照看孩子，那么，最好选择单位或者社区幼儿园。

如果你希望孩子能够在幼儿园学到很多文化知识，在挑选的时候，你就要关注一下幼儿园的日程安排、特色课程、教师的资历等方面。

如果你希望孩子得到悉心的照顾，那么，理想中的幼儿园，每班的人数都不能太多。

"我最看中幼儿园哪个方面？"

在为孩子选择幼儿园的时候，要想一想："我最看中幼儿园哪个方面？"比如：你是否看重双语教学？幼儿园是不是一定要有外教……知道了自己的底线，可以很快排除一些干扰。

在考察幼儿园的时候，如果你看中双语教学，而有些幼儿园没有这一条，你就可以将它们剔除掉，缩小自己的选择范围。

"我究竟是在给自己选择幼儿园，还是给孩子选择幼儿园？"

在考察幼儿园的时候，最好审视一下自己的心态：你究竟是在给自己选择幼儿园，还是给孩子选择幼儿园？

很多时候，妈妈们在选择幼儿园的时候，比较看中幼儿园的名气、价格上的优惠。但是，这所幼儿园是否适合你的孩子？是否适合你的家庭状况？这是你最需要考虑的因素。

未来在幼儿园学习和生活的，是孩子，而不是你。所以，做决定之前，一定要重新审视一下自己，不要因为一时的利益而影响长期的生活。

方法一：先来认识一下幼儿园

馨馨已经两岁了，妈妈开始考虑给馨馨选一个合适的幼儿园。妈妈首先考虑，馨馨有点胆小害羞，不喜欢和人交往，妈妈决定从馨馨的性格特点出发，选择一个最适合孩子的幼儿园。可是馨馨妈妈并不了解现在林林总总的幼儿园，她决定先查查资料，然后有目的地考察心仪的幼儿园。

馨馨妈妈查完资料，对各种幼儿园的优缺点有了比较直观的认识。

一般来说，幼儿园分为公办幼儿园与民办幼儿园两大类。

公办幼儿园，顾名思义，就是由政府设立的幼儿园，幼儿园的一切财产均属公有，办学经费是由国家直接拨款，园长由教育局任命，建设经费、办公经费、教师及保育员工资均为财政拨付。公办幼儿园有严格的等级划分，幼儿园的软硬件配置都有相对统一的标准，教学内容根据国家规定的大纲执行。教学模式和方法必须遵照国家教育部等相关部门的管理，围绕和遵循国家推广使用的教材开展幼儿早教工作。相较于私立幼儿园，公办幼儿园的优点主要体现在以下几点：

师资稳定。公办幼儿园老师有事业编制，对老师的专业背景有严格要求。老师大多是师范类院校幼师背景，经过多年的幼师学习，专业操守更强，老师的流动性小，不用担心孩子经常换班主任的问题。不过有些妈妈可能会担心公办幼儿园老师年龄偏大，缺乏活力。其实这倒不必过于担心，因为年龄不是决定老师水准的唯一条件。有的老师虽然年轻，却老气横秋。有的老师虽然年纪大，但是有经验、有童心，深受孩子们爱戴。

硬件设施过硬。每年国家教育机关有专门的款项用于幼儿园硬件设施的调整与更新，因此即使是一所普通的二级幼儿园，在硬件设施上也与示范园标准差不多。而这一点是大多民办幼儿园缺少的。

教学内容更符合国家要求。公办幼儿园的教学理念完全按照国家教育部的要求，更加着重于开展幼儿的启蒙教育，培养幼儿的发散性思维能力，整个幼儿园的就读过程几乎没有要求幼儿死记硬背的内容。当然在某些家长的眼中，这也是一大缺点，会让家长觉得孩子在幼儿园学不到东西。

收费合理。公办幼儿园因为有政府的补贴，收费相对合理一些，只要孩子符合户口等条件，每个月的学费只有1 000元上下，这大大减轻了父母的经济负担。而且收费有国家统一标准，监察制度完善，管理规范，一般不会存在乱收费现象。

当然，除了这些优点，公办幼儿园也存在一些缺点。

对户口有严格要求。公办幼儿园一般只招收幼儿园所在地区范围内的孩子，对入园的孩子户籍限制较为严格，尤其是一些声誉良好的公办幼儿园，入园名额很有限。

班级人数多。公办幼儿园每班人数往往在30个左右，孩子与老师的比例多为1∶10，中班和大班的比例更高。

与家长的互动较少。除非家长主动询问，公办幼儿园的老师很少会像民办幼儿园那样，每天写家园联系手册，告诉家长孩子在幼儿园的情况。

机械。因为严格执行国家教育部的规定，公办幼儿园只收符合年龄要求的孩子，没有托班，没有兴趣班，对于很多希望孩子早点入园的家长或是希望孩子能在幼儿园学到更多知识的家长来说，他们会有些失望。

民办幼儿园是由国家机构以外的社会组织或个人承办的，利用的是非国家财政性经费。民办幼儿园通常面向全社会招收幼儿，只要有入学名额，孩子符合入学条件，幼儿园一般都会接收。

民办幼儿园根据各自的侧重点不同，又分为许多不同的种类：

双语特色幼儿园：将常规教学英语化，培养教学游戏化。幼儿园中配备外教，专门给孩子教授英语课，以提高孩子的外语能力为主要目的。

艺术特色幼儿园：一般都有自己主打的特长项目，例如武术特色幼儿园，注重体育教学，专门聘请武术教员，让儿童从小习武，强身健体；音乐艺术幼儿园，在幼儿园中开设多种艺术专业课程，如唱歌、乐谱知识、节奏模拟、钢琴、小提琴、打击乐和民乐等乐器课程，对孩子进行比较专业的音乐训练，培养孩子的艺术修养和专业特长；还有"健脑"特色幼儿园，注重开发孩子的智力，通过运动等各种方式开发右脑，促进大脑两半球协调发展，现在艺术特色幼儿园种类繁多，各有所长，家长需要根据自己孩子的兴趣爱好与特长来选择。

蒙氏幼儿园：以蒙特梭利教育方法为教育理念的幼儿园。

蒙氏幼儿园的理念有：

以儿童为中心。反对以成人为本位的教学观点，视儿童为有别于成人的独立个体。

不教的教育。反对填鸭式教学，主张从日常生活训练着手，配合良好的学习环境、丰富的教具，让儿童自发性地主动学习，自己建构完善的人格。

把握儿童的敏感期。顺着敏感期学习的特征，得到最大的学习效果。

教师扮演协助者的角色。教师须对孩子的心灵世界有深刻的认识与了解，对孩子的状况了如指掌，才能提供对孩子适性、适时的协助与指导。

完全人格的培养。幼教的最大目的是协助孩子正常化。

尊重孩子的成长步调。以个性化的教育方案，使孩子个体成长的需要和潜能得到最大化的挖掘和发挥。

混龄教学。不同年龄的孩子会相互模仿、学习，养成儿童乐于助人的良好社会行为。

丰富的教材与教具。教具是孩子工作的材料，孩子通过"工作"，从自我重复操作的练习中，建构完善的人格。

摒除奖惩制度。采取尊重孩子的方式，培养孩子正在萌芽的尊严感。

爆发的教学成果。采取尊重孩子内在需求的方式，让孩子适时、适性地成长，短期内不易察觉成果，却会在某一时间以爆发的力量彰显出孩子内在心智的成长。

蒙氏幼儿园收费较高。现在打着蒙氏幼儿园旗号的幼儿园不少，但是教育质量却良莠不齐。如果要选择蒙氏幼儿园，要先考察幼儿园的带班老师是否经过培训，是否有"蒙氏教师初级资格证"，教师的教学态度与经验，还有幼儿园是否具有全套的蒙氏教具，幼儿园开设的课程是否贴近生活，等等。

华德福幼儿园：以华德福教育理念为主进行教学的幼儿园。华德福教育就是配合人类意识发展规律，阶段性地针对意识设置教学内容，让人的身体、生命、灵魂和精神都扮演不同的角色。华德福教育认为，只有针对人的深层意识教育，才能让孩子成长为自己。

华德福教育的本质是人的和谐发展，关注物质身体的同时也关注内心与灵魂的发展。如果要给孩子选择华德福幼儿园，也需要家长进行仔细的考察和鉴别。

国际幼儿园： 国际幼儿园种类繁多，有英国式教育、法国式教育、美国式教育，等等，每个幼儿园也都有自己推崇的特色教育。国际幼儿园收费昂贵，一般具备一定经济基础的家庭才会选择国际幼儿园。如果家长想要将孩子送进国际幼儿园，要先了解幼儿园，并且确定自己的孩子到底是否适合在这样的幼儿园就读。孩子进入这样一个环境中，要注意不要让孩子从小就学会攀比。

民办幼儿园和公办幼儿园相比：

教学内容丰富。不同的幼儿园各有各的特色，个性化内容更多一些，针对性更强，教育的灵活性也更大一些，不过收费也会比一般公办幼儿园更高。不同的幼儿园，收费浮动较大。

班级设置灵活。只要家长想让孩子进幼儿园，民办幼儿园的托班基本都可以满足要求，有的孩子1岁多就被送进幼儿园了。

家长与学校的互动性更强。为了让家长放心，不少民办幼儿园每天都会把孩子在幼儿园的情况记录下来，与家长交流孩子的情况。有的幼儿园还装有摄像头，家长可以随时看到孩子在幼儿园的情况。

班级人数相对较少，有的班人员上限约15人，老师与学生的比例可达1∶5左右，老师对孩子的关注度会更高。

民办幼儿园也有它的缺点：

在师资力量上，民办幼儿园教师流动性相对于公办幼儿园而言更大些，因为存在办学风险和不确定性，而且民办幼儿园兴起时间较晚，办学成熟度相对于公办幼儿园更低一些。民办幼儿园的师资力量参差不齐，好的幼儿园通常会比较严格审核老师的从业资格，但是不排除一些规模小的幼儿园为了降低运营成本，聘请缺乏从业资格的老师任教。但是民办幼儿园老师普遍较年轻，对待孩子和家长态度温和。

硬件设施相对较差。民办幼儿园的硬件设施大多靠社会或家长投入，不

会像公办幼儿园那样每年都有一笔固定经费投到硬件设施的更新上。民办幼儿园室外运动的场地相对来说也更小一些。

不管是选择公立幼儿园还是民办幼儿园，有一点要注意，下面这些幼儿园最好不要选择。

单纯以营利为目的的幼儿园：这种幼儿园的主办单位和主管部门都需要推敲，设施不够齐全，甚至根本不安全，教师素质和责任心不够，有乱收费现象。

不能给幼儿充分游戏的幼儿园：幼儿园空间太局促、狭小，老师过分禁锢孩子的行动。

对幼儿过分严厉的幼儿园：这种严厉可能出自该幼儿园的"园训"，也就是希望对孩子提出严格要求，达到培养孩子的目的，还有可能就是某位老师的脾气性格给人留下了不太可亲的印象。这需要仔细考察，耐心鉴别。

馨馨妈认真查阅完资料，决定开始对距离家近的幼儿园进行一番考察，找到最适合馨馨的幼儿园。

方法二：带孩子一起考察幼儿园

要给孩子选个最适合他的幼儿园，就要带着孩子一起考察幼儿园，除了看看幼儿园的硬件设施外，老师对待孩子的态度、幼儿园整体的氛围更是要重点考察的内容。为了全面了解幼儿园，多听听别的妈妈的评价更有用。考察幼儿园，妈妈要从下面几个方面考虑。

距离：很多妈妈都同意"最近的就是最好的"这个观点。虽然我们不能绝对地说"远的幼儿园不能上"，但是距离必须是首先需要考虑的问题。实地考察时，家长一定要亲身体验一下从家到幼儿园所需要花费的时间。有些幼儿园虽然条件、设施非常好，却离家很远；离家近的幼儿园，家长又觉得有这样那样的不足。于是索性一咬牙，情愿自己多费点工夫，也要把孩子送进好的幼儿园。可是，如果孩子每天很早就要起床，然后路上耽误很长时间，这会耗费他很大的精力。这样反而不如把孩子送到离家近的幼儿园，让孩子能多休息，路上也不会耽误太多时间，这对孩子、对家长都是好事。

幼儿园与家的距离最好不要超过20分钟车程，这样，一旦孩子在幼儿园生病或者发生其他紧急情况，家里人能尽快赶到。当然，如果父母工作单位的氛围相对轻松，让孩子上父母工作单位附近的幼儿园也是一个不错的选择。

师资力量：老师是与孩子最接近的人，当孩子进幼儿园后，他每天有8个小时的时间与老师在一起。老师会影响孩子的一生，一个好的老师能对孩子的一生产生积极的影响，一个不爱孩子的老师则会给孩子的一生留下阴影。因此，考察一个幼儿园的教师素质极为重要。

只有经过实地考察，才能真实了解幼儿园的理念。在选定幼儿园后，亲自去幼儿园看看，与老师见个面，找找感觉。与老师见面时，最好带上孩子一起去。这样可以直接看到老师对待孩子的态度以及孩子的反应，还能看到老师与孩子的互动模式。如果孩子在老师面前比较容易放松，老师能够根据孩子的特性耐心地与孩子互动，孩子对老师表现出明显的好感，那么就可以考虑选择这家幼儿园。

除此之外，更要关注老师对待班级中孩子的情况，看看老师是否能够平视孩子的双眼（即能否蹲下身子说话）；老师在组织课程或游戏的时候，能否配合孩子的接受程度和节奏（不是滔滔不绝地灌输，而是以孩子为主体引导孩子发言）；户外活动的时候，老师是否分散在孩子中间以便及时照顾到所有孩子；老师之间的对话是否使用平和、尊重的口吻。最后一点，您要仔细观察老师的笑容，如果他会因为孩子的所有举动而会心微笑，他一定是一位有爱心的老师。

硬件设施：硬件设施的考察重点不是档次的高低，而是是否适合孩子。3岁以前的孩子对物品归属没有概念，容易发生争执，因此小班教室里的玩具应该尽量丰富，活动区域应尽量开阔，以减少孩子之间争抢的次数。此外，公共区域的卫生、活动设施的清洁和牢固与否，都是考察幼儿园日常工作是否规范严谨的方式。

费用： 不要仅仅询问一个数字，你需要核实这些费用具体包括什么，然后把所有的管理费、伙食费、学杂费、材料费、赞助费、服装费以及今后可能产生的兴趣班的学费、外出活动的杂费全部加在一起，才能知道它的大概水准。

师生配比： 一个班级的学生总数和师生配比关系到孩子在幼儿园的生活质量，所以你需要详细了解。最理想的状态是，2～3岁的班级中，师生配比为1∶5；3～4岁的班级中，师生配比为1∶7；5～6岁的班级中，师生配比为1∶15。

课程设置： 幼儿园有哪些课程？大、中、小班各自的侧重点是什么？具体的授课方式怎样？课程安排如何？是否有专业老师授课？不用具体计算数学、音乐或者美术课程之间的比例，但要对比一下，是否每天都有具体技能学习、自由活动以及小朋友之间协作的内容。

老师的更换频率： 一个好的幼儿园一定能留得住人，如果老师经常更换，多多少少一定会影响孩子的心情。要了解过去两年来幼儿园老师的更换频率，此外，老师的学历程度、专业性等也都不能忽视。

规则和纪律： 好的幼儿园应该有明确的、成文的规章制度，从员工纪律到突发事件处理、从警卫制度到孩子请假制度，都应该有相关流程和秩序。

营养卫生： 幼儿园的全体工作人员必须没有传染病，并且每年或半年做一次体检以查看身体是否健康。每天对孩子的用品，如毛巾、茶杯等消毒1～2次。

厨房卫生清洁，孩子的餐具每用过一次都要消毒。每个孩子都有自己专用的、放在固定位置的茶杯、毛巾。

安全性： 幼儿园里是否经常出现有关孩子安全的事故，有无丢失孩子的记录，这标志着一所幼儿园的管理者与老师对孩子安全问题的重视程度。有的幼儿园不能合理地建章立制，没有严格的门卫制度、饮食卫生制度、交接班制度、安全制度等，致使管理出现漏洞，造成严重后果。

家园联系程度：除了已有的沟通制度之外，幼儿园是否提供比较畅通的家长与园长的交流通道，幼儿园会以什么方式与家长交流孩子的情况，幼儿园是否定期安排家长可以参与的教学或者活动项目，有紧急情况时，能否直接顺畅地找到负责老师。

有没有晚托班：幼儿园放学的时间大多在下午4点左右，很多上班族这个时间根本无法准时接孩子，此时，晚托班就显得特别重要。家长要了解清楚可以最晚什么时间接走孩子，晚托班大致是怎样一个情形。

2 孩子必须上幼儿园吗

幼儿园里的同龄孩子很多，孩子自然就有了与人交往的机会，幼儿园有序的生活可以避免孩子出现以自我为中心、自私等不良性格，能够在游戏的过程中学会谦让、容忍。而且，集体生活对于培养孩子的独立生活能力、人际交往能力大有好处，还可以帮助孩子形成良好的自立习惯。这些通常是我们把孩子送进幼儿园的理由。但是，有些家长并不这样认为。

有一个帖子写着："现在，我正处在犹豫中。总觉得独生子一个人太孤独，想让孩子多跟其他人接触。但上周看了一个私立的双语幼儿园，至少在我去的时候他们都在上课（托班），所有的孩子都规规矩矩坐成一排，前面有个老师拿着五颜六色的圆环在问他们是什么颜色。有的孩子回答，有的孩子沉默。一圈（托班、小班、大班）下来没见一个面带笑容的小孩，除了我身边那兴奋不已的儿子。可问了问周围其他的人，说幼儿园都是这样。"

还有一个妈妈这样说："我家孩子加起来上了有一个星期的幼儿园了，死活不想上，现在一听说要上幼儿园，就好像要打针一样地大哭。勉强送过去，也是大哭着看我走，在幼儿园里就像个"小傻子"一样发呆。接的时候就像受了多大委屈,见到有人接就哭。早晨起来不吃饭、不洗脸,总是说困了想睡觉。真是烦死我了。是不是要随她去啊,什么时候想上了,再让她去?我想让孩子在家玩,不上幼儿园了。"

有个小城市的妈妈说:"我们让孩子七八个月起就去上早教中心的亲子班。但我总觉得在早教中心只学到了一些教育理念的形,而没有学到神。女儿到了28个月后,我开始给她找幼儿园。考察了家附近的幼儿园,无论收费高低,都是传统的幼儿园。我选择了一家公办的。女儿一开始进去的时候一点都没哭。可是幼儿园的老师非常严厉,对'不听话'的孩子用很多威胁的办法,比如说,要让警察抓走、关黑屋子之类的。而且老师和家长基本没有主动沟通……后来又去考察了其他的幼儿园,管教的方式基本也差不多。我不是全职妈妈,但是我和我老公的工作时间有点互补,一个星期有一两个白天大家都上班。我现在的想法是孩子不要上幼儿园。因为感觉在幼儿园受到的心理伤害太大。想和老公了解一下幼儿园的教学内容,自己带孩子。到上大班的年纪再送幼儿园。防止和其他小朋友脱节。大家觉得可行吗?"

有上面这些顾虑的家长应该不在少数。其实,在这里想提醒大家的是:**送不送孩子上幼儿园,要针对自己家的情况综合考虑。觉得有能力让孩子度过快乐的童年,让孩子能掌握和人交往的本领,不送幼儿园也可以。**如果自家的条件有限,就要仔细考虑孩子上幼儿园的问题了。

方法一:从家庭条件出发,分析孩子是否上幼儿园

熙熙今年两岁了,她从小被家人百般呵护,生怕受一点委屈,吃饭都是爷爷奶奶专门开小灶,为了避免熙熙被碰到,无论走到哪里,她都被抱在怀里,爸妈平时批评熙熙两句,爷爷奶奶就赶紧护着,转眼到了该上幼儿园的年龄。妈妈想把熙熙早点送到幼儿园,她觉得爷爷奶奶对熙熙的过分宠爱会让孩子变得特别娇气,不知道怎样和小朋友们交往。可是爷爷奶奶舍不得,

他们生怕孙女去了幼儿园受委屈，不答应送孩子去幼儿园。

关于要不要送孩子上幼儿园的问题是各大论坛的热点讨论话题。妈妈们总结了上幼儿园的优势和劣势，如果你还不知道到底要不要送孩子去幼儿园，不妨看看论坛上妈妈们的分析结果。

在家带孩子有在家带孩子的优势，总结起来有下面几大优势。

第一，也是最大优势，在家里可以进行科学饮食。尤其是那些身体比较弱的孩子，因为不适应幼儿园里的饮食环境，心里特别压抑，身体免疫力也下降了。这样的孩子至少可以不上小班，等孩子身体强壮些再直接上中班。

第二，可以自由安排时间，随时掌握孩子的心理波动状况，杜绝幼儿园某些不良事件带来的心理影响。由于每个孩子的个性和心理承受程度不同，许多幼儿园在对待和处理一些事情的时候，仅仅从管理方便和控制管理成本的角度考虑，使用一刀切的管理方法。但一刀切的管理方法往往使很多孩子承受了莫大的心理压力，比如有些孩子尿到裤子里都不敢说；还不到喝水的时间，渴了想喝水，却不敢讲。

但如果选择不上幼儿园，也会有一些很明显的不足之处。

第一，培养自主独立性的环境有所欠缺。在家里没有小朋友们互相竞争的环境，再加上父母的宠爱，这或多或少都会影响孩子自主独立能力的快速养成。

第二，缺乏团体活动和互相学习、互相促进的氛围。在幼儿园里，许多小朋友一起玩游戏、一起唱歌跳舞、一起运动，这里有一种非常好的氛围。而家里没有这样的环境，加上家长不注意创造类似的环境让孩子去体验，对孩子不仅是一个遗憾，更是少了一个学习的通道。

第三，缺乏和同龄人交流的环境。现在很多家庭都只有一个孩子，孩子从小就跟大人成天待在一起，结果造成孩子只会跟成人沟通，不会跟同龄人互动。而成人的活动和创造力总是有限的，不足以影响到孩子，不能使孩子获得丰富的学习机会。

其实，孩子受父母影响是最大的，任何人都无法取代。

方法二：考虑一些最实用的建议

关于孩子上不上幼儿园的问题，有人总结了几点建议。

第一，如果孩子已经上了幼儿园，要了解孩子在幼儿园开心不开心，有没有伙伴玩，离开妈妈会不会觉得没有安全感，被老师批评时心里会怎么想。**只有通过了解孩子的真实想法，帮助孩子排解痛苦，放大在幼儿园获得的快乐，才能让孩子开心地上幼儿园**。很多妈妈在对孩子的期望中，寄托了一种超出孩子能承受的东西。她们并不是理解孩子，而是过多地掺杂了成人自己的主观感受。

第二，如果家长决定不把孩子送去幼儿园，而是自己带，则需要评估一下自己的能力，孩子周围有没有同伴，是否能让孩子与外界有足够的接触，是否能让孩子在心智、社交等各方面都茁壮成长。最重要的是，家庭的教育环境是不是宽松自由，能否帮助孩子获得提升。还要注意和孩子保持距离，不要让孩子的心情牵制自己。**要给孩子提供的是帮助，而不是让他成为全家的主导**。

第三，父母有时间跟孩子在一起，并愿意学习先进教育理念和相关技术。

有个孩子由四个老人轮流带，老人们不舍得孩子上幼儿园，于是把孩子放在了身边自己照顾。孩子在家里很自由，总是能得到自己想要的。孩子想吃什么就吃什么，长得很壮实。要知道，孩子开始走路了，通常就会慢慢瘦下来，但是这个孩子还像很小的婴儿那样胖乎乎的，老人见了都说好。孩子不去幼儿园，整天在家里待着，缺乏运动，身体的协调性不是很好，而且经常生病。妈妈提议送孩子去幼儿园，可这个提议每次都会遭到老人们的反对。孩子六岁要上小学了，依然不知道怎样交朋友，怎样融入一个集体，不知道如何照顾自己。妈妈非常发愁，很后悔没送孩子上幼儿园。

有关研究表明，送孩子上幼儿园，能使孩子在行为习惯培养、自我管理能力、智力开发，特别是交往能力与技巧方面获得更好的发展。而如果不去幼儿园，只在家庭中度过幼儿期，这些方面的发展可能会受到一定限制。因此，如果有条件，应当送孩子去幼儿园。**在幼儿园里，孩子不仅能养成良好的学习习惯，还能第一次将自己融入小社会中，这是家庭给不了的。**

的确，孩子不一定非要上幼儿园，但是孩子迟早是集体的、社会的。家是社会化的第一步，那第二步、第三步呢？如果孩子需要，你得转身离开，是否能做到？

3　孩子要上幼儿园了，父母要准备些什么

孩子上幼儿园，开启了人生新的历程，孩子的生活环境从家庭进入到了集体，这是他们走向集体生活的第一步。**离开熟悉的家人和环境，面对完全陌生的老师和同学，对每一个孩子来说，都是巨大的挑战。**如何让孩子们快快乐乐地入园，坦然面对幼儿园的生活，是妈妈们非常关心的问题。要让孩子尽快地适应幼儿园，妈妈们要在孩子入园之前就做准备，让孩子顺利地过渡到幼儿园。

方法一：提前按照幼儿园的作息时间安排孩子的时间

在孩子入园前，要调整孩子的作息，帮助孩子更好地适应幼儿园。在选择好幼儿园后，应详细了解幼儿园的作息制度，如早上的入园时间、上午加餐时间、午餐时间、午睡时间、下午加餐时间、晚餐时间等，然后在入园前逐步把孩子的作息习惯调整得与幼儿园一致。

森森妈出去买早餐，遇到邻居。邻居问她："你怎么这么晚还没吃早餐？"森森妈说："我们刚起床，还没来得及洗脸呢。孩子也才起床。"邻居

问:"为什么起得这么晚?"森森妈说:"我们每天晚上都是很晚才睡,一般是11点多,有时候是12点钟。所以上午基本上都是在睡觉了。"邻居问:"你为什么不把晚睡的习惯改过来呢?"森森妈说:"反正森森马上就要上幼儿园了,上了幼儿园她自己知道早睡早起的。"

很多妈妈认为,幼儿园可以让孩子养成良好的习惯和性格。仔细想一想,在家里是一对一、二对一,甚至是四对一、五对一的教育,即便这样,都不能让孩子早点睡,进了幼儿园,一个班至少有20个孩子,三个老师面对这么多孩子,哪里能管得过来呢?

沫沫的爸爸妈妈都是会计师,有时候要工作到很晚,回到家里也不闲着。这样,沫沫也就跟着他们养成了不定时睡觉的习惯。为了让沫沫入园之后能够尽快适应过来,妈妈决定调整她的作息时间。

晚上,洗完澡后,沫沫妈妈将女儿抱到床上,玩一小会儿。9点钟的时候,便让女儿钻进被窝。虽然,女儿在开始的时候很不习惯,可是,看到妈妈也躺下了,女儿也就安安静静地睡着了。

每天晚上都是这样,沫沫妈妈坚持让女儿在9点之前必须入睡。即使自己有事情要做,也要等到女儿睡熟之后再做。就这样,一个月之后,沫沫进入了幼儿园。从来没有迟到过。

不可否认,沫沫妈妈的做法是正确的。在选择好幼儿园后,应详细了解幼儿园的作息制度,在入园前的一个月逐步把孩子的作息习惯调整得与幼儿园一致。

让孩子养成早睡早起的习惯。**孩子早上起床的时间要考虑到穿衣、洗漱和路上所需的时间,保证大人上班、孩子上学都不会迟到。晚上入睡的时间,则根据孩子需要的睡眠量来定,保证孩子有充足的睡眠时间。**

即使是节假日,妈妈也千万不要让孩子睡到自然醒后再起床,这样不但不利于作息时间的调整,而且会起到相反的作用。**可以播放一些孩子平常较为喜欢的音乐或动画片,吸引他尽快起床。**

这样一来,由于孩子的睡眠时间不足,午睡的时候自然也就容易入睡了；午睡时间一提前，晚上入睡时间也会随之早一些。照此坚持两天，孩子的作息时间就会恢复正常。

妈妈要合理安排周末的时间，尽量让孩子按照正常的作息时间早睡早起，并尽可能安排孩子午休。**活动时，妈妈要注意动静结合，不要让孩子一直处于兴奋状态，也不要让孩子玩得太疲劳。**

幼儿园的作息制度中有午睡，时间一般为两个小时，这样可以保证孩子有充足的睡眠，利于孩子的健康成长。对于在家里没有午睡习惯的孩子，最好在上幼儿园之前养成午睡习惯。

方法二：告诉孩子，父母永远爱他

孩子上幼儿园之初，离开了从小生活的环境，接触全新的同学和老师，孩子们经常不适应。孩子们往往觉得是父母不喜欢他们了才会把其送到幼儿园，所以有着深深的不安全感。为了缓解孩子入园紧张的情绪，不管什么时候，父母都要让孩子知道，父母给他的爱是不掺杂任何水分的无私的爱。

我们经常听到一些家长因为孩子调皮而恐吓他："你再不听话，妈妈就不爱你了！""别一边吃饭一边玩，好好吃饭，爸爸妈妈才喜欢。"父母的爱是最无私的，是最伟大的，可是在孩子调皮、有自己主见的时候，父母却不能很好地理解孩子，还说许多伤害孩子的话，这些在父母看来是吓唬孩子的玩笑话，对于孩子而言却是极为严重的。他们会感到"如果我不服从，就会被抛弃""如果我不听话，就会失去现在温暖的家、所有的玩具、漂亮的衣服和美味的零食""如果我不乖，爸爸妈妈就不会再保护我了"。为了使自己获得保护和照顾，孩子只得乖乖顺从父母。

这样经常受到类似威胁的孩子，长大以后与他人相处时，常常会难以接受别人的不同意见，而自己也不敢提出异议，生怕对方会生气，而只好压抑自我，看别人的脸色行事。在遭遇一时难以解决的问题时，往往感到无比痛苦，甚至绝望。

这样教育出来的孩子，会对周围的事物、对未来都心生恐惧。孩子的安全感来源于孩子童年时期得到的爱和照顾。所有的孩子都怕任何形式的遗弃。父母对孩子的"冷漠"，因忙于工作而与孩子相伴时间太少等，都会让孩子感到孤独。**如果父母告诉孩子："我们永远爱你，永远不会不管你的。"有了这样的保证，孩子才会感到安慰。**孩子长大以后，潜在的恐惧就会逐渐消失，就不会只贪图一时的安逸和满足做出许多违心的事情。**充足的安全感能让孩子得以发展而不会受到外界的左右和干扰，也不会遇见困难就轻易放弃努力。**

如果父母经常当着孩子的面发生争执、言语不和，甚至有肢体冲突，在这种不安定环境中成长起来的孩子会有恐惧的猜测。他可能并没有意识到那只是大人之间的问题，而会以为"爸爸妈妈吵架是因为我不乖"，孩子对于大人的争吵感到很惶恐而又无能为力，揣着惴惴不安的心情等待着父母的和解。

而父母之间不和造成的剑拔弩张或是冷得令人窒息的空气会让天性活泼的孩子备受压抑。所以，拥有一个健康快乐的生长环境，对孩子安全感的建立是至关重要的。

父母还要注意自己平时的言语，无论孩子乖巧与否，都要给孩子足够的关注和爱。

方法三：让孩子礼貌地待人接物

倘若他从小就不懂礼貌，不善于说文明用语，那么，在以后的相处中，他必然会受到其他小朋友的孤立和排挤，这对孩子的生活、学习都是十分不利的。越早教导孩子使用礼貌用语，对孩子的成长就会越好。

其实，大部分的孩子在年幼时都处在模仿阶段，一般都是家长做什么，自己就学着做什么。而他们自身又不具有判断好与坏的能力，只是怀着好奇

第一章 妈妈们所不知道的孩子的幼儿园生活

的心态一味地模仿和练习。可想而知，倘若家长在公共场合中不注意自己的不文明行为，并且不使用礼貌用语的话，那么很可能会让孩子在不知不觉中学会这些，对孩子造成极其不良的影响。**如果家长长期使用暴力和不文明语言，不仅会让孩子的童年产生阴影，而且会让他的性格慢慢转向暴力的一面。**

除了家长自身的原因外，来自周围环境的影响也很重要。如果孩子在不经意间听到不礼貌的用语，出于好奇可能去模仿。很多家长认为这些都防不胜防，其实不是这样的。

如果家长对孩子"不礼貌"的原因有所了解之后，就可以对症下药。**只要根据一定的方法培养孩子基本的道德规范，相信孩子必定会变回原来那个聪明善良、人见人爱的好孩子。**倘若孩子并未出现不文明的行为和语言，那么，家长仍应进行正确的引导，这样可以帮助孩子在将来成为一名更加优秀的人。

家长在送孩子礼物的时候，可以柔声细语地对他说："如果接受别人的礼物，就一定要说'谢谢'。"在孩子提出请求帮助时，可以在事后告诉孩子："在提出帮助的请求之前，最好加一个'请'字，这样才会显得非常诚恳。而对于别人的帮助，则应当铭记与感恩。"同样，在告诉孩子怎样做的同时，家长自己也要以身作则。比如，可以特意让孩子帮自己取一样东西，并对他说一声"谢谢"。这样一来，不仅可以让孩子明白这些礼貌用语的含义，同时还能使其体会到帮助别人的快乐与温暖。在平时的生活中，不管孩子是在旁边还是不在旁边，家长都应让自己处于"文明状态"，不爆粗口、不讲脏话。家长养成了好习惯，在孩子面前，也会自然而然地将自己文明的一面展现出来。在教育孩子的时候，家长应秉持对事不对人的原则，不要当着别人的面对孩子进行打骂。在教育引导的过程中，应尽可能多地使用鼓励与表扬的方法，让孩子变得更加积极上进，使他发自内心地想要成为一个"懂礼貌，讲文明"的好孩子。

也许工作的压力会让很多家长喘不过气，甚至眉头紧皱，嘴巴咬紧。

要是孩子见到这样的家长,一定会被其愁容满面的夸张表情吓哭的。俗话说:"微笑是交往中最厉害的秘诀。"微笑能让人心情愉快,仿佛一整天都是阳光普照的。**每天对孩子笑一笑,让他感受到来自家长的温暖和快乐。当家长看到孩子微笑时,也要及时给予表扬与鼓励,让孩子明白微笑是向对方展示友好的最简单方式。**时间一长,孩子也会以相同的方式把快乐传递给他人。

4 孩子能独立,就会尽快适应幼儿园

在幼儿园,燕子总是特别没有主见。看到别的孩子玩滑梯,她就跟着其他人去玩滑梯,看到有人拍球,她又跑去拍球,每次燕子都是跟在别人的屁股后面跑,从来没有自己领头去做一件事情。幼儿园老师告诉燕子妈妈,燕子太没主见了,孩子还小,问题不大,等以后接触的人多了,如果孩子的分辨能力还不行,很容易被周围人影响。老师叮嘱燕子妈妈,平时要多让燕子自己拿主意,培养孩子的主见。

燕子妈妈听到老师的话,很吃惊,也开始反省自己。燕子从小是由姥姥姥爷、爷爷奶奶和爸爸妈妈六个人带大的,老人看得特别细心,孩子都上幼儿园了,在家里穿衣服、吃饭都由别人照顾。这些是不是导致燕子没有主见的原因呢?

中国学前教育研究会曾以随机抽样的方式对北京、上海、广州、重庆四大城市的4 464名3~7岁孩子进行了一项关于独立性的调查。调查结果显示,从3岁到6岁,孩子自己穿衣服的比例由25%上升到45%,虽然比例上升,但依然有许多父母对孩子包办太多。实际上,孩子两岁时就开始有自己穿衣服的愿望和能力了,到3岁基本可以独立穿衣服。而我们的父母总是一次次剥

夺孩子的独立权利，担心"孩子太小，穿不好、穿得慢，要是着凉生病怎么办"，殊不知家庭教育中父母对孩子包办太多，培养孩子独立性的意识严重不足，必然会导致其自理能力差、自信心弱，缺乏自我肯定的情感和态度，对日后的生活会产生许多不良影响。

有的父母会有所顾虑："我也知道要孩子独立，这对他来说有好处，但看到他穿衣服穿得那么费劲，担心他着凉，我就忍不住要动手帮他穿；看到他自己吃饭撒得满身都是、踩得一地黏糊糊的，我又忍不住要给他喂饭；我把他的衣服折叠放好，他偏要重新打开铺到地上折，我就忍不住想制止他。而且他还常常故意做一些我们禁止的事情。这样的'独立性'让我怎么办？"

我们经常可以看到，随着孩子自我意识的发展，"闹独立"的种种行为常常让大人觉得很"烦"，但我们要认识到，**培养孩子的独立性并不是任其自由发展，而是要在鼓励孩子增强自理能力的同时，教育孩子懂得初步的是非观念和行为规范，并且让他逐渐学会如何约束自己。**

方法一：父母要创造机会培养孩子做决定的能力

从孩子自己吃饭，到自己穿脱衣服、鞋袜，自己如厕，自己收拾玩具。我们可以给孩子一定的帮助，但不是完全包办。基本的自理能力实际上是整个幼儿园期间的培养重点。

如果父母包办惯了，孩子就会想，如果自己磨磨蹭蹭，父母肯定会来帮忙的。一旦有了这样的想法，就会变成恶性循环：父母希望孩子独立性增强，但见到孩子磨蹭，就忍不住一边帮忙、一边不停地数落。这样的孩子，做事不仅没有积极性，更容易对别人产生依赖性，做事更加拖沓，养成慢吞吞的习惯，而家长见状又一次次做善后工作，更加剧了孩子的依赖感。这样不仅不能培养孩子的独立意识、独立生活能力和自己去做的劳动习惯，还会使父母更累，孩子更弱。

孩子虽然年龄小，但他也有自己的看法，有自己的认识。但我们的教育常常是注意培养孩子顺从听话，注重培养"乖孩子"，所以从日常的生活小事到孩子的各项发展都由家长一手包办了，孩子缺乏自己做决定的机会和权利，便不具备良好的自我选择和决策能力。在生活中，父母应该给孩子创造机会，让他自己拿主意。

父母可以试着允许并鼓励孩子自己选择他喜爱的游戏方式和活动内容，自己选择材料、扮演自己中意的游戏角色。比如，当孩子认真地取出一些积木却不知道该如何下手的时候，父母暂时不要急于指导他"我们搭个房子吧""我们做个滑梯吧"，而要耐心地等待。看到孩子开始动手了，也不要急于指出"看，你这里没对准，搭不了多高就会倒塌的。"而要静静地关注孩子的行动。如果真的要坍塌了，也别说"看吧！我说底层没放好就会塌吧"之类的话，而是鼓励孩子继续完成。当然，要是孩子搭建了一半，半途就转移了兴趣，父母可以鼓励孩子把游戏继续进行下去，或者暂时不着急收纳玩具，给孩子留下这片天地，他的兴趣还会从其他玩具中又转回来的。

虽然孩子还不能把事情做得像成人那样好，但他们的努力一定要得到父母的肯定。 如果一个孩子高兴地向妈妈展示自己衣服上的贴画是因为讲故事讲得好而获得的，妈妈一定要说："你很棒！你真是故事大王！"而千万别说"故事讲得好有什么用啊"。这句话否定了孩子的所有努力，让孩子感到难过又难堪。**作为父母，我们要尊重并且爱护孩子的劳动成果，比如孩子自己捏的陶艺、画的图画、做的手工等。没有得到他的允许，父母不要擅做主张随意丢弃。**

父母还可以分配一些家庭任务给孩子，培养孩子的独立意识。孩子很愿意为父母做事，很希望得到父母的夸奖。我们要抓住孩子的这个心理，给他分配一些家庭任务，在孩子遇到一定困难时，父母不要心软，鼓励他克服困难，并在一定程度上帮助他完成任务，让他体会到自己独立生活的乐趣和滋味，在体验过程中增强自信心和意志力。

方法二：让孩子有主见

孩子之所以没有主见，其实绝大多数是由家长造成的。孩子小的时候，刚想要将自己的意见发表出来时，就立即被家长堵回去了，慢慢地，孩子就变得越来越不敢说了。所以，孩子之后一旦遇到事情，就再也不敢自己做出判断，将自己的观点说出来了，总是缩手缩脚，没有自己的判断力与决策能力。

孩子自己的事情，家长应尽可能地让他自己去做，增强孩子对自己的认识，相信自己的力量，这样他才会变得力量无穷。家长要用肯定加信任的眼光去看待孩子，要不断地使孩子的认知能力得到提高，从各方面辅导孩子，提高能力。**对于生活中的小事情，家长应安排孩子自己去做**，比如说，有小朋友来家里做客，可以让孩子自己去招待，睡觉的时候可以让孩子自己去脱衣服等。家长在讨论问题的时候，不要忽略孩子的存在，可以让他一起参加讨论，并将自己的意见提出来，倘若孩子说得好，可以采取其提供的方法，**让他感到自己做得很好，从而使其自信心得到增强**。这样一来，孩子就会变得越来越有主见了，在以后的任何场合中，他都会充分地表达意见，表现自己。

由于孩子的年龄小，道德观念还没有形成，因此是非判断标准还比较模糊。再者，孩子的模仿能力很强，而控制能力又极差，常常会不分好坏地看别人怎么做就怎么做，难免会言行不当。**为此，家长要有耐心，要当着孩子的面对其行为、言语进行评价，让孩子慢慢认识到自己行为的对错，从而使其分辨是非的能力得到提高**。比如，孩子一听到某个人说了脏话，就跟着学了起来，这个时候，家长应该对孩子说，这句话是骂人的脏话，既不好听，也不文明，让孩子不要学。这样屡经教育后，孩子便不会因为从众心理而仿学不良行为了。

自信心是一个人对自身力量的认识和肯定，它是自我意识的重要组成部分。对于自己的能力，某些孩子总是看不到，总认为自己不如别人，对于自己能力的强弱以及可能获得的成功没有一个明确的概念，于是随波逐流，完全听从别人的评价。所以，**家长在评价孩子各方面的表现时，应多用肯定的语言，少用怀疑或否定的语言，否则极易让孩子对自己的能力产生怀疑，对自己失去信心，从而导致孩子总认为自己不行，什么都要听别人的。**

　　一般来说，人与人的性格差异很大。因此，家长一定要让孩子认识到自己性格的优势与不足，学会扬长避短，这样才有助于让孩子产生自信心。人是不断变化的，因此孩子对自己的认识需要不断完善，这样才能让自己变得更完美。在完成目标的过程中，一定要让自己满怀信心，让自己成为强者。只要孩子有信心，认为自己做什么事情都能行，这样才能达到目的。

　　家长应让孩子学会广交朋友，只有在与朋友不断地交流中，才能使自己的语言表达能力得到锻炼，才会获得大胆说话的机会，使孩子不怕任何人，敢于将自己的建议或意见发表出来。广交朋友可以让孩子远离孤独，很好地融入群体中。

5　和老师多沟通，了解孩子的幼儿园生活

　　要知道，孩子生活的空间不仅仅是幼儿园，家庭环境也是幼儿教育中不可缺少的一部分。这就需要幼儿园与家长密切沟通，保持家园教育的一致性。只有这样，幼儿教育才会有效，才能使孩子在和谐一致的教育环境和氛围中健康地成长。

　　对孩子的教育，如果家长和幼儿园不能一致，那对孩子来说是很困扰的，孩子所受的教育将是矛盾的。久而久之，孩子就会在幼儿园是一种表现，在家里又是另一种表现。事实证明，家园教育的一致性是非常重要的。

幼儿教育必须保持家园一致。如果一所幼儿园在这方面做得不好，最好不要选择。重视家园共育的幼儿园，通常都会积极邀请妈妈参与幼儿园的教育活动。组织妈妈参与幼儿园教育，是家园共育的一种重要方式。在这样的活动中，他们不会让妈妈做旁观者，而是让她们参与其中，发挥妈妈这一重要教育资源的作用。

妈妈参与的方式是多种多样的，比如请各行各业有才能和特长的妈妈到园里当"老师"。或者请妈妈们到班上与孩子们共同做食品、手工，一起开展游戏、娱乐及体育竞赛活动，等等。

为了让妈妈了解幼儿园的教育目标、班上的教学内容，教师会将班上的教学内容、周计划贴在"妈妈园地"中，向妈妈们通报，并请妈妈们提出更好的意见和建议。有的幼儿园会召开妈妈会，进行家访、电话访，及时与妈妈进行沟通，通过沟通，双方取得共识，有利于相互配合教育孩子。

实现家园共育，需要教师与妈妈进行经常性的双向沟通。教师会随时向妈妈介绍孩子在园里的生活、学习情况，进步与不足；也会要求妈妈向教师反映孩子在家里的表现与变化。如果一所幼儿园从来都不与孩子妈妈进行沟通，这样的教育就是被动的，对孩子的成长是没有好处的。

幼儿园要与每个孩子的家庭保持密切的联系，只有这样，才能真正了解孩子的真实个性及生活情形，因人而异地进行正确指导。而且，**家长可以通过与幼儿园老师的联络了解到孩子在园内学习、生活的情形及存在的问题，以便协助老师共同解决。**

方法一：孩子入园时，妈妈要给老师们写一封介绍孩子的信

为了让孩子更好地适应幼儿园的生活，在孩子入幼儿园前，妈妈有必要给老师们写一封介绍孩子自理能力和生活习惯的信，这能让老师快速掌握孩子的基本情况，对帮助孩子适应幼儿园非常有帮助。

笑笑就要上幼儿园了，妈妈事先就给老师写了一封信，来介绍笑笑的具

体情况。

各位老师：

你们好。为了帮助李泽更好地适应幼儿园的生活，现在把她的基本情况汇总了一下。希望老师们能多费心，帮助她尽快融入小四班集体中。

李泽小名笑笑，是个喜欢笑的小朋友。非常喜欢和小朋友玩，但是不知道怎么表达自己的想法。她喜欢各种新奇的东西，有很强的好奇心。经过亲子班和保障班的学习，她已经能够适应半天的保障班。专注力也有了进步，能够坐得住听课了，能和小朋友友好相处了。她每天回家都会说幼儿园的好朋友，可是见到这些人她又不知道怎样和大家交往。希望各位老师能帮助李泽找到好朋友，引导她如何交到朋友，如何和小朋友们友好相处。我们在家也要多创造机会，带她出去和小朋友交流互动。

为了帮助笑笑更好地适应幼儿园的生活，现在把她的独立能力和生活习惯跟各位老师交流一下，让各位老师费心了。

在吃饭方面：笑笑能独立进食，吃饭速度也可以，但是她喜欢吃肉，不喜欢吃蔬菜，前段时间我发现她手脚有脱皮的现象，现在在家里我们也尽量让她多吃蔬菜。目前她能够接受菠菜、黄瓜、西红柿、土豆、白菜、豆角等，但是必须盯着她吃。希望老师们能够监督她多吃蔬菜。

在喝水方面：每次喝水，妈妈都会告诉笑笑，"白开水是最好的饮料"，说完这句，她都能喝幼儿园不锈钢杯子一大杯水。但是妈妈不提醒她，她想不起来喝水。喝水少了，她就很容易感冒。希望老师们能够多提醒她，让她能够多喝水。

在上厕所方面：笑笑想上厕所时，她能够表达出来，但是她一般都等到憋不住了才说。提醒好多次了她都没改。希望老师们能够让她学习别的小朋友，别憋到最后再去厕所。她能自己脱裤子，但不能自己擦屁屁。我们一直锻炼她，希望她能早日自己解决问题。

在午睡方面：笑笑在家起床晚，一般9点左右起床，下午1点多午睡。睡觉不用拍、不用哄，躺床上能自己睡着。上了幼儿园，起床时间早了，午睡时间希望能够顺利提前。

添减衣物：笑笑不知道什么时候添减衣物，希望老师们能够及时地帮助她添减衣物。

尿床问题：笑笑睡觉前如果能尿一次，一般夜里不会尿床。

笑笑的基本情况就这些，希望她能够在各位老师的陪伴下，有一个快乐的幼儿园生活。各位老师，费心了！

笑笑妈妈在孩子进幼儿园第一天就把这封信交给了老师，老师很快地掌握了笑笑的基本情况。有意识地引导她和小朋友友好相处，笑笑很快就适应了幼儿园的生活。

如果我们是有心的妈妈，就一定要把孩子的基本情况给老师介绍清楚，只有这样，老师才能帮助孩子尽快地适应幼儿园生活。

方法二：在孩子面前多讲老师的好话，树立其好形象

晚饭的时候，妈妈对儿子说："在幼儿园，一定要听老师的话，否则老师会打人！"

早上，妈妈掀开女儿的被子说："快起床！去得晚了，幼儿园的老师会打人的！"

客厅里，妈妈看着女儿说："在幼儿园，一定不能推打小朋友。否则，老师会收拾你的！"

这样的场景，在我们的生活中不止一次地出现过。妈妈这样说，无非都是希望自己的孩子在幼儿园能够听话，做个乖孩子，不给自己惹事。可是，要知道，这样评价老师，只会让孩子对老师产生一种恐惧心理。为了让孩子拥有健康的心理，这样的话最好不要说。

周末，琦琦一家人正在吃饭。

爸爸说："琦琦已经3岁了，就要上幼儿园了，去了幼儿园可要听老师的话啊。"琦琦似懂非懂地点点头。

爸爸将一块肉夹给女儿,继续说道:"不听话的话,老师是会打人的!"说着,还用手比画起来。女儿看着爸爸的神情,停止了吃饭。

爸爸越说越来劲:"而且,门口的门卫叔叔也会打人。如果在幼儿园门口哭闹,叔叔就会拿手里的小电棒捅你。可疼呢!"

琦琦听着听着,居然委屈地哭了。然后,便跑去厨房找妈妈。妈妈端着菜走出来,问怎么回事,当她知道老公在吓唬女儿的时候,狠狠地训了他一顿:"你瞎说什么!是那样吗?这样孩子怎么敢去幼儿园!"

听了妻子的话,老公改正了态度:"琦琦,爸爸刚才说错了。老师是不会打小朋友的,还会和小朋友一起玩;而门卫叔叔,是保护小朋友的,只会打坏人!"

一味强化老师在孩子心目中的负面形象,只会加剧孩子的恐惧感。如果想引导孩子爱上幼儿园,就要多说一些关于老师的正面的话,比如:

老师会唱很多的儿歌,可好听了。

老师会讲很多有趣的故事,比如《三只小猪》《乌鸦喝水》……比妈妈讲得好多了。

老师会陪小朋友一起做游戏。

老师会……

只有这样,才能让孩子爱上老师,进而爱上幼儿园生活。

两三岁的孩子,心理还不成熟,还没有分辨是非的能力。这样的孩子一般都比较听妈妈的话,当妈妈说"不听话,老师会打人"的时候,他们就会认为这个老师真会打人,便会害怕和这个老师接触。这对孩子入园的生活和学习是一点好处都没有的,不仅会影响他们和老师的正常交往,还会让他们害怕上幼儿园。

在孩子入园前,妈妈要正确评价孩子在幼儿园要接触到的人。

有些妈妈在孩子入园之前,会对孩子说"去了幼儿园千万不要太调皮,否则,其他小朋友会打你"这样的话语,只会让孩子对交友心生抵触。即使到了幼儿园,也不乐意和其他的孩子进行交往。一旦发生小的不愉快,便会产生畏缩感。妈妈要多说一些这样的话:"小朋友都喜欢和你玩!""大家在一起休息,多好啊!""大家一起吃饭,多好玩啊!"

一般来说,每个正规的幼儿园门口,都会配有门卫。有些妈妈为了劝解孩子,会说:"不许哭,再哭,叔叔就要拿着电棍打你了。""叔叔专门打爱哭的、不听话的孩子。"这样,只会强化孩子对门卫的负面情绪。要多说这样的话:"门卫叔叔很辛苦,要尊重他们。""门卫叔叔专门保护小朋友,有了事情可以找他们。""在校门口遇到危险,可以找门卫叔叔。"

有些妈妈会当着孩子的面评价幼儿园食堂:"饭菜这样差,也不知道这些人是干什么吃的。""孩子们的菜里肉这么少,肯定都被那些工作人员吃了。"这样的话,最好少说。要多说这样的话:"食堂的阿姨很辛苦,要珍惜饭菜。""吃饭的时候,不能乱丢。"

有些妈妈会对孩子说:"幼儿园的保健阿姨会打针,如果不听话,她们就会给你打针。"这样,孩子见了保健工作人员就会躲得远远的。其实,正确的做法应该是对孩子说:"保健阿姨是美丽的天使,可以保护你不生病。"

方法三:家长要体谅幼儿园老师的工作

每一个幼儿园老师扮演的是一个多面手,不仅要管理好小朋友的生活,还要教小朋友各种知识,还要会表演各种节目。幼儿园正是孩子性格养成的重要阶段,孩子在幼儿园受到的教育和培养不容小觑,而幼教的技术含量更是具有挑战性。

老师有时为了培养孩子的生活自理能力,让孩子自己穿衣服,家长看到后以为是老师懒、不负责任。

有一次,一位家长去幼儿园接宝宝,正好宝宝刚刚起床,自己在摸索着穿衣服,而老师则在一旁看着。宝宝的一只袖子没有伸好,妈妈看到老师竟然在一旁无动于衷,也不去给宝宝帮忙。平时在家里都是妈妈帮宝宝穿衣服的,看到这里,妈妈忍不住了,冲到了教室,责怪老师说:"你怎么看着孩子自己穿衣服穿不进去都不帮她一下呢？只是在一边袖手旁观，要是孩子衣服穿慢了，着了凉怎么办？"老师说："孩子总要学会自己穿衣服，我想让她锻炼一下，总是在大人的帮助下她永远也学不会。再说教室里开了空调，孩子不会着凉的。"这位妈妈依然非常气愤，责怪老师偷懒，没有照顾好孩子，还要去找领导反映。最后在幼儿园领导的解释和调解下，这位妈妈才平息了怒气。

像这位妈妈这样的情况在幼儿园并不少见，孩子的鼻涕流出来了，老师为了让孩子养成"自己能做的事情自己做"的习惯，要求孩子自己拿纸自己擦，被孩子的外婆看到了，认为老师不关心孩子而当面责怪老师；孩子刚刚入园哭闹不停，不愿离开家长的怀抱，老师好意抱过来，家长却认为老师吓着孩子了……很多家长认为幼儿园老师的工作就像保姆，其实这是个很大的误区。家长们要知道，幼儿园的老师不是保姆，幼儿园除了要照看好孩子以外，还要引导孩子学知识，养成良好的生活习惯，培养孩子的语言表达、动手操作等能力。孩子的安全最让老师操心，只要一上班，每位老师的神经都绷得紧紧的，生怕发生什么意外。所以幼儿园的老师们真的很辛苦，还希望家长也能多体谅老师的工作，理解老师的用心良苦，只有家长和园方配合好，才能更好地教育孩子。

6　分离焦虑没那么可怕，我们一点点处理掉

"分离焦虑"既是一种心理反应，也是一种自我保护能力。**所谓"分离焦虑"，就是指孩子离开父母或亲密的照顾者时所出现的负面情绪，比如紧张不安、沮丧、闷闷不乐，或者特别黏人、爱哭、固执，希望照顾自己的那个人能一直留在身边。**

为什么孩子会出现"分离焦虑症"呢？

一般来说，孩子6个月之后，已经可以自己区分熟人与陌生人，进而会对陌生人及陌生环境产生恐惧感、逃避感。换句话说就是，对于不熟悉的人，

孩子会感到害怕，同时会更不想与熟悉的人分离。所以，孩子总是表现得依赖家长。

在孩子看来，他对家长的过分依赖，不光是情绪的表现，更是孩子进行自我保护的一种方式。家长疼爱孩子，无微不至地照顾孩子，这样孩子才会感到踏实，而家长则会变成孩子最亲近、最信任的人。一旦可以保护自己的人离开了，那么，在这个时候，孩子心里的恐惧与害怕就会急剧增加，表现得焦虑不安。而当家长回来之后，孩子又会觉得自己安全了，其负面情绪会自行消除，并向自己信任的人露出快乐的笑脸。

此外，孩子的认知能力十分有限，对于"离开"的真正含义尚不能进行判断。孩子并不清楚家长离开之后，还会再次回到他的身边。在孩子的眼里，离开就等于永远消失不见了，再也无法看到了。这样一来，倘若熟悉或亲密的人突然离开，孩子就会认为他们已经永远消失了，自然而然会感到焦虑不安。

最后，还有一个造成孩子"太私人"的原因，就是家长对孩子的过度保护。当孩子因为害怕分离而哭泣的时候，家长往往会觉得难过和歉疚，并情不自禁地心疼起孩子来，进而溺爱孩子，甚至还会因为孩子的情绪而放弃离开的念头，回到孩子的身边。家长这样的行为，无形之中会让孩子形成一种错误的认识：只要采取哭闹的方式，就可以使爸爸妈妈屈服。时间一长，孩子只会闹得更加凶猛，更加厉害，"分离焦虑症"也会变得更加严重，从而对孩子身心的健康发展产生恶劣的影响。

如果孩子的依恋需求总是遭到拒绝，就会向消极的方向发展，变得不愿意和大人说话、渐渐疏远周围的人。 如果我们忽视了孩子在情感方面的需求而把孩子表现出来的缺乏安全感当作一种折磨、不体谅、故意折腾，在孩子需要我们关爱的时候拒他于千里之外，在孩子最难受的这段分离焦虑期中选择了逃避和放弃，必定会对孩子日后的人际互动与生活适应能力造成恶劣影响。

孩子的分离焦虑状态可能持续发生在整个幼儿园时期，随着孩子自身身

体的发育、表达能力的增强、探索范围的扩大、自理能力的提高，父母应该在保证孩子安全的前提下对他的日常活动渐渐放手。为了让孩子独立起来，我们要从建立孩子的安全感、使孩子对环境和自我状态的掌握越来越有信心等方面努力。

方法一：分离之前给孩子一个拥抱

很多孩子都会产生分离焦虑，这是孩子不适应分离的一种表现。尽管这是孩子生长发育过程中的过渡阶段，然而，家长还是不要掉以轻心。倘若家长没有关注孩子的情绪发泄，没有给予孩子足够的关心和鼓励，那么很有可能造成意想不到的负面影响，导致孩子胆小懦弱、缺乏自信、独立性差、没有勇气尝试或接触新事物。所以，家长要好好引导孩子，支持孩子，帮助孩子建立信心，勇敢地战胜自己，度过分离焦虑期。

孩子出生后，最亲近的人就是家长。倘若家长多多疼爱孩子，照顾孩子，让孩子感觉到支持与信任，那么，孩子就会变得更坚强、更乐观，对外面的世界和新奇的事物产生强烈的好奇心，敢于去接触陌生的东西，适应陌生的环境。相反，倘若家长平日对孩子疏于照顾，不理不睬，那么孩子便不能对家长产生依赖和信任，当面对分离的时候，孩子就会感到害怕、悲观和怯懦。

孩子不仅很天真，而且十分敏感。家长必须满足孩子对安全感的需求，这样他才能安心。**在日常生活中，家长应注意孩子的一举一动，尽快对孩子做出回应，让孩子知道家长一直都在身边守护着他，从来没有消失过。倘若有什么事，家长可以把孩子放在他可以看到你的地方，只要孩子确定家长没有消失，他就不会哭闹、发脾气。时间一长，孩子的独立性就会得到增强，也就不再缠着家长了。**然而，某些家长趁孩子睡着的时候偷偷溜走，等孩子睁开眼睛，发现家长不见了，就会变得更加焦虑不安，开始大哭大叫。这是因为，孩子没有获得充分的安全感。

某些家长忍受不了孩子因为分离而哭闹，因此总是摇摆不定，这样做只会让孩子产生更强的依赖性。面对分离的时候，家长一定要痛下决心，让孩子知道，家长要暂时离开孩子，但是肯定会回来，绝对不会永远消失。此外，家长与孩子的沟通也十分重要。家长不应用食物或玩具来诱惑孩子，而应当坦诚地向孩子传递准确的信息，帮助孩子提高认知能力，慢慢走出分离焦虑的恐惧。

方法二：让孩子明白，去幼儿园是和妈妈暂时的分离

早上一睁眼，嘟嘟就开始哭闹了："我不去幼儿园！我不去幼儿园！"嘟嘟妈说："好，好，咱们不去幼儿园，妈妈带你去荡秋千。"虽然嘟嘟妈知道，这样的谎话不应该对孩子说，可是为了将孩子送进幼儿园，她只能采取这样的办法。一路上，嘟嘟和妈妈都欢笑着。可是，当嘟嘟发现，又到了幼儿园门口的时候，便用双手紧紧地勒紧了妈妈的脖子。

老师看到了嘟嘟，过来帮忙，将嘟嘟的小手用力掰开，可是，嘟嘟却用自己的双腿夹住了妈妈的腰。妈妈掰开嘟嘟的双腿，将他递给了老师。嘟嘟哭闹着被抱进教室。

对于这样的场景，相信任何一个妈妈都不陌生。孩子离开家，来到一个陌生的环境，当他们对老师还没有产生信任感的时候，会认为自己是"被妈妈遗弃了"，会担心自己和妈妈分开之后，再也见不到妈妈，所以会用哭闹来表达自己的情绪。从这个意义上来说，孩子的这种分离情绪是可以理解的。

可是，如果孩子的这种情绪持续的时间长了，妈妈就应该重视起来。为了减少孩子对分离的忧虑，妈妈可以直接告诉孩子"分开是暂时的"。即使孩子刚开始的时候不乐意，可是，经过一段时间和小朋友的接触，也会慢慢适应的。

早上起床之后，妈妈收拾完毕，叫醒了熟睡中的依依。依依今年3岁，刚

进入幼儿园一个星期。

依依起来之后，妈妈一边给她收拾，一边和女儿对话："依依，新的一天又开始了。妈妈又要去工作了，依依又要去幼儿园了……很快我们就会见面的，回来之后，依依和妈妈一起做晚饭、一起洗菜……"

依依憧憬着和妈妈一起忙碌的快乐，说："我给妈妈洗西红柿。"妈妈说："行！今天的西红柿，都是你的了。"

收拾完毕之后，依依和妈妈一起走上了去幼儿园的路。到了幼儿园门口，妈妈说："晚上回到家，咱们一起做饭！"依依笑笑说："好！"

不可否认，依依妈的这种做法是正确的。这样做，淡化了孩子对幼儿园的恐惧，给孩子设定了一个美好的希望，孩子就会心中充满渴望，这样也就不会害怕上幼儿园了。

为了让孩子能够快速接受并适应与家人的分离，妈妈也要付出努力。情绪是可以传染的，要想让孩子不哭闹，妈妈首先就要学会微笑。比如：孩子起床之后，第一眼看到的是妈妈的笑脸。其次，要乐观。妈妈可以一边给孩子梳头洗脸，一边哼唱孩子喜欢的歌曲，还可以在起床之后打开音响，让客厅里充满音乐。最后，和孩子谈谈一天的计划，比如晚饭怎么做，孩子需要帮什么忙……相信在这种轻松愉快的氛围中，孩子是不会抵触上幼儿园的。

有些妈妈为了让孩子上幼儿园，不断地提醒孩子"上幼儿园"。早上一起床，就说："孩子，起床，去幼儿园了。"吃晚饭的时候，说："幼儿园好玩吗？"晚上睡觉的时候，对孩子说："快睡觉，明天还要上幼儿园呢。"这样反反复复地说，孩子即便不抵触，也会心生厌烦的。在家里要少提上幼儿园的事情，让孩子能够在家真正放松下来。

方法三：理解并接纳孩子，给孩子更多的安全感

孩子总缠着爸爸妈妈，缠人就意味着孩子缺乏自立，情绪不稳定，缺乏安全感。家长应分析自己的孩子是由于什么原因才"缠人"的，这样才有助

于更好地解决问题。

当孩子缠人的时候,一般都是情感需求使然,家长首先应该满足孩子的一些情感需要。孩子需要家长与他多一些身体的接触,比如拥抱、亲吻,给孩子更好的照料,多与孩子进行语言沟通和目光交流,无条件地接纳和爱抚孩子。

家长临行外出的时候,也不要忘了对孩子表示一下关爱。当家长不得不长时间离开时,记得要经常给孩子打电话,向孩子问候,让孩子听一下家长的声音,让孩子了解家长对他的关爱。家长回家的时候,最好给孩子送一些他感兴趣的礼物,为孩子制造一个意外的惊喜,让孩子体会到家长在外时依旧惦记着他,这样一来,孩子就不会担心家长因外出办事而"不爱"自己了,能够安心在家成长,不会再紧缠着家长了。和孩子形成这样的亲子依恋关系,孩子的心理发展会更健康、更阳光。

父母可以通过打开孩子的世界,让他们的生活空间更广阔。家庭环境一般都比较单调,因此家长要多带孩子接近大自然,去公园、植物园、动物园等地方散步游玩,参加户外活动。让孩子多与邻居、好友谈天说地,多跟同龄小伙伴一起玩耍做游戏,互动交流,引导孩子向同龄小朋友学习,多锻炼孩子的自主性,从小事做起,培养他自主独立的能力。

倘若可以让孩子感到和每位家庭成员在一起都有安全感,都能产生快乐,那么孩子就不会故意地、特别地缠着某一位家庭成员了。**建立孩子的安全感,营造快乐的家庭氛围,这是最为重要的。**随着亲子关系逐渐变得亲密起来,孩子的心理就会产生安全感,其"缠人"的现象也便消失了。

在日常生活中,家长还应该多与孩子玩捉迷藏游戏,让孩子知道家长并非永远"消失"了,只是暂时离开,仍旧会再次出现或回来的。某些家长担心被孩子缠着难以走开,便采取悄悄离开的方式。事实上,这种方式只会使孩子的不安全感变得更加强烈,因为孩子不知道家长什么时候就会突然"消失",所以更会寸步不离地缠着家长。

所以要提醒各位家长注意:**作为家长,一定要保证自己的情绪前后一**

致，对孩子不要太宠爱了**。某些家长心情好时可以耐心地被孩子"缠"，而一旦心情不好时，就会一把将孩子推开，这种前后不一致的态度和行为，极易让孩子感到无所适从，甚至还会增强孩子的"缠"或"勃"。家长需要多和孩子沟通，让孩子相信家长的爱一直都在。

方法四：认识到孩子黏人是情感发展的阶段

最近，妈妈发现4岁的女儿特别黏人。一直以来，妈妈都认为女儿比较独立，一点都不黏人。但现在，女儿好像变了一个人一样，她开始黏人。早上醒来，她就从她睡的儿童房里出来找妈妈，要是妈妈不回应她，她很快就会哭起来。

尤其是这两天，她晚上睡不了两个小时就会醒来，醒来就去妈妈的房间找妈妈，然后就要求妈妈抱抱她。然后，她才回去再睡觉。在以前，这种情况是不会发生的。

还有，因为一般是爸爸下班去幼儿园接女儿，所以接回家后，女儿也是第一时间要妈妈去抱她。在此之前，她从外面玩多久回来，都不会让妈妈抱，即使在第一时间看不到妈妈也没事，现在却与以前完全不一样了。

当孩子到四五岁的时候，他的情感世界就会被父母唤醒，他对情感也有了更加深刻的认知。所以，他就特别喜欢跟妈妈和爸爸在一起，感受来自父母的爱与温暖，像上面故事中的孩子一样，对妈妈特别依恋。

另外，孩子还希望妈妈和爸爸都把关爱给他，不能分心，所以如果妈妈去忙别的，或者去亲别的小朋友，给别的小朋友分食物的时候，孩子会以为妈妈不爱他了，就会很"吃醋"，进而阻止妈妈去做这样的事情，甚至会伤心地哭泣。

这几天，家里的电话铃一响，4岁半的儿子就大声说："不能接电话！不能接电话！"如果儿子看到妈妈要去接电话，他就跑过去拿起电话来说："喂，你好，我妈妈不在家，再见！"有时候一天晚上来好几个电话，儿子都不让接。

第一章 妈妈们所不知道的孩子的幼儿园生活

妈妈感到很难理解，于是就去咨询一位儿童教育专家。专家告诉这位妈妈："孩子的情感敏感期到来了，他更需要你的陪护。"妈妈这才恍然大悟。

当天晚上，妈妈就放弃了做家务，陪儿子说话、读书，儿子非常高兴。当电话铃响的时候，爸爸去接电话，儿子就跟妈妈在一起。

玩了好长时间，妈妈想起一件事来，自己好久都没有跟一位好友联系了，于是她赶紧起来拨电话，儿子并没有阻拦妈妈。不过，当妈妈跟那位好友聊了十几分钟后，儿子不干了，他跑到妈妈身边，大声说："不让妈妈打电话！"然后就对电话键一通乱按，电话中断了。

妈妈放下电话，发现儿子已经泪流满面了。妈妈非常平静地问："为什么不让妈妈打电话呀？"儿子说："我让妈妈陪我。"

孩子是非常希望妈妈能陪他的，当妈妈陪了他后，他就会感到很满足。所以，当妈妈再打电话时，孩子也没有像以前那样进行阻止。可是，当发现妈妈聊了"很久"还没有停止的迹象后，他就会很着急，于是就强行让妈妈中断电话。其实，妈妈应该理解，孩子需要妈妈的陪伴，需要妈妈能全心全意地陪伴他，而不是一个分心的妈妈。

孩子在情感发展的这段时期，会表现得比较"脆弱"，父母一定要理解孩子，尽可能地满足他的心理需求。就像第一个故事中的孩子，当她晚上睡两个小时就去找妈妈抱她时，如果妈妈满足她，孩子的心理需求也得到了满足。如果父母不能满足孩子，孩子的心情就会很差，他幼小的心灵就会受到伤害，就会感觉父母离他很远，从而不利于其健康成长。

孩子渴望表达情感，会经常往父母的怀里钻，喜欢亲吻父母，等等。其实，这不仅是孩子在向父母索取爱，也是在向父母表达自己的情感。这个时候，父母应该读懂孩子的情感。高高兴兴地接受和配合孩子，切不可按着自己的主观想法或自己心情的好坏做出回应。否则，就很可能伤害孩子。

父母如果发现孩子对自己非常依恋，当自己因为亲吻别人的孩子或给别人的孩子分享食物时，孩子可能会很难过，会表现得很"小气"，甚至会大哭大闹，但这并不表示孩子任性，也不能认为孩子情感脆弱。实际上，这是孩子情感的一种正常表达。

对此，父母不应该呵斥孩子，而应该去安慰他，比如可以把孩子搂在怀里，告诉他："妈妈很爱你！""小弟弟是我们家的客人，妈妈亲他也是应该的，但妈妈会永远爱你的！"当孩子知道妈妈是爱自己的时候，他的心情才会放松下来。但是，如果父母不懂得安慰孩子，孩子总想着这件事，就会把它变成心事。如果心事一直得不到解决，就很可能影响孩子心理的正常发展。

方法五：转移孩子的注意力

每一个孩子对情感的需求强度是不一样的，在满足孩子情感需求的前提下，妈妈不妨找一些能让孩子感觉受到的关注度没有减少而又能自己玩的方式。其中最常用的方法是，妈妈在孩子的视野范围内，让孩子安心玩熟悉的玩具，她有时也可以参与进来。

比如孩子要和妈妈玩角色扮演游戏，妈妈可以告诉孩子自己很乐意陪他玩，但也要做事，而这事不会减少妈妈和他一起玩的时间，而且妈妈也需要孩子"陪"。妈妈可以在自己做事的地方给孩子一个小凳子，让自己始终在孩子的视线范围内，引导孩子多用语言而不是具体的肢体表现来进行游戏。

此外，妈妈要让孩子逐渐相信，妈妈离开后还会回来，孩子的焦虑就会逐渐减轻，不会特别缠人。我们千万不要采取如下做法：

父母不要想着自己要做的事，不理睬孩子的哭声："让他哭会儿就好了。"

当孩子见哭闹不起作用，紧紧摸着爸爸妈妈的衣服时，父母不要埋怨、责备孩子，更不要以粗暴的方式狠心离开。

更不要以把孩子单独隔离到另一个地方的方式惩罚缠人的孩子。

和孩子说好了要陪伴他，就不要趁孩子玩得高兴的时候偷偷地走开。

这些都是对待孩子的不良方式，不仅不能制止孩子缠人的情况，反而会让孩子更恐慌、更缠人。长期得不到足够关爱的孩子还会出现漠视家人、不愿交流的倾向。

方法六：孩子太缠人，妈妈要更好地引导

天天虽然已经上了幼儿园了，可还是太依恋妈妈，妈妈哪里都不能去，连上厕所的时候天天都哭着要找妈妈，甚至要求妈妈抱着他一起上厕所。不管去哪里都要"妈妈抱"。平时和其他家人都玩得很好，只是某些时刻就非找妈妈不可。洗澡后必须是妈妈穿衣服，妈妈忙着收拾洗澡间。天天就宁愿光着身子等妈妈出来；妈妈在洗脸，天天想撒尿，非得等妈妈来帮忙脱裤子，爸爸、奶奶来帮忙脱，天天又哭又闹，死活不让他们动手……虽然天天乖巧听话时黏着妈妈，让妈妈感到很甜蜜，但闹别扭时，他只要妈妈来哄，不管妈妈是不是很累、有没有生病，天天就是缠妈妈。妈妈也曾和天天讲道理，也曾吓唬过天天："要是总这样，就把妈妈累死了，天天就没有妈妈了！"天天在"清醒"的时候意识到自己是不对的，可倔劲儿一犯，立马就把之前对妈妈的心疼忘到九霄云外了。

孩子缠妈妈，这看起来是司空见惯、理所当然的事。孩子对妈妈的依恋是出于本能，但随着年龄的增长，对妈妈的依赖程度有增无减，反而越来越离不开妈妈，"戮劲"越来越强了，这就得父母们多多注意了。

倘若发现孩子过分缠人，那么在这个时候，家长应意识到孩子的心理可能正处在不安之中，这时孩子需要的是关心，而非批评或威胁——越是喜欢缠人的孩子，越是需要家长的关爱。**必须清楚，批评与威胁不但无法将孩子内心的不安消除掉，相反，还会使孩子内心的不安大大增加，进而可能会让孩子缠人的欲望变得更加强烈。**孩子最依赖的通常都是自己的家长，特别是妈妈。孩子最害怕的是妈妈不要他，这是每一个孩子的心理，在他们小小的心灵中，家长是最重要的，妈妈尤其重要。

同时，孩子依恋家长，也是因为孩子生活圈子还很小，对家长最熟悉、最信任，和家长在一起时会比较有安全感。

在现实生活中，我们经常会发现，有个性、活动能力强、会玩的孩子一般都很少缠人。相反，那些被溺爱、娇生惯养、任何事都由家长包办的孩子，最容易对家长产生依赖的心理。孩子和家庭的其他成员平时很少接触，家庭环境特别单调，没有同龄的小朋友，也很少有孩子感兴趣的玩具和活动等，会导致孩子的独立性差，只要家长一离开，就哭闹不止，从而使家长不忍心把孩子丢下，最终还是妥协，这样难以培养孩子的独立性，相反，还会使孩子缠人的习惯变得更加强烈。

妈妈有时候会因为孩子特别缠自己，影响了自己做事，感到很累或者不耐烦。希望妈妈们能够站在孩子的角度想想，给孩子更多的关爱，多一点儿理解，就能少一些烦恼。孩子对妈妈的依恋本来就是最本能最纯真的。我们不也经常心血来潮地抱着孩子又亲又啃而不管孩子是不是正在看书、玩玩具吗？我们想亲吻孩子的时候就把他拉过来，想跟孩子玩的时候就让孩子立刻坐在身边。如果孩子不太乐意，还惦记着自己没有做完的游戏时，我们会说："不是要爸爸妈妈陪吗？我们现在专门陪你了，你怎么又不和我们玩了啊？"当我们累了、烦了，孩子来找我们的时候，我们就嫌他缠人，这是负责任的妈妈应该避免发生的事情。

第二章

孩子在幼儿园最常遇到的问题

1　孩子去幼儿园会撕心裂肺地哭

潇潇刚上幼儿园，幼儿园仿佛就成了她的噩梦。每天起床以后就不能听到"幼儿园"三个字，只要听到这三个字，潇潇就会哭闹，而且穿衣服也不想穿，洗脸的时候也不断重复："我不要上幼儿园，我不要上幼儿园……"看着孩子满脸的泪水，妈妈非常心疼。可是幼儿园是孩子成长的必经阶段，再不忍心也得让孩子坚持上。

妈妈带着孩子来到幼儿园，孩子一边走一边哭，进了幼儿园以后，死活都不向教室走了，妈妈只能抱起潇潇向教室走去。潇潇哭得更厉害了，撕心裂肺的哭声让妈妈很心疼，但还是把孩子交给老师，转身离开了。这样的情景重复了一个多礼拜，潇潇慢慢开始接受幼儿园了，虽然还是不愿意去，但是已经不再哭得那么伤心了。

孩子上幼儿园，都要经历这样一个过程。这个过程每个孩子都不一样，有的时间长，有的时间短。爸爸妈妈要理解孩子这种对分离恐惧的心情，同时要帮助孩子适应幼儿园的生活。

面对孩子的委屈，父母应该有一种理智的态度，既不能过分心疼孩子，也不能表现出默然的态度。父母应该知道，只有用理智的态度面对孩子类似的情形，才不会让孩子产生委屈的错觉，从而让孩子正确面对自己所受的"伤害"。

孩子在3岁之前哭泣时，因为他还小，大多数父母都能满足孩子的需求。但是，当孩子慢慢长大时还会有因为委屈而哭泣的情形，有的父母就会认为，如果一再满足他的需求就是惯着他，就会把他惯坏。于是，当孩子想寻求妈妈的心理安慰而哭泣时，爸爸就会不让妈妈安慰孩子。其实，这种做法对孩子渴望获得关爱的心灵是非常残忍的。当然，孩子的心理需求得不到满足的时候，他的心理就很难健康成长。

方法一：认识到孩子用哭来表达自己的感受和想法

一个3岁的男孩在客厅里兴致勃勃地玩一个玻璃球，让玻璃球在地板上滚来滚去。可能是因为推动玻璃球的力气大了点，玻璃球滚出好远，滚到了长沙发的底下。

男孩伸手去摸，摸了好一会儿也没有摸到。于是，他就哭了起来，而且还用手指着沙发底下，想以此来吸引妈妈的注意力，让妈妈把玻璃球拿出来。

可是，妈妈正在厨房忙着做饭，也许是孩子的哭声把妈妈惹烦了。她来到客厅，也不看孩子有什么需求，就朝着孩子的屁股拍了两巴掌，而且还非常严厉地对孩子说："让你哭，有什么好哭的！"结果，孩子的哭声更大了。

上幼儿园这段时间，是孩子的语言敏感期，有时候孩子会以哭泣的方式表达自己心中的委屈或某种需求。**父母应该读懂孩子的表达方式，并试着让孩子用语言表达来代替哭泣。**

故事中的那位妈妈不问青红皂白就把孩子打一顿的做法是非常不可取的，但遗憾的是，这样的做法在今天的家庭教育中非常常见。其实，这对孩子幼小的心灵是一种严重的伤害，甚至会扭曲孩子的性格，抑制孩子智力的发展。

有一次，5岁的墨墨与爸爸一起逛商场，就要离开时，墨墨拉住了爸爸的衣襟，恳求说："爸爸，我再玩一会儿。"墨墨并不是贪玩的孩子，她只是被柜台里漂亮的玩具吸引住了，她的眼睛里全是渴望。

可是爸爸装作没看出女儿的心思，如果女儿不说出来她想要什么，他就不去主动买给她。他认为，女儿想要什么，应该有勇气表达出来，而不应该唯唯诺诺。

过了一会儿，爸爸看墨墨什么也不说，就要拉她走。这时，墨墨委屈地哭了。但爸爸并没有被墨墨的哭声吓倒，反而平静地对她说："墨墨，你想要什么呀？你只要说出来，爸爸就给你买！"

墨墨终于忍不住了，她带着哭腔说："爸爸，我……我想买一样……东西。"

爸爸说："买什么？说话不要吞吞吐吐的，想要什么就大胆地说出来。"最后，墨墨鼓起勇气说："我想买一个玩具娃娃！"于是，墨墨最终得到了那个洋娃娃。这件事以后，墨墨无论有什么要求，有什么委屈，她都不用"哭"表达了，而会直接用语言表达出来。

故事中的爸爸就是引导孩子用语言代替哭泣表达自己的最好案例，这可以给父母以启示。所以，父母应该正确面对孩子的敏感期，用恰当的方式引导孩子表达自己的想法。

当孩子因为某种意外状况而觉得自己委屈，并用哭泣来表达的时候，父母一定要理智，千万不可以把责任推给无辜者。

在生活中经常见到这样的场景：一个孩子不小心被石头绊倒了，可能孩子还没来得及或根本就没想到哭泣时，父母就马上跑过来，赶紧把孩子扶起来，嘴里还振振有词："该死的石头，坏石头，把我们家孩子绊倒了，孩子不哭，我们把石头扔掉！"本来孩子没哭，听完父母这一顿说辞后，竟然委屈地哭了。

其实，这就是父母把责任推给了无辜的石头，误导孩子的一种表现。孩子要成长，不但要学习食物的名称等具体的知识，还要学习一些逻辑关系等抽象的知识。上面的这个故事，父母就向孩子传达了一个错误的因果关系。孩子被石头绊倒了，这本是孩子自己的错误，与石头无关，而且孩子也没有想找石头算账。可是，"聪明"的父母却自以为是地把责任推给了石头，还说了那么多话。在这种情况下，孩子自然会感到很委屈，于是就会用"哭泣"的方式来表达内心的"委屈"。

父母在孩子的语言敏感期内要教孩子学会用语言表达自己，而不是用哭泣引起别人的注意。其实，在语言敏感期，孩子不仅要学习语言表达，还应该形成良好的思维方式。当然，这就需要父母在日常生活中注意对孩子加强引导。

父母一定要抓住孩子学习语言的敏感期，引导孩子学会表达，而不能任由孩子用哭泣来发泄自己的情绪。

方法二：多给孩子一些耐心和陪伴

3岁半的多多最近很不快乐，因为她刚转进这所新幼儿园。多多一双大眼睛里写满了忧郁，那种神情与她的年龄非常不相称。每天早上，妈妈把她送到幼儿园时，都对她说："孩子，乖，再见！"可是，回应妈妈的总是无声的啜泣，还有满眼的泪水，这让妈妈感到很心疼。尽管如此，她还是"狠心"把女儿留在了幼儿园。

在幼儿园里，多多一上午情绪都很低落，吃午饭的时候，是她心情最不好的时候。每当这时，她都会哭着抓住老师的衣服，一遍又一遍地说："我不吃饭！"老师只好喂她吃饭，可她还是会无声地流泪。

吃完午饭，她还是会跟着老师，一步也不离开。直到老师安排其他的孩子都睡下，并抱着她坐下来，她才平静下来，然后就在老师的怀里睡着了……

已经来幼儿园20多天了，多多还是对周围的环境没有建立起安全感，所以每天都会有泪水和忧郁的眼神伴随着她。日子一天天过去了，两个月后，多多逐渐恢复了平静，她开朗了许多，没有忧郁的眼神了，也不用老师喂饭，不用老师抱着睡午觉了……

孩子有不安全和依恋父母的感觉是非常正常的，他的安全感是需要培养的。

一种环境是否安全，对于成人来说，一般会靠经验和理性去判断，而孩子却做不到。对于孩子而言，陌生的环境充满了不安全感，会让他神经紧张、忧郁等。所以，**父母要尽可能给孩子爱，给孩子自由，给他熟悉新环境的机会和时间，让他获得心灵的安慰和满足。**

在孩子感到紧张和害怕时，在孩子因为没有安全感而闷闷不乐时，父母不应该有任何对孩子不满的情绪和表情，更不要急着对孩子说："有什么好怕的？不要怕！""哪有什么不快乐的？"父母应该给孩子展示怎样做才不会害怕，才不会不快乐。比如，可以多带孩子去大自然玩，让孩子获得真正的放松；满足孩子合理的心理需要，但不要让满足变成溺爱。这样，就能缓解孩子紧张和不快的情绪。

一天下午，妈妈迟迟没有到幼儿园接4岁的儿子。于是，儿子就与其他几个孩子一起玩沙子。到了晚上，别的小朋友都被爸爸妈妈接走了，幼儿园里只剩下他一个孩子了。

他从前院跑到后院，从教室跑到卧室，都没有见到一个小朋友。这时，他伤心地哭了起来。老师看见了，就去安慰他。可他却哽咽着说："我妈妈不要我了。"

老师说："不会的，妈妈一定是有什么事情！一会儿就来接你了！"可是，他还是哭。

不一会儿，妈妈终于出现了。因为公司开会，她下班晚了一会儿。按说，看到妈妈后，儿子应该高兴才对，可是，儿子那个委屈呀，哭得更厉害了。妈妈安慰了他好一会儿，他才不哭了。

脸上还挂着泪珠的儿子问："妈妈，你还要我吗？"

妈妈说："傻孩子，当然要你了啊！"

儿子听完妈妈的话，开心地笑了。

每个孩子都会用哭泣来表达自己的情感。但是，孩子在3岁之前的哭泣大都是因为生理方面的原因，比如身体不舒服、饿了、想上厕所等，很少涉及情感方面。

随着年龄的增长，他就会用哭泣表达委屈、表达情感。比如，当父母离开他外出时，或没有及时去幼儿园接他时，他就会伤心、难过，心里感到很委屈，以致落泪。

孩子常常会因为一点小事儿落泪。孩子的情绪常常随着父母的情绪而变化，只要他感觉父母的情绪有点不对，他就会很委屈，就会认为父母不再喜欢他，不再爱他了。于是，他的眼泪就会流出来。面对这种情形，很多父母就认为孩子太爱哭、太脆弱，心理承受能力太差，等等。其实，**父母不应该否定孩子的情绪，要理解孩子、关爱孩子，这样才能帮助孩子驱除内心真实存在或根本不存在的委屈。**

2 孩子上幼儿园总是生病

果果今年三岁半，上幼儿园小班，从两岁开始上托班起，果果一到幼儿园就开始感冒、发烧，有时候还会呕吐或者拉肚子。家长只能把她接回家里。回到家休息一两天，症状就会好转，有时候甚至不用打针吃药，症状就消失了。

等果果好了，家里人再把她送到幼儿园里，可是过不了多久，她就又生病了。就这样反反复复，家长也被折腾得筋疲力尽。

刚上幼儿园的孩子容易生病，特别是很小就入园的孩子更容易这样。除了孩子体弱多病的生理因素以外，还与孩子的神经发育不成熟有着直接的关系。三四岁的孩子正处于植物性神经系统不稳定时期，容易受到周围环境的影响，有时会出现植物神经功能紊乱、情绪容易波动等现象。离开父母，孩子进入幼儿园，换了一个新环境，孩子缺乏安全感，会出现一些躯体症状，比如头痛、肚子痛、呕吐、腹泻、发烧、睡眠惊吓等，这些反应也就是老人们所说的"上火"。而男孩普遍精力旺盛、活动量大，更容易出现流鼻血、发烧等症状，所以人们常说"男孩火力大"。所以，不少孩子在家好好的，可一上幼儿园就爱得病，这就是不稳定的情绪与不成熟的植物神经系统相互作用的结果。

孩子的抵抗力和免疫力都较弱，加上幼儿园的小朋友又很多，如果有人生病了，在集体生活中的孩子很容易出现交叉感染。特别是低龄的孩子，身体抵抗力弱，在这样的环境中更容易被感染。不少父母可能会担心，难道孩子班里有小朋友生病就要赶紧把自己的孩子接回家吗？其实不必有这样的顾虑。与外界接触少的孩子未必就有抵抗力。新英格兰医学期刊公布的一项研究指出，适度地让孩子感染疾病，反而对免疫系统有强化巩固作用，可以帮助孩子增强抵抗力，逐渐改善身体素质。

方法一：让孩子保持良好的生活习惯，多带孩子参加户外运动

熊熊的父母有晚睡的习惯，所以熊熊从小也是晚睡晚起。到了上幼儿园的年龄了，熊熊养成了习惯，别的孩子七八点就睡觉了，熊熊还精神倍儿棒，总要等到十点才睡，早上要睡到八九点才起床，于是每天都很晚才到幼儿园，早饭也吃得晚。到幼儿园没多久，就要吃午饭了，可是这时候熊熊吃过早饭才没多久，一点儿都不饿。所以每天到了午餐时间，熊熊一点食欲都没有，不好好吃饭。

时间久了，熊熊逐渐瘦了下来，抵抗力也开始差了，经常感冒、咳嗽。老师也发现了熊熊的这个情况，多次向熊熊的父母建议，要给他调整作息时间，才能有好的身体。

要孩子身体健康不生病，就要让他养成良好的生活习惯。早睡早起是非常重要的一个好习惯。

还要让孩子注意个人卫生，让孩子养成玩完玩具或饭前便后洗手的卫生习惯。避免使用含抗菌成分的清洁用品，因为这些产品可能是抗药性微生物的来源。

要提醒孩子多喝水，如果孩子的饮水量不足，容易产生内热，稍不注意就可能生病。我们可以通过关注孩子的尿液是否清亮透明来判断孩子喝水是否足够，如果孩子的尿液发黄，就要注意，让他多喝水。白开水的保

健功能是任何饮品都不能代替的，不要为了使孩子多喝水而让孩子喝饮料或果汁。饮料、果汁是不能代替白开水的，也不能为孩子提供身体所需的水分。

为了配合幼儿园的生活，即使节假日也要坚持早睡早起，不要打乱孩子的作息时间，要使孩子养成良好的生活习惯。一定要保证孩子有足够的睡眠时间，否则他的抵抗力会降低。

平时多带孩子去户外活动，经常让孩子做一些适当的消耗体能的运动。增强孩子的免疫力。

方法二：孩子生病时，完全调理好了再送幼儿园

幼儿园里孩子多，相互接触频繁，交叉感染导致的生病也很常见。为了孩子的身体健康，幼儿园里每天早上都会有专业的保健老师检查孩子的健康状况。每个季节，保健老师也会提醒家长近期的常见病是什么，家长如何帮孩子做好预防。为了孩子的身体健康，建议家长，一旦发现孩子生病，要及时把孩子的情况告诉老师，药物也要及时交给保健老师统一保管，按时给孩子服用。如果孩子病情比较严重，家长最好让孩子留在家中，毕竟父母的照顾与陪伴对于病中的孩子才是最大的安慰。

还有的父母见孩子病了，赶紧接回家打针吃药，过了几天看到孩子没有什么明显症状了，又赶紧送幼儿园。这样往往使身体还没有完全康复的孩子二次感染，而且更难治疗，需要相应地延长用药时间才能完全康复。如果父母担心照顾孩子而耽误了工作，匆忙让孩子继续上学，孩子没有好利索而反复生病，不仅更加影响自己的工作效率，对孩子的身心健康也是不可逆转的伤害。

经常间断性地送孩子去幼儿园，会对孩子适应幼儿园的生活造成很大的阻力。所以，**孩子生病了要接回家积极治疗，要等孩子痊愈后再坚持送幼儿园，并和老师密切沟通，让老师知道孩子最近的情况，做好保育工作。**

方法三：注意让孩子均衡饮食，穿衣要合适

许多家长对孩子百般宠爱，什么都依着孩子，只要孩子爱吃的东西就随便让他吃，孩子不爱吃的就不吃。只要孩子能吃饱就好，不管是否达到了均衡营养。因此许多孩子挑食偏食，有的孩子光吃菜不吃饭，有的只吃荤菜不吃素菜，甚至有的孩子入园还带着奶瓶。

孩子饮食不当，吃太多、吃太好，很容易导致积食，积食就会出现发烧、咳嗽等症状。其实只要遵循早餐吃得饱、午餐吃得好、晚餐吃得少和不挑食偏食的原则，你的孩子一定会少生病的。

为了增强孩子的抵抗能力，平时少给孩子吃糖分过高的食物，以免干扰白血球的免疫功能，造成抵抗力下降。要让孩子多吃水果和蔬菜，以免孩子偏食使体内抗体减少，影响人体防御功能。虽然孩子在上幼儿园之后，大部分孩子都会在园内享用三餐，但5点左右放学之后，我们可以让孩子吃些易消化的水果、奶制品等，补充一些能量和营养。值得注意的是，有的父母担心孩子在幼儿园吃不饱、吃不好，孩子5点左右在幼儿园吃晚餐，回到家又随大人再吃一餐，不少家庭晚餐时间较迟，孩子吃了饭就面临上床睡觉的情况，没有任何运动，肚子里的东西来不及消化，很容易造成积食、上火，引起呕吐、发烧、脾胃失调等问题。所以，不要随意给孩子加餐或吃太多的肉。

有的孩子生病则是穿太多导致的。经常听见许多家长说，我的孩子已经穿了许多衣服怎么还常常感冒，有的家长早晨把孩子送进园还特别关照老师，不能随便给孩子脱衣服。幼儿园冬天开空调，室内温度有26℃，而有的孩子身上穿了三条毛线裤、四件毛衣，有的孩子则穿了两件毛衣、一件滑雪背心再加一件外套。孩子站着不动都满头大汗了，更别提好动的孩子还要玩耍。孩子穿这么多，怎么可能不生病呢！

有的孩子穿了七八件衣服，手还是冰凉，依然经常感冒。其实人的体温是靠产热和散热来保持的，活动是产热的重要来源，孩子入园前活动少，入

园后活动量增加，而不活动就不产热，穿衣服是起到减少散热的作用，但是衣服本身是不会产热的。如果是老年人活动少，多穿衣服还情有可原，但孩子好动，窄而厚的衣服限制了孩子的运动，甚至阻碍体表的血液流通，孩子就不愿意动，所以衣服穿了许多，手还是冰凉的。有的家长嘱咐孩子，不许脱衣服，这是不科学的，冬天出了汗，衣服湿了之后就会凉，湿冷的衣服贴在身上就增加了感冒的机会。父母这样给孩子胡乱穿衣，孩子自己又不懂得添或者脱，而幼儿园里老师要照顾那么多小孩，不可能时时关注每个孩子的冷暖，孩子就容易生病。**俗话说，养孩子"三分寒，七分饱"，家长不要给孩子穿太多，一般来说，孩子冬天穿的衣服最好比大人少一件。**

方法四：让孩子勤洗手，远离病菌

在幼儿园，孩子在一个群体里生活，接触的人很多。幼儿园有的班级一个小朋友感冒了，别的小朋友也会跟着感冒，为了避免这种情况的发生，就要提醒孩子们要勤洗手。吃饭前要洗手，上完厕所要洗手，摸完脏东西也要洗手。孩子勤洗手，能让孩子减少和病菌接触的机会，孩子就不容易生病。

孩子3～4岁正处在执拗期，孩子不愿意洗手也是一种非常正常的表现，并不是孩子故意"刁难"父母。父母还应该知道，给这个时期的孩子讲为什么要洗手的大道理，央求他洗手、强行让他洗手的做法都是不科学的。否则，只会让孩子对洗手这件事更加排斥，严重的还会影响到亲子关系的和谐发展。所以，父母应该用智慧来引导孩子去洗手。

当孩子在执拗期时，他不愿意洗手，妈妈就是磨破嘴皮子跟他讲各种各样的道理都不管用；如果父母强行给孩子洗手，孩子会反抗，也会很痛苦。这些做法都不科学，往往父母越是这样做，孩子就会越执拗，甚至会引起孩子更大的反感与反抗。很多孩子，妈妈在强行给他洗手后，他连最爱吃的饭都不吃了，其实这是与父母在"斗气"。之所以会这样，是因为在这场洗手与不洗手的"斗争"中,孩子认为自己"失败"了,所以他感觉自己是弱小的。由此可见,父母强行让孩子洗手会给孩子带来很大的心理伤害。

可能有的父母就很纳闷了:既然不能强行让孩子洗手,那该怎么办呢?其实,就像俗话说的,"只要思想不滑坡,办法总比困难多"。让孩子洗手的办法还是有的,父母要学会转变自己的教育方式,改变对孩子的强硬策略。

一位妈妈是这样做的:

在吃饭前,妈妈对儿子说:"乖儿子,我们去洗一下手好吗?"

儿子连想都没想一下,就脱口而出说:"不好!"

这位妈妈一点都不着急,一点都不在乎地说:"好吧,不愿意洗就算了!"

儿子很惊讶地看了妈妈一眼,觉得妈妈怎么突然允许他不洗手了呢,感觉有点奇怪。

不过,妈妈假装看不见儿子的表情。她自己不动声色地去洗手池洗手,洗完手回来就坐下来准备吃饭。

这时,惊讶不已的儿子却对妈妈说:"妈妈,我的手上可能会有虫子,吃到肚子里,肚子会痛的!"他在试探妈妈,给自己找个洗手的台阶下。

于是,妈妈就故意问他:"那怎么办呢?"

儿子这回非常"大方"地说:"妈妈,要不你给我擦擦手吧!"

妈妈趁机表扬了他一句:"好啊,还是你聪明,那妈妈就给你擦擦手!"

如果父母能够转变自己的教育方式,用迂回的方式来代替直接的方式,让孩子洗手可能就会变为一件非常简单的事情。所以,不用央求孩子,不用跟孩子讲道理,一样能让孩子自动去洗手。

当然,有时候孩子也不吃父母那套迂回的策略,软硬不吃,坚决不洗手。那样的话,父母怎么办呢?其实,办法是有的,就看父母想不想灵活变通。只要掌握了孩子的执拗心理,做一些变通,就能找到对付孩子的小妙招。

3　孩子胆子小，被小朋友欺负

萱萱是一个3岁的小女孩，非常胆小，很容易害羞，就算遇到熟悉的小朋友，也从来不会主动去和他们一起玩。在平时的生活中，她看到其他小朋友一起玩耍，就会躲到妈妈的身后。

有一天，叔叔带着一个小弟弟来找萱萱玩，萱萱一直躲在自己的游戏垫上玩玩具，不叫人，也不和小弟弟玩。叔叔跟萱萱说话，萱萱也低头不语。后来小弟弟唱了几首儿歌，妈妈让萱萱也把在幼儿园新学的儿歌唱给小弟弟听，可是萱萱就是不唱。这让妈妈非常担心。萱萱到现在还没在幼儿园交到好朋友呢。

有的父母说，孩子性格内向，在家，说的话还比较多，可一出家门，就"金口难开"了，甚至在外面玩耍的时候也不怎么和爸爸妈妈说话。在外人看来，孩子文静、听话，可父母觉得孩子不敢和熟人打招呼，不敢在人前表现自己，闷闷的样子很令人难过。

一位心理学家曾经说过：**有成绩的时候，没有得到奖励，以及没有成绩时遭受惩罚的孩子，往往是最容易害羞的。**这句话说明，教育对害羞心理的形成有着非常重要的作用。

还有一位心理学家则这样说道："如果孩子的家长比较开朗，善于交际，常常出现在人多的场合，那么他们的孩子也不会害羞，也比较善于与人交往。"这句话说明，家庭与环境对孩子害羞心理的形成也有着至关重要的影响。既然环境和教育是造成孩子害羞心理的主要原因，那么要想帮助孩子克服害羞心理，也应该从改变环境和教育方法入手。

有的父母说，自己的孩子平时活泼开朗，也愿意与人交往，却对新鲜事物特别害怕，在游乐场也不敢玩大型玩具。

还有的父母反映，孩子既不敢和人交往，也不敢尝试新事物，对未知的任何东西都十分排斥，不仅不合群，而且平常极少笑。别的孩子欢声笑语，吃着玩着，而自己的孩子却始终毫无表情地依偎着父母。如果有孩子主动过来握手，自己的孩子还会警觉地往后躲。别人家的孩子在聚会上玩得很开心，而唯独自己的孩子游离在欢声笑语之外。

这样的孩子都是"胆小"的典型，害怕交往、不敢冒险、沉默孤僻，但他们当中有的天生就是这样，而有的却是在后天成人的不当教育中逐渐形成了这样一种性格。

如果家长自身性格内向，不主动与他人交往，也会使孩子在潜移默化中变得胆小怕生。

我们都知道胆小不好，会导致适应能力差、信心不足，内心也不会得到快乐，但如何才能使胆小的孩子变得勇敢呢？

方法一：认真倾听孩子，让孩子走出去，别给他太多的限制

孩子需要安全感，这是毋庸置疑的。有安全感的孩子才会自信满满地接纳外在新事物，才能激情饱满地迎接各种挑战，才不会害怕失败。父母要让孩子感到自己是被关注的，是安全的，才能使孩子放下心理包袱，全速前进。

对于胆小的孩子，不要急于改变他的胆小行为。要知道"欲速则不达"，胆小不是一天两天形成的，也不要期望几天就能改变，父母迫切地提醒孩子"勇敢一点"。当着孩子或外人议论孩子胆小怕事，会让孩子感到很大压力，更加封闭自己触摸外界的内心。所以，父母应当尽量忽略"胆小"的行为，而要对孩子阶段性的细微改变及时鼓励。

有的孩子胆小，是因为大人的过度限制和保护造成的。作为父母，要对

自己的教育进行反思，找到不当之处并且及时改变。

妈妈对苗苗的限制很多，比如，不允许苗苗跟着其他孩子在斜坡上玩；不允许苗苗自己爬上儿童滑梯……有一次，苗苗走路不小心崴了脚，嘴唇也被划了一个不到米粒大的小口子，妈妈更是急得不得了，从此以后，更不准苗苗有任何看起来有危险的行为。

在妈妈过度限制和保护的"圈养"之下，苗苗从不主动和邻居打招呼，看到小朋友玩耍，也离得远远的，虽然很羡慕，却不敢上前，对陌生人更是退避三舍。

很明显，苗苗之所以胆小，是因为妈妈对其限制过多、保护过度。孩子其实有自我保护的本能，父母对孩子应该"放养"而不是"圈养"。孩子终究会长大，总有一天会离开我们独立生活，我们可以保护孩子一时，却不能保护他们一生。

如果我们过度限制、保护他，一味地剥夺孩子尝试、冒险、失败的机会，有朝一日我们不能再当孩子的保护伞了，孩子就很容易被挫折、变故击倒。所以，为了孩子的将来考虑，我们应该给孩子尝试的机会，我们应当明白孩子的某些看似危险、破坏性的行为其实是他们在探索世界。我们可以放平心态，给孩子提供大胆尝试的机会，让孩子通过切身体会感受真实的世界。

方法二：让孩子肯定自己，变得开朗起来

对于害羞的孩子来说，其最大的心理问题就是自信心不足，他们往往过分注意自己的缺点。因此，家长一定要及时教育孩子，开导他们要多想一下自己的长处，而对于自己的短处，则不要过于紧张，应坚信自己不比别人差，坚信自己也是一个有能力，并对社会有贡献的人。一旦孩子的自信心培养起来了，那么他就敢在大庭广众之下表现自己，并会积极参加各种集体活动。

对那些羞于和人打交道、害怕在大庭广众之下讲话的孩子，倘若家长进行一番仔细的分析，将不难发现，他们害羞的原因主要是担心会得到他人否定性的评价。而且，孩子越是怕羞，就越会害怕，从而形成一种恶性循环。家长应该告诉孩子，别人进行评论是一件再正常不过的事情，没必要过分看重。家长还可以讲一些名人轶事给孩子听，虽然这些名人被别人批评得很厉害，但是他们仍旧会处乱不惊，情绪并不会受到这些批评的影响。此外，家长还应该让孩子知道，可以将这些否定性的评价变成激励自己更加努力的动力，不断地推动自己，帮助自己勇往直前。比如说，美国总统林肯年轻时，刚演说了一半，就被听众轰了下去，然而他并不灰心丧气，不断发奋努力，最后终于变成了一名成功的演说家。

在熟人范围内，家长可以先让孩子多活动、多发言，然后再让他到熟人多、生人少的范围内活动、发言，最后再在生人多、熟人少的场合练习，一步一步递进，让他逐渐学会抵抗自己的害羞心理。此外，家长还应注意，在带孩子去一个新的场合活动之前，为了有备无患，务必做好充分的准备。一旦孩子取得成功，那么他的自信心就会成倍增加，锻炼勇气的自觉性也会不断提高，原本的害羞心理也就会慢慢消失。

家长可以教导孩子，倘若在陌生场合心情有些紧张时，不妨自己悄声对自己说："没有什么大不了的，这些人和以前的熟人都是一样的，并没有什么恶意。"又或是"这些人来这里的目的，无非是向我来请教的，在我面前，他们就是一些小孩子罢了，我得多多关照他们。"这些自我暗示的手法都可以让孩子镇静下来。将陌生人当成自己的熟人，同样可以有效地减轻孩子的害羞心理。有位心理学家曾经这样说道："一个害羞者，当他在陌生场合讲出第一句勇敢的话后，随之而来的将不是新的羞怯，而很可能是顺理成章的语句。"通过自我暗示，让孩子突破讲话、交际开头时的阻力，是克服害羞心理最有效的一种方法。

方法三：孩子太软弱时，要鼓励孩子表达自己，参加集体活动

许多父母认为，只要孩子健康快乐，即使自己吃再多的苦，受再多的累，也是心甘情愿的。父母用无私的爱宠爱着孩子，竭尽全力为孩子提供最好的生活条件，营造最好的成长环境，这种伟大的爱令人敬佩。但如果溺爱、纵容孩子，过分顺从孩子的意愿，过分包庇孩子的缺点、错误，对孩子自己力所能及的事全部包办，那么只会害了孩子，使他产生顽固的依赖思想，让孩子变得软弱。父母不可能永远把孩子呵护在自己的羽翼下，孩子总要进入社会接受考验的。没有坚强品质的孩子在长大成人步入社会之后，会轻易地被生活中遇到的一些挫折、一时困难击倒，我们身边不乏这样的反面例子。要知道，无论做什么事，都需要有恒心。

除了过分的关怀和溺爱会造成孩子软弱之外，父母在言语上的恐吓、不恰当的夸奖等，也会使孩子养成软弱的性格。虽然许多性格懦弱的孩子随着时间的推移、经历的增加，到了少年、青年时代也可以变得坚强起来。但这需要花费一番巨大的周折和刻苦的心理锻炼才能得以实现。童年是孩子性格形成的关键期，只要方法得当，就会事半功倍。那么，在生活中如何使软弱的孩子变得坚强呢？

不少性格软弱的孩子在人际交往中会比较内向，宁愿在一旁默默关注同伴玩游戏也不加入，不喜欢说话，更不善争论。对于这种孩子，父母要戒急戒躁，不能责骂孩子或逼迫孩子说话，尽量少讲"你必须这样做"之类的话，而应该多与孩子进行讨论式的交谈，比如，"这件事你是怎么看的""你觉得该怎么办"，多给孩子营造相对自由宽松的独立思考与处理问题的氛围。对于孩子的意见，正确的要及时肯定、赞许，给孩子以鼓励，让孩子有自信、有勇气。如果孩子表达的意见不正确，也不要责怪他，可以通过一些

启发式的语言引导孩子，让他认真思索自己的意见为什么不对，从而不断提高孩子的讲话能力。

心理学家指出，游戏是纠正不良性格的最佳途径。父母在孩子小时候就要带他多接触同伴，鼓励孩子参加集体活动，让性格软弱的孩子经常和胆大勇敢的小伙伴一起玩耍，在保证安全的前提下，鼓励孩子跟着伙伴们做一些平时不敢做的游戏。平时也可以鼓励孩子结交新朋友，在超市、餐馆等场所向服务人员表达自己的需要。

方法四：孩子被欺负，妈妈要冷静处理

桃子刚上幼儿园的第一个星期，奶奶去接她时发现，她脸上被抓了好几条血痕。奶奶心疼得不得了，问桃子怎么回事，桃子也支支吾吾说不清楚，就说是被小朋友抓的。奶奶问她怎么被抓的，谁抓的，桃子也说不出个所以然来。奶奶看在眼里疼在心里。

过了一个星期，桃子脸上的伤口愈合了，但还留有一些疤痕。可是太平了没几天，妈妈又发现桃子的手被人抓破了，这回妈妈生气了，决定放学时亲自去幼儿园接桃子，并且找她的班主任问清楚，为什么桃子三天两头在幼儿园里"挂彩"回来。

妈妈来到幼儿园，和桃子的班主任苏老师说明了情况。苏老师说："实在抱歉，在幼儿园里没有照顾好孩子，这是我们的失职。桃子上次脸被抓破我也问过她，小朋友之间有些小打小闹也正常。不过这次手被抓破我还真的不知道，以后我会多留意，看看是怎么回事。"

听老师这么说，妈妈也只能作罢。

像桃子这种情况，相信很多家长都碰到过。回家发现孩子在幼儿园里受了伤，家长总是很心疼，毕竟宝宝都是爸爸妈妈的心头肉。但是又不是什么大伤，有些是磕磕碰碰受的伤，有些是和小朋友小打小闹被弄伤的。为了这个去幼儿园找老师，又显得家长过于计较，但是随他去吧，又觉得孩子三天

两头总是出现伤痕也不能不管不问。

　　幼儿长到两岁时在生活上就有一定的自理能力了，家长应该放手让他去锻炼，接触各种新事物。孩子在自己探索、实践、与别人的交往中只要没有危及生命安全的危险，家长就应该放手让孩子去自由玩耍、奔跑、打闹。因为孩子会在和小朋友的玩耍打闹中学到很多东西，这些是家长无法教给孩子的。

　　但是如果孩子在幼儿园受到了别人的欺负，家长不能让孩子一味忍让或者强硬反击，要分析情况，用灵活多变的方式来处理问题。例如可以和老师沟通，问明事情原委，找到恰当的解决途径。

　　当发现孩子在幼儿园受到了欺负，家长肯定都非常心疼，但切莫头脑发热、一时冲动，冲到幼儿园里一定要问出个所以然来。家长一定要先了解其中原委，再确定如何处理。

　　如果孩子被别的小朋友欺负了，家长不能教孩子以暴制暴，以免让孩子滋生暴力倾向。当然也不能让孩子一味忍让，这样会让孩子觉得自己在受到欺负时父母不能保护自己，会使孩子产生怯懦心理，无法塑造坚强的性格。物竞天择，适者生存。现代社会中充满了竞争，如果孩子没有一点竞争意识，那么长大后也无法在社会上立足。

　　如果父母怀疑孩子在幼儿园受到了欺负，首先要弄清事实的真相。但是一般孩子都不愿主动向父母透露这个情况，所以需要父母平时多注意观察孩子是否有异常反应。父母怎样判断孩子在幼儿园是否被欺负了呢？

　　第一，可以看孩子身上是否有伤痕或者淤青。孩子在幼儿园通常容易被划伤、擦伤或者碰伤，在身上留下伤痕或者淤青，如果家长发现孩子身上的伤痕反常，或者多于平时正常发生的数量，那么家长就应该引起注意，找找原因。

　　第二，孩子的衣服、裤子是否有不正常的损坏。例如衣服被撕破，或者裤子被撕烂。如果是小朋友打架偶尔被撕坏那属于正常，但是如果孩子的衣物经常被撕坏，那就不正常了，有可能是孩子身体受到侵犯的一种征兆。

　　第三，孩子有没有经常抱怨头疼、肚子疼等。有时候孩子还小，对病痛表述不清，如果孩子经常说肚子疼、头疼，尤其是发生在上幼儿园之前，排除生病的可能，那就有可能是孩子受到别人欺负的一种迹象，也有可能是孩子逃学的迹象。无论是被欺负还是为逃学寻找的借口，都说明上幼儿园给孩子带来一种精神压力，那么家长就应该花心思了解孩子为什么惧怕上幼儿园。如果对于孩子以肚子疼等理由拒绝上幼儿园，而家长只是简单粗暴处理，那么这些思想压力最后往往会导致孩子真正出现生理疾病。

孩子有的时候不愿意告诉父母自己在幼儿园受了欺负或者不愿意让父母牵扯进来，原因有很多。那么父母该如何应对这种可能出现的迹象呢？如果确定孩子在幼儿园受到了欺负，那么父母应该把情况如实向幼儿园老师或者领导反映。不过，家长们首先要自己保持冷静，有时候父母发现自己的心肝宝贝受到欺负，一时之间会因为愤怒而失去理智，到幼儿园里大吵大闹，这样的做法只会让事情变得更糟糕。

除了向学校和老师反映情况之外，家长也可以多认识一些孩子的朋友，通过孩子的朋友来了解他在幼儿园的情况。有些事情孩子自己不愿意和家长说，但是如果问孩子的好朋友，小朋友会很乐于告诉家长。

当孩子在幼儿园遭到别人侵犯时，要告诉孩子学会保护自己。如果别人的欺负仅仅是口头上的，那么可以不用理会。有的孩子喜欢用言语挑衅别人，如果你不理会他，他自讨没趣也就停火了。如果受到身体上的侵犯，就要学会保护自己。告诉孩子，如果别人和他打架时要保护好身体的重要部位，不要被人打到头部等。还有，如果侵犯者手里持有伤害性的武器，如剪刀、刀片等，要学会避让逃跑，向老师求助。

4 孩子喜欢攻击别人

攻击是一种天性，如果孩子没有在合适的阶段得到满足，会对他的未来造成影响。孩子的攻击行为有时候是主动的，有时候是被动的。孩子对别的同伴发动主动攻击的原因往往是以成功为目的的，达到目的或者取得战利品会让他满足；而被动防守的攻击主要是孩子有目的的行为受到了阻止，就会启动他的攻击系统。对于小孩子来说，被动防御型的攻击行为就表现为哭闹和反抗。对于大孩子来说，他就会尝试伸手打人。而孩子们的领土观也是与生俱来的，孩子所捍卫的第一块领土就是自己的身体。

攻击性还表现在孩子玩玩具的时候，如果孩子玩得正高兴的时候，突然受到了干扰，比如别人来推倒了积木，或是孩子自己没有布置好积木底部而发生坍塌。不管是其他人的原因，还是自己的技术原因，都会启动他的攻击系统，因为他的活动欲望受到了阻止，孩子就会生气、哭闹。大人往往还纳闷："明明是他自己弄倒的，怎么还哭上了啊？"

其实，孩子在交往过程中遇到的问题对他来说都是一个成长的机会，他们会在种种的问题和挫折中学会与其他人相处的方法。家长干预得越多，孩子在人际关系上体现出的问题也就会越多，因为他们正常的学习机会被剥夺了。

孩子之间的交往就像原始部落间的交往一样，直接而单纯。孩子要学会友好、礼貌的交往方式，也得知道自己要捍卫什么。心理学家建议，让孩子学会手心向上来向别人要玩具，效果会更好。**教会孩子用一些别人能接受的方法来代替攻击行为，这样他很快就会在社交经验中尝到甜头。**比如让孩子向别人借玩具的时候，学会手心向上，而不是动手就抢；学会"先开口，后伸手"，先礼貌地询问对方，得到对方同意后再拿玩具；明白一些游戏规则，如"轮流玩""交换玩"等。这样孩子和其他小朋友的关系缓和了，就不容易引发攻击性行为了。

给孩子提供接触不同环境、不同人的机会，可以有效提高孩子适应外界环境的能力，增强孩子的协调性和交往能力，有利于孩子较好地融入周围环境中。通过孩子在不同环境中与不同人接触所得到的亲身经验和感受来判断自己为人处世的方式方法，找到最双赢的交往原则，并且灵活运用到与同伴、朋友的相处中，也能有效避免孩子的攻击行为，因为他会发现，很多时候，礼貌的方式和为他人着想的方式比直接动手抢、动手打要好得多。

方法一：家长不要对孩子施以暴力

孩子上了幼儿园，胆小害羞会让父母着急，同样，强势的孩子，喜欢用暴力解决问题的孩子也非常让父母头疼。暴力在很大程度上是孩子心理受到伤害的反映。

早上起床，3岁半的女儿吵着要穿那双带小熊图案的鞋子。可是很不巧，那双鞋太脏了，妈妈前一天晚上刚把它给刷了，还湿漉漉的呢！

于是，妈妈就跟女儿说："那双鞋子脏了，妈妈已经刷了，还湿着呢，不能穿！"可女儿根本就不听，大声说："我要穿小熊鞋！我要穿小熊鞋！"妈妈给她拿来另外一双鞋子，可她死活不穿，还哭着把鞋子扔到地上。

这下，妈妈有点火了，抬起手来就对着女儿的屁股拍打了两下。虽然女儿还是很委屈地哭着，但妈妈再给她穿鞋时，她已经不再反抗了。

谁知，当妈妈下午到幼儿园接女儿时，老师说："今天这孩子不知怎么了，趁着别的小朋友不注意，就用手使劲拍小朋友的屁股，拍完就跑，好几个小朋友都被她拍哭了！"

孩子之所以会有这样的暴力行为，一定是因为他受到了自认为"不公平"的待遇。不可否认，孩子就是环境的一面镜子，他怎样被对待就会怎样对待别人。就像上面那个故事中的小女孩一样，她之所以会打小朋友的屁股，就是因为被母亲以同样的方式打了屁股。由此可见，父母的暴力行为会在孩子身上延续。从表面上看，父母对孩子使用暴力，孩子是屈服了，但实际上，孩子会寻找机会把心中的委屈发泄出来。

如果父母对孩子施以暴力，就会给孩子的内心带来巨大的伤害，他会想办法把心中的怨恨和委屈发泄出来。如果他受到了暴力对待，他首先也会想到以暴力来发泄自己。

父母千万不要小看孩子的这种暴力行为，这很可能就是孩子以后"暴力倾向"的前兆。如果父母不调整自己的教育方式，还有意识或无意识地对孩子施以暴力的话，很容易就会让孩子形成暴力的性格和思维。

一位父亲发现自己3岁多的儿子经常跟他对着干，他说什么儿子都不听。这位父亲的脾气比较暴躁，加上最近工作压力特别大，所以是火上加火，孩子一不听话，父亲就对孩子使用武力，孩子自然就屈服了。这位父亲感觉自己还行，能管得了孩子。

有一天晚饭后，儿子又不听话了，结果就被父亲用巴掌给"修理"了一下。然后，儿子就跑到自己的小房间里去了。不一会儿，父亲就听到儿子房间里传来了"叮叮咣咣"的声音。

父亲赶紧进去看，发现儿子正抓着洋娃娃的脚使劲往床头上磕呢！而且，地上已经有几个洋娃娃正乱七八糟地躺着呢！

看到眼前的情景，这位父亲陷入了沉思……

孩子毕竟是孩子，他很难控制自己的行为。而父母就不一样了，父母是成年人，完全有自我控制的能力。**当面对所谓的"不听话"的孩子时，父母就要理智一点，一定要控制自己的行为，把孩子受到的"伤害"化解掉。**父母的宽容与忍耐一定会让孩子早日健康成长起来。

方法二：孩子咬人其实是无恶意的探索，可以通过游戏帮助孩子改正

今天阳光明媚，幼儿园的孩子们正在户外活动，玩得不亦乐乎。老师在一边观察孩子，看到孩子如此健康快乐，老师也很喜悦。就在这时，她看到一个小朋友突然抱住另外一个小朋友，在人家的脸上咬了一口，速度很快，老师感到非常惊讶。

老师赶紧去抱起那个被咬的孩子，发现他的脸上有一圈牙印。不过，咬人的小朋友好像并没有意识到自己做错了，一脸无辜地看着被他咬的那

个孩子。

下午，妈妈来接孩子时，老师把孩子咬别的小朋友的事情告诉了她。妈妈听完之后，很生气，说："也不知道是怎么了，孩子在家里还咬我的手呢！"

孩子咬人时，他并没有什么恶意。所以父母不要以为孩子学坏了，因为这是他无意中用口、牙齿去认识事物，与故意用牙齿去攻击别人有着本质的区别。孩子咬人时，只需要把他抱到一边去就可以了。

星期六，两岁的男孩越越家里来了一个小客人——比他小几天的小表弟翔翔。两人一起开心地玩着各种各样的玩具。突然，翔翔大哭起来，而越越的脸上有一种恐惧的表情，而且好像还有点歉意。

这是为什么呢？原来是越越咬了翔翔一口。这时，越越开始语无伦次、吞吞吐吐地为自己辩解，说翔翔跟他争一个玩具，就吵了起来，然后他就用牙咬了翔翔。

越越的妈妈感到很奇怪，自己的儿子一向很乖巧，语言表达能力也比较强，而且以前也从来没发现他有咬人的迹象。那他为什么现在会咬自己的小表弟呢？

忽然，妈妈想起一件事来。就在前几天，她发现越越用嘴巴啃桌子角，而且好像还"吃得"有滋有味。当时，妈妈觉得越越啃桌子不卫生，而且也是一个坏毛病，就阻止他去啃。可是，尽管如此，妈妈还是想不通为什么儿子会无缘无故地咬人、咬桌子。

越越之所以咬桌子角、咬人，很可能是在用自己的舌头和牙齿来感知物体，探索周围的环境。孩子在一岁左右时会用牙齿咬断东西、咀嚼东西，有时候会用东西把嘴巴塞满，但不会把它们咽下去。但是有些孩子的这个敏感期会滞后，所以孩子如果在两岁以后咬人，他是在以"咬人"的方式来弥补自己落下的口腔敏感期。

孩子在咬人的那段时间，父母应该满足他口腔味觉和触觉的发展需要。比如，给孩子提供一些可以咬和尝的东西，像各种软硬不同的食物、橡皮圈等干净而质地不同的物品，让孩子尽情地去咬。不要训斥孩子，让孩子咬人的敏感期顺利度过。

梦梦活泼可爱，是个天真无邪的小女孩。不过，在她2岁半的那段时间，她竟然开始咬人。有一天晚上，全家人正在陪着梦梦看少儿频道的动画片。按说，看动画片时，梦梦应该老老实实才对，可那天她却有点反常。

她在妈妈的怀里坐着，把妈妈的手抱在她的脸上。突然，她使劲咬了妈妈的手一下。疼得妈妈想发火，就想打梦梦。不过，看到梦梦跟没事人似的，还是那么天真可爱，妈妈又不忍心了，就把抬起来的手又放下了……

不一会儿，她又跑到爸爸的怀里，以同样的方式咬了爸爸一口。爸爸最近学了一些教育孩子的常识，他想，可能是孩子的咬人敏感期到了，所以他也就没发火，非常平静。

然后，爸爸就跟妈妈沟通，说："孩子现在可能是咬人的敏感期，我们都做好防备，别再让她轻易咬到了。"因为大家都有预防了，所以梦梦就不太容易咬到人了。不过，小家伙很奇怪，当妈妈亲她脸的时候，她还是会咬上一口。有时候，咬不到脸和手，她就咬衣服、咬床单。

十几天后，梦梦就不再咬人了。

有的父母不知道孩子有咬人的敏感期，当一两岁的孩子咬了他们时，他们就会训斥孩子，甚至用手打孩子的嘴巴。有这样一位妈妈，自己一岁半的孩子在她完全放松的状态下咬了她的腿一口，结果妈妈一声号叫，孩子一下被这种声音吓坏了，"哇哇"哭起来。结果，这位妈妈还不算完，指着孩子的鼻子说："再咬，再咬我就把你的牙敲掉！"一副恶狠狠的样子。在孩子眼中，刚刚还满脸堆笑的妈妈突然变得凶巴巴的。孩子接受不了这种巨大的转变，这难免给孩子幼小的心灵留下阴影，甚至是创伤。所以，父母一定要以此为戒，切不可训斥孩子、打骂孩子。

很多两岁以上的孩子，在咀嚼馒头、面包等食物时，口形和咀嚼的方式与老人很像，一副牙齿没有力量的样子。这就表明，孩子在两岁之前吃的食物大部分应该是稀软的。但是，在孩子长牙齿的敏感期时，父母应该给他提供一些比较硬的食物让他练习咀嚼。不要担心孩子会嚼不烂或会卡住，相反,孩子常常会嚼了吐出,吐出又咀嚼,偶尔被卡住时,他也会自我调整。这样一来,就能在很大程度上避免孩子咬人现象的发生。

在孩子两岁左右时,如果他还有咬人的事情发生,父母可以与孩子尝试做一些小游戏,以满足孩子想咬、想咀嚼的愿望,通过练习咬硬的东西,让孩子获得咬的乐趣。

比如,可以跟孩子玩"小狗咬骨头"的游戏。父母先准备好眼罩、木块(可以用积木代替)、布条、玻璃瓶、海绵、骨头(可以用硬塑料代替),然后告诉孩子:"小狗最爱吃骨头了,现在你来假装小狗,我把你的眼睛蒙起来,你来找骨头。"父母可以先让孩子用牙齿咬每一种东西,感受它们的质感,然后再蒙上孩子的眼睛,让他用嘴巴来一一辨认,找出骨头来。玩完后,可以让孩子再尝试找木块。当然,还可以与孩子互换角色。要注意一点,在玩之前应该跟孩子讲清规则,不能偷看,不能用手摸,只能用牙咬才行。

方法三:孩子打人只是想吸引注意力,别给孩子扣上打人的帽子

两岁零三个月的苗苗刚上幼儿园,但是她有一个表达自己喜欢别的小朋友的特殊方式,那就是打人。于是,老师就不断地对她说:"苗苗,老师知道你喜欢小朋友,但你不可以打他,那样他会很疼,你可以去拥抱他、抚摸他!"

几次之后,苗苗好像记住了。不过,在表达自己喜欢某个小朋友时,她还是会先打人家一下,然后再去拥抱、抚摸对方。

一天,苗苗和另外一位小朋友玩顶头的游戏,他们相互顶着,非常开心。突然,苗苗打了一下那位小朋友。那个挨打的小朋友赶紧喊:"苗苗打人!"

老师听到后,赶紧走过去告诉苗苗:"你喜欢小朋友,要抚摸他、拥抱他呀!"结果,苗苗也马上意识到了,他立刻停止了打人的动作,伸出了两只

小手开始拥抱小朋友，并且抚摸他。

过了一会儿，刚才那个挨打的小朋友累了，就躺在了地上，他喊着苗苗的名字。这时，老师猜想，他一定是想享受苗苗的关爱了。于是，老师就对苗苗说："苗苗，去关爱一下小朋友吧！"于是，苗苗就走到小朋友身边，开始抚摸他……

孩子打人，可能是为了吸引父母的注意力，也可能是自己太过兴奋而无法控制自己，也可能是他想用肢体语言表达自己的某种情感，比如爱或不满，还可能是他想与别的小朋友沟通、交流，等等。所以无论如何，都不能认为孩子有"暴力"倾向，更不要给孩子贴上暴力的标签，因为孩子并不是真的想打人。

如果孩子的"打人"动作被父母发现，父母就严加管教的话，孩子这种打人行为与父母给予的关注之间的因果联系很快就会被孩子觉察。这时，孩子就会非常聪明地意识到，父母关注其他事情时，只要他打人，父母就会关注他。所以，孩子就会把打人当成吸引父母注意的一种方法。可见，父母对于孩子打人的行为不要太敏感，否则就会让孩子的打人行为转化成他的一种习惯，他以后可能就会真的打人了。

上面已经提到，父母不要对孩子的打人行为太敏感，除此之外，父母还应该教给孩子表达爱的正确方式，就像老师提醒苗苗一样。还有一位妈妈，看到自己两岁的儿子在打小表姐，她就对儿子说："你是不是很喜欢小姐姐呀？"儿子虽然没说话，但他"嗯"了一声，还使劲点点头。妈妈又说："你喜欢小表姐，那就拉拉她的手吧！"儿子就顺从地去拉小表姐的手。妈妈继续说："你还可以亲亲小姐姐，拥抱小姐姐呢！"于是，儿子就跟小表姐亲热起来，刚才打小姐姐的事情都忘了。这样，孩子就学会正确表达爱了。

对于父母来说，一定要注意让还没有灵活掌握语言的孩子学会正确地表达自己的爱，而不是把注意力放在打人上。

很多孩子打人，其实只是拍打，而不是真的打，这是他自我意识的一种反映。因为孩子的语言能力还不是很强，所以不太会表达自己的想法。**很多时候，他在打人时，会是在这样一些情况之下：生气了，父母不理解他了，别人离他太近了……也就是说，这些情形让他产生了不舒服的感觉，所以他就会用打人的方式来表达自己。**

父母应该知道，当孩子发现自己无法用语言把自己的想法传递出去时、当他发现父母误解他的时候，他就会比较着急。这个时候，他就会本能地通过肢体语言来表达自己的情感。但是，肢体语言往往会被父母误认为是攻击性的，这时，孩子就更加感觉到不被理解，就会更加着急。

所以，父母应该注意观察孩子，如果是这样的情形，父母应该跟孩子说："你是不是生气了？""你是不是受委屈了？""你想他走开，是吗？"，等等。当父母帮孩子把他想表达的意思说出来时，他就会如释重负，就会感觉父母理解他了，也就不会再通过肢体语言——打人来表达自己了。

5　孩子不和小朋友分享

洋洋今年已经3岁了，在生日那天，妈妈专门跑到超市给他买了一辆白色的遥控汽车。收到生日礼物后，洋洋带着遥控车与奥特曼到了幼儿园。走的时候高高兴兴的，可是洋洋回来后就很不高兴了。妈妈问他，他也不说。于是妈妈给幼儿园老师打了个电话，询问情况。

老师说，洋洋带着玩具去了幼儿园，在玩遥控车的时候，把奥特曼放在了一边的台阶上。在一旁的小朋友豆豆看见了，马上跑到洋洋面前，想跟洋洋一起玩。豆豆正想伸手去拿奥特曼，洋洋发现了，气冲冲地大喊："这个奥特曼是我的，不许你玩。"说完一把把玩具抢了过来。

豆豆无辜地说："我们是好朋友呀，难道好朋友不一起玩吗？"

"不可以，我的玩具，别人都不可以玩！"洋洋蛮横地说道。

老师发现后，走过去劝洋洋，让他与小朋友们分享玩具，然而洋洋就是不愿意让步，最后豆豆去跟别的小朋友玩了。也没人来跟洋洋玩了。

"我家孩子越来越霸道了，什么好东西都是他的，碰都不让我们碰。"不少妈妈这么抱怨。

现在，许多孩子都是家里的"小霸王"，认为什么事情都应该以自己为主，自己想要什么都是应该而且必须得到满足的。在孩子上幼儿园之前，家里的一切都是以孩子的意志为转移的，家里的大人会尽量满足孩子的需要，甚至是孩子非常不合理的要求。这样使孩子产生了错觉，认为在这个世界上，"我是最重要的""什么都该围着我转""什么都该听我的命令和指挥"。

然而，孩子一旦上了幼儿园，在幼儿园环境中有了许多别的孩子，而一个班级中3~4位老师根本满足不了孩子的需求，孩子必然觉得不适应。如果他们继续用在家里习惯的那种霸道的方式在幼儿园里与其他孩子交往，就不可避免地和别的孩子产生矛盾和争执；如果他们遇到了更为霸道、强悍的"对手"，骄傲惯了的他们立刻会感到十分挫败，就会出现"我不愿上幼儿园"的情况。

每个孩子都是爸爸妈妈、爷爷奶奶的心肝宝贝，家人们都疼爱他们，但疼爱不是溺爱，不是无条件顺应孩子的任何要求，孩子以自我为中心的习惯一旦养成，对于孩子自己、父母而言都是十分糟糕的事情。

孩子霸道的主要表现有：过分注重自己的感受；期望别人服从或服务于自己，而不乐意服从或服务于别人；希望将一切据为己有，不愿与人分享。很多幼儿园的孩子都会尝试着对别人进行支配，这样不仅感到自己十分重要，而且能获得想要的东西。然而，倘若孩子在与他人相处时，只是一味地采用命令别人的方式，那么长此以往，他就会被其他小伙伴"畏而远之"。

孩子太霸道，常常会让家长感到不知所措。倘若孩子过于霸道，无法和其他小朋友很好地相处，长此以往，他就难以受到别人的欢迎。那么，孩子霸道的原因是什么呢？

孩子的自主意识过强。有些孩子的自主意识很强，对于自己的事情，总是喜欢自己决定，自己动手去做，有着很强的独立性。这类孩子大多数都积极主动、充满自信、好胜心强，善于在集体中将自己的思想表达出来，从而让小朋友们服从自己。

孩子天生的气质所致。在困难与挫折面前，胆汁型的孩子极易表现出鲁莽、冲动和易怒的情绪，而这种情绪，往往可以间接造成孩子霸道行为的产生。

孩子太自以为是了。某些孩子是家中的小皇帝，事事都以自我为中心，受这种心理支配，处处都要别人听他的，久而久之，便养成了任性、霸道和独占的习惯。因此当处在集体中时，他要求小朋友们都听他的，甚至经常欺负别人。

家长对孩子的溺爱。如今多数家庭都只有一个孩子，从孩子出生起，他就被家里视为宝贝，无论是物质方面的需求，还是精神方面的需要，只要孩子想要，做家长的总会千方百计地满足孩子的要求，即使孩子未曾要求过的，也会变着法儿地加以满足。在这个过程中，家长却很少要求孩子什么，久而久之，孩子自然而然就会形成一种概念——"我想要的就是我能有的"，这种思想在行动上的表现则是"别人的东西倘若我想要，也能够得到"，这是霸道行为的一种表现。

孩子受环境的影响。某些孩子在家庭生活中缺少温暖，家长在教育孩子的时候，经常使用强制手段；或者家长没有民主意识，孩子缺少应有的自主权。长期在这种环境下生活的孩子，一旦来到集体中，可能就会将压抑的情绪发泄到小伙伴的身上，又或是模仿家长的行为，仗着自己的家庭条件优越或个头高、力气大就盛气凌人，强迫其他小朋友按照自己的意图行事。

方法一：帮助孩子建立健康的自我

娜娜是个自我中心意识特别强的孩子。她的爸爸妈妈忙于工作，娜娜一直都由奶奶照顾。奶奶对这个小孙女特别宠爱，总是顺着她的意思，总会乐呵呵地满足她的各种要求。渐渐地，娜娜养成了以自我为中心的性格，什么都要以她的想法和意愿来进行。她喜欢的东西，总是要第一个吃；她要的东西，必须马上得到；奶奶已经做好了面条，但她非要吃米饭，做好了米饭，非要搭配蒸蛋；她把书扔地上，奶奶把书收拾好，而她非要奶奶把书重新放回原来的位置……娜娜的爸爸妈妈见女儿越来越霸道、蛮横，又生气又心疼："到幼儿园甚至到了社会上怎么办？谁还会迁就她、让着她？"

我们要明确，孩子有自我意识是好事，是孩子长大的标志。但不健康的自我意识不利于孩子的成长，甚至影响到孩子的身心健康，对孩子将来的人生发展也是有百害而无一利的。虽然许多父母意识到了这个问题，却仍然不由自主地由孩子任性地发展。

为了使孩子能够适应幼儿园、适应社会，我们就要帮助孩子从小确立"健康的自我"这一意识。

"健康的自我"是我们每个人依据周围环境的发展，逐渐形成的有关自己的正确认识和积极的情感态度。

一般情况下，孩子对自我的认识过程，大致可以用三个问题来概括。就是"我是谁""我现在是什么样的孩子""我想做什么样的孩子"。简单地讲，就是孩子了解自己的身体、爱好之后，通过父母、同伴的评价明白自己是什么样的孩子，然后对自己以后的成长有模糊和朦胧的意识，对自己将来想要做什么、成为什么样的人等开始产生兴趣。

方法二：让孩子学会分享

平时在家的时候，我们不要一味地依着孩子的要求，要适当地对他进行冷落，让他知道他的无理取闹是无效的。对于孩子的霸道和无礼，倘若婉言相劝依旧无效，那么在这个时候，家长不妨进行冷处理，采取不予理睬的措施。可以将孩子置于一个安静的无人区域中，然而需在家长的视线范围以内。对于孩子的任何哭闹行为，家长均不予理睬，只要不会让孩子太难堪，那么就坚决采取这项行动。在孩子情绪稍稍稳定下来之后，尝试与孩子沟通，并且将不能霸道的理由详细地说出来，让孩子逐渐认识到自己的行为是不恰当的，鼓励孩子做一个"小乖乖"，在面对小伙伴时，千万不要采取"以暴制暴"或"一味忍让"的方式。

我们可以这么做：比如，把孩子喜欢吃的食物分成几份，家庭成员每人一份。孩子吃完之后就要求吃掉父母那份。父母可以告诉孩子，自己也爱吃这些东西，但是愿意和孩子分享，希望以后也能得到孩子的分享。并且在下一次分享中，认真品尝孩子的食物而不是做做样子。久而久之，孩子会逐渐明白分享的真实意义。

我们可以通过给孩子们讲故事、读儿歌的方式让孩子学会分享，了解"自我"与"他人"的联系，明白自己和别人和平相处的前提。不少父母会给孩子讲《孔融让梨》的故事，这是很好的教育方式，父母不仅要让孩子明白故事的内容，还要让他们知道，别的孩子如果都喜欢分享，而自己却不会分享，老师和父母，还有小朋友是不会喜欢自己的。

从行为治疗的观点来看，倘若孩子在某一方面的行为不好，家长则应想方设法将他另一方面的良好行为引发出来。一旦孩子表现出了良好的行为，那么在这个时候，家长应及时给予鼓励和称赞，这样可以使孩子的这种行为得到强化。

我们经常会看到，有的孩子喜欢别人的玩具，哪怕自己家里也有一个一模一样的；有的孩子喜欢别人的书，一手捧着自己的书，一手还霸占着别人的书不还。对于这样的孩子，父母可以给他更多的选择性交换物品，比如可以多带两个玩具或书籍，让自己的孩子用玩具来和对方交换；或是让孩子把结实、不易撕坏的书带到幼儿园去，和其他小朋友分享阅读；还可以让孩子把自己喜欢吃的食物和小朋友一起分享，让孩子在各种活动中学会谦让和分享，以此来改变孩子以自我为中心的习惯，逐步确立健康的自我。

家长应多为孩子创造交往的机会，而不要让他一直在家里称王称霸。要让孩子多与其他小朋友一起玩耍，在这个过程中，孩子会慢慢地学会分享。

不妨让孩子做一下小哥哥、小姐姐，教他们怎样照顾小弟弟与小妹妹。一般来说，孩子的自尊心都比较强，家长可以坚信他们能够完成这个任务。一旦孩子学会了照顾他人，那么他的霸道习气肯定会减少的。

如果孩子主动关心生病的家人、在与同伴的玩耍中为对方捡回了滚远的小球、扶起了滑梯上的小弟弟，父母对于孩子不经大人提醒而主动做出的这些行为要及时予以表扬。

这是孩子放下盲目的自我意识而主动站在对方的角度思考问题的萌芽，如果得到了大人的肯定，孩子会感到很自豪。大人的鼓励让他们的自尊心得到了尊重，以后再有类似情况，他们更能主动地做出良好的反应。

从教养者的角度来说，家庭成员应做到观点一致。倘若全家人有围着孩子转的习惯，那么有必要及时改正，并试着全家人共同商议事情，形成民主的家庭氛围，让孩子也参与讨论，从而做出全家一致通过的决定。这样做，孩子才会感到家中的东西是全家人共有的，而并非自己独占的，对于任何一件事情，全家人都必须共同讨论，自己一个人的说法不能算数。这样一来，孩子就不会用自己的想法来作为衡量标准了。

方法三：让孩子不再自私小气

不少人认为，孩子都很自私小气，而且是与生俱来的。其实孩子一开始对"所有权"并没有强烈的区分意识，而是在与外界的接触中逐渐形成的。现在的孩子大多都是独生子女，被祖辈父辈呵护备至，家里的一切都围绕着孩子进行，孩子只知道享受、索取，不知道付出和感激，长期的迁就宠惯助长了孩子的独占欲，强化了他们的自我中心意识，他们就会变得自私小气。自私的孩子是谁一手造就的？说到底就是父母自己长期过分溺爱、骄纵的结果。

小宇最爱吃蒸蛋，几乎每天早上都要妈妈给他做。有一次，蛋蒸熟之后，妈妈往鸡蛋表面撒香油的时候不小心放多了，就用小勺舀了那部分自己吃了。小宇看到那碗缺了一小块的蒸蛋之后，立刻歇斯底里地大哭起来，一边哭号着一边嚷嚷："坏妈妈！谁让你吃我的蒸蛋？坏妈妈！给我吐出来！"妈妈愣在那儿，难过得直抹眼泪。

现实生活中，自私小气的孩子并不少见。这虽然不是什么大毛病，但一个独占意识很强、不愿与他人分享的孩子很难融入幼儿园等集体环境中，也很难与别人建立良好的人际关系。所以，父母要重视孩子的"自私"倾向，帮助孩子克服"自私"的不良品行。

孩子之所以不愿意与人分享，在很大程度上是因为他觉得分享就是失去。他们常常舍不得把自己的玩具给人玩，还想要别人的玩具。父母首先要理解孩子存在的这种难以割舍心爱之物的"痛苦"和"不舍"，一定不要强硬地拽过孩子的玩具以示惩罚。要让孩子明白，分享其实不是失去，而是一种互利。"你看，你把玩具借给兜兜了，一会儿兜兜回家之前会还给你的。而且你把你的变形金刚借给了他，他会给你玩他的那个翼龙，这样你不是就玩过了变形金刚和翼龙这两种玩具了吗？"让孩子明白自己如果与别人分享了，别人也会回报自己，而且分享体现了自己对别人的关心和帮助，而自己也会获得别人的关心和帮助。不仅大家更开心，自己还会玩到更多的玩具。岂不是一举两得？

自私的父母只能造就自私的孩子，父母的言行举止是孩子最基本、最直接的榜样，如果父母对他人的悲惨遭遇熟视无睹、对需要得到帮助的左邻右舍冷眼旁观，在这种父母教育下成长起来的孩子也必定是"自私自利"的人。所以，**爸爸妈妈自己要做好孩子的榜样，以自己宽厚待人的实际行动感染孩子。比如孝敬长辈、新年时制作贺卡送给孩子的朋友等，都能给孩子提供积极的、正面的信息。**为了让孩子更直观深刻地感受到"自私"带来的不良后果，可以给孩子讲一些分享方面的故事，引导孩子站在对方的角度思考问题。比如，孩子刚得到了零食而家里来了小客人，他千方百计想把零食藏起来或是狼吞虎咽地吃掉，父母就要帮他分析："如果我们去别人家，别人也这么对待我们，我们是不是特别难过呢？"让孩子切身体会到别人的自私会让自己很难过，而自己的自私同样也会让别人感到难受。

在日常家庭生活中，父母要教育孩子既要看到自己，也要想到别人，自己有愿望，别人一样有愿望，不能只顾自己，不顾别人。尽量不要给孩子特殊的待遇，对孩子的合理要求要予以满足，对于无理的需求要坚决否定，**绝不让步**。如果总是妥协，孩子就知道自己总是有机可乘。在家庭中形成一定的公平环境能让孩子明白自己在家庭中与其他成员是平等的，从而逐渐消除他"以自我为中心"的意识。

6 孩子挑食，不爱吃饭

暖暖从3岁起出现挑食的问题，只喜欢吃肉，不喜欢吃菜，现在快5岁了，依旧是无肉不欢。任凭妈妈喊破嗓子，他也不吃自己不喜欢的，即使妈妈追着喂一些菜，他也不轻易张嘴。好不容易开口吃菜了，却把饭含在嘴里只嚼不咽，要不就干脆吐出来，弄得四处狼藉。暖暖每天吃饭都会令爸爸妈妈头痛不已。

挑食不符合饮食卫生要求。因为在吃饭的时候，对菜挑挑拣拣容易把菜搅凉和弄脏。而且，在挑选食物的过程中，人的大脑会相应地出现一种抑制食欲和消化液分泌的条件反射。所以，**凡是有挑食习惯的孩子，一般都不可能保持良好的食欲和最佳进食状态，他们往往身形瘦弱、经常生病、不爱运动，看起来比同龄孩子要羸弱许多。**

一份对8个国家、2 880名母亲进行的关于孩子是否挑食的调查结果显示，全球平均有57%的母亲都认为自己的孩子有挑食的毛病。在新加坡，也有近一半的孩子存在不同程度的挑食行为。调查表明，一般孩子最挑食的年龄是1～3岁。而孩子挑食的形式五花八门：有的孩子拒绝吃固体食物，每天只喝牛奶；有的孩子只固定吃黄瓜、豆芽，其他蔬菜瓜果或肉类一概不吃；还有

的孩子特别爱吃肉，餐餐都必须有肉他才会吃饭，而且由于懒于咀嚼，只吃肥肉；还有的孩子长到10岁，依然非常挑食。

挑食的后果是十分严重的。不仅会使孩子营养失衡，留下健康隐患，还会影响他们的智力发育。一项针对12～33个月大的婴儿的调查表明，不挑食的儿童智能发育指数是110点，而挑食儿童的智力发育指数只有100点。可见，挑食不仅危害孩子的身体、智力发育，还会对孩子的一生造成不可逆转的损害。

我们都知道孩子挑食不好，每次吃饭都叮嘱孩子："每样菜都吃点儿，这样才能健健康康的。要不然长不高的！"可往往我们大人很着急，孩子却一点儿都不担心，"长不高就长不高啊！"看到孩子一副事不关己、若无其事的样子，大人的心里又急又恼。

除了挑食，还有的孩子不喜欢吃饭。看见饭就逃避，家长害怕饿到孩子，就追着喂孩子，慢慢地，他就养成了被追着喂饭的习惯。这样下去，孩子怎么能养成好的饮食习惯呢？

方法一：引导孩子尝试多种食物，不强迫、不娇惯

我们要纠正孩子挑食的坏习惯，首先就要找到孩子挑食的原因，然后对症下药进行引导教育。

有的孩子因为父母平时比较忙，只有在晚饭时一家人才能聚在一起，孩子就利用这个机会尽量拖延进餐时间，不仅吃得慢，而且越吃饭越凉。渐渐地，孩子的胃口受到影响，养成了挑食又拖沓的习惯。如果父母能够多点时间陪伴孩子，孩子就不会以这种牺牲自己健康为代价的方式来取得和父母多待一会儿的机会了。

有的父母为了让孩子乖乖地坐好吃饭，就开着电视让孩子看，然后给孩子喂饭，觉得孩子这么安静又听话地吃饭省事、省心、省力。大人倒是省力了，可孩子就遭殃了。一边进餐、一边看电视的习惯会使孩子的正常进餐

受到影响。孩子的眼睛盯着电视看，不知道自己吃的是什么，也不会在意自己是否咀嚼好了，身体血液不能很好地帮助胃蠕动来消化食物，还要分一部分到大脑去帮助脑部、眼部分析视觉信息，这样一心二用的方法是孩子消化不良、吸收不好的罪魁祸首。**不能让孩子养成边吃饭边看电视或边玩耍的习惯，该吃饭就好好吃饭，专心地吃饭。**

有的父母见孩子挑食，就感到特别生气，认为孩子是故意找碴、有意刁难。父母还会用威吓的方法强迫孩子吃不爱吃的食物，这会加剧孩子对食物的反感，产生强烈的抵触情绪，并且让孩子感到吃饭是一件很可怕的事，以至于孩子对食物更提不起任何兴趣。

我们不妨采取商量的态度，鼓励孩子尝试新食物。如果孩子只偏爱某些食物，当他们不肯吃其他食物时，可以以少量孩子喜欢的食物作为对他勇于尝试的奖励。

父母还可以用语言赞美那些孩子不愿吃的食物，并带头品尝，做出津津有味的样子；或是以孩子最喜欢的人物作为榜样和标准，鼓励孩子向榜样学习："你知道姚明为什么长那么高吗？因为他爱喝牛奶。牛奶能够补钙，让你的身体更高更强。"

挑食这种不良的饮食习惯不利于儿童生长发育和身体健康，必须及早加以纠正。

方法二：孩子不爱吃饭，父母不能坐视不管

新新上幼儿园中班了，各方面的表现都还可以，就是吃饭是个大问题。

新新每到吃饭的时候，总是走来走去，或者找玩具玩，一口饭含在嘴里总是不肯咽下去。妈妈说："原来工作忙，一直都是老人帮忙照顾孩子。老人宠孩子，见她不肯自己吃，就喂她，要喂很长时间，一顿饭要吃上50～60分钟。她饭量很小，所以，在家里花点时间吃饭，她也总算能吃饱。可是在幼儿园里面，吃饭成了新新的大问题。别的小朋友都坐下吃饭了，她还跑来

跑去的。等她坐下来，别的小朋友都快吃完了。新新一见别的小朋友吃完了她也就不吃了，又跟着别的小朋友玩了起来。幼儿园老师几次跟新新家长沟通，要帮助孩子养成好的吃饭习惯，新新妈妈非常着急。

孩子食欲不佳，倘若不是疾病的原因，那么就要从多方面找原因，如饮食安排、饮食习惯、进餐环境、精神因素等。作为家长，应采取一些可行有效的方法来促进孩子的食欲。

孩子一般都不会出现病理意义上的厌食，偏食也大多都是暂时性的，可能是孩子对新味道还无法立即接受，家长应耐心等待。倘若孩子对某种食物过于偏好，那么就会拒绝其他的食物，这样便会发展成为偏食，偏食会引起营养不均衡，久而久之，则会演变为厌食，形成恶性循环。因此，家长一定要适当调整孩子对某种饮食的过度偏好，防止孩子出现厌食行为。

对不想吃饭的孩子，需要家长费点心来改善孩子的吃饭情况，如零食可以少吃，甚至不吃；饭菜做得色、香、味、形俱佳，以增加孩子的食欲；营造良好的吃饭气氛，尽量使孩子感到心情愉快；力求与邻居孩子吃饭时间相同，或者也可请邻居孩子一起来家吃饭。这些因心理因素不想吃饭的孩子，在采取以上措施后，通常都能有所改善。

如今的家长总是喜欢挑营养高的食品给孩子吃，这样很容易造成孩子饮食单调，也不利于营养的均衡，以致影响食欲。同时还要注意进食应定时定量、有规律。倘若孩子每天进食无法做到定时定量，那么极易造成消化功能紊乱，从而使食欲降低。

为了让胃肠道有一定的排空时间，两餐之间的间隔最好保持在3.5～4个小时，这样也容易产生饥饿感。古语说："饥不择食。"饥饿的时候，对于过去不怎么喜欢吃的食物，也会感到味道不错，久而久之，便会逐渐适应。

比如说让孩子学习骑小自行车、玩球，让他进行跑步比赛等。到了吃饭时间，让他先洗洗手，安静一会儿，等有了食欲再吃饭。将各种食物摆放在桌子上，其中也有孩子不太爱吃的，但家长不要提醒他。

家长千万不要在孩子面前谈论某种食物不好吃，或者说有什么异样味道之类的话。对于孩子不怎么喜欢吃的食物，应多说说它们具有什么样的营养价值，吃了之后会对身体产生什么好处，而且在孩子的面前，家长应做出表率，大口大口地吃，并且还不停地称赞这些食物吃起来味道是多么好。倘若孩子表示也想吃一点时，家长应及时给予表扬。

多让孩子和全家人一起吃饭，或是与不挑食、不偏食的小朋友一同进餐，营造一个愉快的吃饭环境，同时鼓励孩子要向大人或小朋友学习。保持环境的安静与整洁，不要在饭前让孩子吃糖果、甜点心，不要喝过多饮料。**食物温度冷热合适。进餐时营造愉快的气氛**。如果家长做了上述的努力，仍旧不能激发孩子的食欲，那么孩子可能有消化系统方面的障碍，应立即找医生进行咨询。

方法三：控制住零食

苗苗上了幼儿园以后，每天放学回来都会跑向零食筐找吃的。每次妈妈看见她这样后，就劝她在幼儿园好好吃饭，少吃零食，每次苗苗都答应着，不过第二天她还是这样。

零食对于孩子而言，诱惑力相当大，这是毋庸置疑的。要想让孩子完全不吃零食，那是不可能的。那么，怎么做才能让孩子自觉地少吃零食呢？

我们不可能时时刻刻关注孩子，不可能每时每刻都对孩子的言行举止进行监督。在吃零食的问题上，如果我们能够**一方面不断提高孩子的自律能力，另一方面给孩子立一些简单可行的规矩，把吃零食的控制权交给孩子，这样就能让孩子做到自觉地少吃零食。**

有的父母对零食的限制很严格，不准孩子吃这个，不准吃那个。过度的限制对孩子造成了很大的压抑，使孩子越吃不到就越想吃，吃零食的欲望在父母的压制下反而被不断地强化并巩固，使得孩子见到别人吃零食时无法克制而伸手要零食吃。

还有许多父母索性把零食藏起来,在孩子表现好的时候作为奖励给他吃。这种方式虽然很多父母在用,但对于孩子来讲,他会认为家里有零食只是藏起来了,自己根本没有想偷吃,却被当小偷一样防着,于是感到自己没有受到大人的信任和尊重。而且,对于真正一心想吃零食的孩子,这种藏着掖着的做法反而更激发了孩子想吃的冲动,更诱发了孩子一吃为快的欲望。如果我们把零食当奖励,还会让孩子认为"我表现好才有零食吃,零食真是好东西",这成了我们间接地鼓励孩子表现得好,才能"挣"更多的零食,变相对孩子吃零食予以肯定。

其实,对于零食问题,**既不要过度限制,也不要采用藏或奖励的方式,而要把通过选择的健康零食光明正大地放在孩子容易拿取的地方,并建立一些规矩,让孩子吃得开心,大人看着放心。**比如,让孩子买自己喜欢的零食,但只能是少量的;和孩子约定,饭前不能吃零食、睡觉之前不能吃、刷牙之后不能吃;允许孩子带一些零食与其他孩子进行交往等。无论怎样的约定,只要能与孩子达成共识,我们也要相应地遵守,不能规定孩子刷牙之后不许吃零食,而大人却偷偷在刷牙之后吃,一旦被孩子发现,便会引发亲子之间的信任危机。所以,我们和孩子一起定的规矩,自己也要坚决执行,更要做出表率和榜样。

7 别人有的,我也要有

其他小朋友的爸爸来幼儿园接孩子的时候,在路上买了一个遥控大汽车,奇奇也想要,就歇斯底里地哭闹着,在暮色已降临的幼儿园院子里迟迟不肯离去。爷爷哄也不行,保证也不行,吓唬也不行,就是没办法把孙子带回家。奇奇还打了爷爷,边打边骂,嘴里还说着:"谁让你不给我买,人家小朋友都有,我什么都没有!"爷爷哄他说:"好好,咱们也买。"奇奇哭着说:

"现在就买！现在我就要！"爷爷说商店都关门了。奇奇又大哭起来。爷爷气得说："回家告诉你爸爸，看他怎么收拾你，你的汽车已经一大堆了。"奇奇说："可我就没有这一种！我的车也没有他的车大！"

根据某幼儿园对100多名幼儿进行家庭问卷调查的结果显示，有75%的幼儿有过攀比别人的玩具、书包等现象。这种心理在特定情况下能起到积极作用，但长此以往，会给孩子的身心健康带来消极负面的影响。

人人都希望自己的孩子能茁壮成长，把自己的孩子当作掌上明珠。孩子要什么就给什么，甚至拿孩子与别人相比来显示自己有身份、有地位。过分地溺爱与迁就、娇生惯养，会让孩子在小小年纪就滋生攀比心理，产生依赖性。比如案例中，奇奇的爷爷首先没有去想应不应该给孙子买遥控汽车，而是一口应承下来，久而久之，孩子的攀比心理就会加强。再有，孩子天真幼稚的天性为攀比提供了心理基础。

幼儿园的孩子接触的人和事有限，他们天真无邪、心灵纯洁，模仿能力和好奇心较强，正是学知识学本领的时期。但孩子不能客观地辨别是非曲直，无论是真善美还是假恶丑，什么都跟着学。而且，孩子的接触范围有限，其他孩子的穿衣打扮、玩具款式，等等，都成了孩子对比的对象，孩子看到别人有，而自己没有，就会感到很失落，不仅想占为己有，还会产生"我要比你更多、更大"的好胜想法，而这种想法常常会逐渐演变为攀比。

攀比心理强的孩子特别注重外在的东西，比如穿着打扮等，父母不能满足其要求时，他就会对父母产生怨恨，对亲人的感情比较淡漠，这类孩子特别叛逆。

方法一：搞清楚孩子攀比的原因，发现一点，消灭一点

光光今年3岁了，刚上幼儿园，开学一星期后，他就变得不开心了。他不让爸爸来接他了。爸爸很奇怪，原来光光是很喜欢爸爸接送他的。到底发生了什么事？

爸爸耐心地问光光，光光憋了好半天才告诉爸爸："学校里好多小朋友家长都开车来接他们，可是爸爸却骑着自行车。我觉得好没面子。"

爸爸知道情况以后，对光光说："你要是不喜欢，那以后我们坐公交车去幼儿园吧。爸爸考虑到公交车没自行车方便，人还多，才想用自行车接送的。"光光说："为什么不能买一辆小汽车呢？好多同学家都有小汽车。"

爸爸听了之后耐心地跟光光说："小区的停车位很紧张，经常没有地方停车，而且养车每年保险、汽油钱都是一大笔开支，爸爸觉得这笔钱可以省下来。而且爸爸和妈妈的单位都很近，距离幼儿园骑自行车十分钟的距离。骑车还不用担心堵车。要是赶上堵车，汽车要走一个多小时呢。"

光光听完爸爸的分析，虽然还是想要小汽车，但是心里已经明白了许多。

随着人们生活水平的提高，孩子的攀比心理有了一定的经济基础。以前经济十分落后，人们连基本的生活都维持不了，哪里还有精力攀比呢？但随着经济的发展与人们生活水平的不断提高，很多父母基于疼爱自己孩子的本性，总是希望让自己的孩子打扮得比别人漂亮、时髦。不少家长也不想比别人落后，孩子想要什么，都尽可能加以满足，这样一来，便为孩子的攀比心理提供了一定的经济基础。

值得注意的是，溺爱是造成孩子攀比心理的重要因素。虽然绝大多数家庭只有一个孩子，但父母还是不要过分疼爱独生子女，不要轻易给孩子一切他想要的东西，更不能对孩子百依百顺、娇生惯养、姑息迁就，这样很容易养成孩子过度的以自我为中心的心理，容易造成攀比惯性，不利于孩子的心理健康发育。

孩子的成长是从父母身边开始的，父母的一举一动都会给孩子带来深刻的影响。作为家长，应当从自身做起，自己首先不要存在与别人攀比的心理，要时刻为孩子做表率。自己做到了，再要求孩子也做到。如果自己都做不到、做不好，机灵的孩子会认为自己也没必要做到；父母还会因此失去榜样的作用，失去在孩子面前的威信。比如，爸爸教育儿子要养成爱劳动、爱卫生的习惯，而爸爸自己却做不到，这种"只许州官放火，不许百姓点灯"

的要求是不可能对孩子产生良好的教育意义的。

孩子的天性就是天真无邪，这正好为攀比行为提供了对应的心理基础。孩子心灵纯洁、天真无瑕，无论是模仿能力还是好奇心都比较强，容易教、容易懂，更善于模仿，正处在学知识学本领的黄金时期，然而此时的孩子还无法辨别真假美丑、是非曲直，无论是什么都会跟着学。所以，攀比心理在这种幼稚天性的基础上会更加肆无忌惮，而这常为家长所忽略。

还有一个导致孩子攀比心理的重要原因，就是家长的自卑心理。某些家长在经济上不太宽裕，有的甚至已经下岗了，但由于担心自己的孩子受到欺侮，让别人瞧不起，当孩子说某某有什么东西的时候，家长便马上为自己的孩子买一份，自己如何苦如何累也无所谓，这也是滋生孩子攀比心理的一个重要原因。

攀比心理是孩子必然会经历的成长阶段，想要"治愈"孩子的攀比心理，就应如用药一般，重中之重在于对症上。家长应分析孩子攀比的原因，然后再进行适当的引导，让孩子正确面对小朋友之间的攀比行为。当然，对于孩子的自尊心，家长也不要忽略了，特别是要着重培养孩子的小主人精神，这也能有效消除孩子的攀比心理。

当孩子出现攀比现象时，作为家长，应当视情况做出合理的教育，用巧妙的方法来处理幼儿的攀比问题。比如父母可以带他到令他羡慕的小朋友家去玩儿，孩子就会发现，老天是很公平的，虽然那个小朋友有比自己大的玩具汽车，但是一个月只有一两天可以见到忙碌的爸爸；他的家没有可爱的小金鱼缸，经商的妈妈一走就是半个月，家里也不像自己家那么热闹。让他知道，每个小孩的幸福和快乐都不一样，从而懂得幸福是什么的道理。

与此同时，父母要理解幼儿园孩子的心理，不用对孩子在此期间表现出来的攀比心理过于焦虑，要保护孩子幼小的童心，接纳孩子在生长发展过程中的种种变化，即使这些变化在成年人眼中是幼稚、无聊的，抑或是严重让人头疼的。不仅如此，我们还要积极利用孩子们的这些天性，顺势加以引导。

一旦孩子和他人攀比，那么在这个时候，就意味着孩子的心理开始出现竞争倾向了，希望达到与别人一样的水平，又或是超过别人。倘若抓住这种心理，将孩子攀比的焦点往游戏、学习、创造、良好行为等方面转移，这将十分有利于孩子的心理发展。同时，还能将攀比化成动力，让孩子自己努力，想方设法满足自己的合理需要，从而使孩子的独立性、自主性等良好的心理品质得到培养。此外，家长还可以加以引导，让孩子认识和了解更多的事物，培养孩子在文学、艺术和自然方面的兴趣。一旦转移了孩子的关注点，那么他就不会局限于和小朋友在物质方面进行攀比了。

如果孩子怕上幼儿园，怕见陌生人，我们可以利用孩子朦胧的攀比心理，给孩子买与其他小朋友同样的书包来鼓励他上学。也就是说，**适当利用孩子的攀比心理，鼓励孩子积极向上，引导孩子攀比优秀的、健康的事情**。

家长注意，千万不要拿自己的孩子与别的小朋友进行对比。许多家长在训导孩子的时候，往往会拿其他的小朋友与自己的孩子相比较，进行这种刺激，只会让自己的孩子变得更加消极，并且还会催生孩子的攀比心理。每个家庭都有不一样的教育背景和生长环境，因此并没有太多的可比性。其次，切忌大人之间进行比较。不在工作、能力、表现等方面与别人进行比较，同时还要教育孩子懂得自己与自己比较，学会拿自己的这次与上次比较，今天与昨天比较。

方法二：关注孩子的嫉妒心理，父母要及时帮助孩子疏导

暖暖从幼儿园回来一脸的不高兴。妈妈问了半天她也不说。只是一个劲地让妈妈去给她买最新款的自行车。妈妈想，肯定是幼儿园里有小朋友买了新自行车。妈妈答应只要暖暖攒够了五朵小红花就给她买一辆新自行车。暖暖这才高兴起来。妈妈其实自己心里也在打鼓，这样做到底对不对呢？

别人较自己优越，孩子便会产生嫉妒心理，这种现象其实是很正常的。对于孩子的这种心理，家长应该正确进行引导，避免孩子形成不良的性格。

因为孩子并不会掩饰他的嫉妒心理，所以极容易表现出来，家长应该稍微关注一下，这样才能够及早发现，并立即进行相应的疏导。

倘若孩子有嫉妒别人的心理，那么当其要求不能得到满足时，他就极易产生失落感、挫败感与自卑感。如果孩子的心理总是被嫉妒心影响，那么就有可能形成畸形心理，以至于会采取不正当的手段加以发泄，情况严重者，甚至还会做出犯罪的行为。

在孩子的成长发育过程中，产生嫉妒心理是一种很自然的现象，然而作为家长，切不可听之任之，而应及时加以疏导，以防孩子产生不健康的心理。孩子嫉妒心理的表现比较外露，家长只要稍微注意一下，就能及时发现并纠正。

为了克服孩子的嫉妒心理，家长应该试着激发孩子的内省智能。倘若发现孩子出现了嫉妒情绪，那么在这个时候，就不适合拿其他小朋友的长处和自己孩子的短处进行比较。"你看看，豆豆从来不乱扔玩具。""甜甜可以背很多首唐诗，比你厉害呵！"这样做，不仅无法消除孩子的嫉妒心理，相反，还会在一定程度上伤害孩子的自尊心，让其产生挫折感，孩子对比较对象也会产生敌视心理，从而让嫉妒更加强烈。

如果家长对孩子温和一些，并让孩子知道，每个人都有自己的长处和短处。这样，对于别人与自己，孩子就可以有一个正确的认识了，慢慢地，他就会摆脱对别人的嫉妒。

如果孩子正在嫉妒一个人，那么在这种情况下，家长不可以斥责孩子，而是应将孩子抱在怀中，温柔地让他把自己的内心感受说出来，家长在这个时候应该认真地倾听。比如说，孩子发现隔壁的弟弟刚买了一辆漂亮的玩具车，由于自己没有，因此就对那个小弟弟充满了敌意。家长听到孩子的内心感受之后，应该这样说："你非常喜欢那个玩具车，然而自己没有，因此你就变得不高兴了，是吧？"在这种情况下，家长必须充分地表示出自己可以理解孩子的感受，然而也不要太过了，比如说立即买一个同样的玩具车送给孩子。采取这种方式，不但不能解决问题，反而会延展孩子的嫉妒心理，激发孩子的攀比欲和贪欲。

在平时的生活中，家长应该和孩子多做一些竞赛方面的游戏。**通过这些游戏，孩子可以体验到更多的成功和失败，从而增强心理承受能力。**对于**2~3岁的孩子来说，可以进行一些比较简单的游戏，并且应充分保证孩子能够完成。**首先，家长可以和孩子一起做，之后，再慢慢过渡到让孩子与别的小朋友一起做。在和孩子游戏的过程中，家长还应该与孩子多讨论一些输赢方面的问题，让孩子渐渐知道，胜败乃兵家常事，赢了之后，可能也会输，而输了之后，也有可能会赢，输赢并不是永远一成不变的。

8 孩子"爱告状"

西西4岁了，最近特别爱告状，不管多大的事儿，她都会告诉妈妈，比如，她会跑到妈妈跟前说："妈妈，表姐不借我小兔子玩！""妈妈，阳阳今天又把饭菜弄洒了！"

老师说，她在幼儿园也一样，总是告状。妈妈听了心里很不是滋味，孩子难道有什么心理阴影？这么爱告状，还会有小朋友愿意和她做朋友吗？

幼儿园里经常有喜欢告状的孩子，不管有什么事情都会跑去告诉老师。西西就是这样一个孩子。孩子喜欢表现是很正常的，孩子想向大人表现自己的行为、自己的判断，从而得到大人的认可和赞许。从这个角度来说，告状也说明孩子已经有了一定的辨别是非的能力。孩子通常告状时会告诉大人，谁做错什么事情了，而自己却没有那样做。比如孩子告状："阳阳又把饭菜弄洒了！"潜台词就是"我很棒，我就没洒。赶紧夸我吧"！孩子是在向大人表达自己对这件事情的理解以及对自己行为的标榜。

孩子会因为嫉妒而告状，因为他们希望通过这种贬低别人的方式来抬高自己。如果妈妈说："阳阳吃饭从不挑食。"孩子为了证明自己也很棒，就赶紧说：“他经常会掉饭菜。”这是孩子没有得到认可而产生嫉妒的一种争宠方式。

虽然幼儿园的孩子在许多事情上开始逐步独立，但是依赖心理还比较严重，内心独立性的建构还需要经历很长一段时间。由于他们独立解决问题的能力有限，所以，当遇到一些困难或问题的时候，他们就会找大人帮忙解决。比如玲玲向妈妈告状"表姐不借给我小兔子玩"，潜台词是"表姐比我大，我抢不过她，希望妈妈这个大人能够出面帮我抢到小兔子"。

有时，孩子寻求大人帮助，还不一定是要解决具体的问题，更多的时候是寻求一种心理安慰。在和同伴闹矛盾的过程中，他受到了委屈，情绪被压抑，就想找大人告状来宣泄自己的情绪，希望得到父母的安慰。

方法一：尊重孩子，找到原因，解决问题

如果孩子是想表现自己，父母也不能不给他们表现的机会，要及时认同他们的判断，在满足孩子这种心理需求之后，引导孩子用善良的眼光去看待这件事。比如孩子说阳阳把饭菜弄洒了，而自己没有。父母可以先肯定孩子在这件事情上做得很小心，然后问问孩子，阳阳把饭菜洒了是不是很难过啊？会不会没饭吃而饿肚子啊？谁帮助了阳阳？要是自己是阳阳，遇到这种情况该怎么办？如果其他同伴因此笑话自己，自己是不是很伤心啊？尽量用问题把孩子的注意力和思维引导到关心和帮助小朋友、为他人设身处地地考虑上面。让孩子知道每个人都有缺点，每个人都有犯错的时候，我们要用宽容的心来对待别人，要体会对方的心情，还要给对方以关心和帮助。

有的孩子因为嫉妒而告状，父母要想想自己平时在家里是不是也经常用嫉妒的情绪谈论同事间的事情。如果父母平时爱拿自己的孩子跟别的孩子进行比较，总是指出自己孩子的不好，会让孩子产生自卑心理，同时对与自己相对比的孩子产生敌对的情绪。而父母在对比中总指出自己的孩子更加优秀，孩子就会产生自大心理，凡事也喜欢和别人比较。一旦遇到别人比自己强的时候，就会想办法贬低别人、抬高自己。所以，父母不仅要做好孩子的

榜样，还要在平时的生活和游戏中**让孩子知道，每个人都有自己的长处，也都有短处，除了继续发扬自己的长处之外，更要懂得欣赏别人，主动学习别人的长处。**

如果孩子告状是受到委屈了，希望大人能出面帮忙解决问题，或者是需要大人的安抚。**父母首先要认真倾听孩子的描述，从孩子的角度去尊重和理解他，给孩子以安慰。**如果父母随便敷衍，会让孩子觉得自己没有受到应有的关注，会感到更加委屈。

当孩子在情绪稳定之后，再引导他考虑如何解决问题，和孩子共同寻求解决问题的办法，而不是每次都是大人直接出手相助。如果父母总是在孩子向自己告状之后，第一时间就为孩子处理问题，以后孩子就总会以各种方式寻求大人的帮助，永远也学不会自己解决问题。

如果孩子为了逃避惩罚或批评而告状，针对的则是事情的责任。父母要耐心认真地听孩子讲述。**在完全弄清事情真相之前，不管孩子惹了什么祸，都不要发火。**

父母可以适当地安慰孩子，让孩子心情放松，然后引导和鼓励孩子说出事情的过程。**如果孩子一时说不清楚，父母可以用提问的方式引导孩子回想一下事情的经过。**

弄清了事情真相以后，父母要和孩子一起分析，哪些事情是孩子应该负责的，还要让孩子知道勇敢地承认错误、勇敢地承担责任是非常好的品质。当孩子勇于认错的时候，不应该给孩子以惩罚，而应该表扬他。

方法二：让孩子自己解决问题，不要妄图通过告状达到目的

对于自家的孩子向自己告状的问题，家长首先要认识到，在这个时期，孩子独立性并不强，解决问题的能力也不强，并且对家人有着很强的依赖心

理。因此，一旦碰到自己无法解决的事情时，自然而然第一时间就会想到家长，希望家长可以帮助自己解决难题。

孩子喜欢告状，并非说明他的本性不好。在孩子的身上，并不适用"告状就是心眼不好"这个理论。这个阶段的孩子之所以喜欢告状，背后是有一定原因的。

一般来说，孩子犯了错误之后，第一时间想到的就是逃避责任，为了不让自己受到惩罚与批评，孩子往往会先下手为强，抢先告状。

孩子在玩游戏的时候被人打扰了，或与其他的小朋友吵架了，这时候他都会产生一定的不良情绪。孩子这样喜欢说话，肯定会把这些事情放在心上。于是他就会将这些事情说出来，以此使自己的情绪得到发泄，这也是孩子调整心态的一个技巧，为的就是平衡自己的心理。

孩子总是期望自己长大，所以，一有机会，他就会向别人展示一下自己的能力，希望可以得到家长的肯定，这也是这个时期孩子的心理特点。此外，孩子喜欢告状，也有可能是嫉妒心理在作祟。他希望以告状的方式，将别人贬低，从而抬高自己。

孩子喜欢告状这种行为，很可能导致他总是盯着别人的缺点与错误，而难以发现别人的优点，也使他不能对自己身上的缺点给予足够的重视，这一点对他们自身的成长和将来的人际关系都会造成一定程度的负面影响。那么，家长应该怎样应对爱告状的孩子呢？

在处理事情之前，应对这件事情进行全面的了解。对于孩子的告状也应如此，**既不可看作是一个笑话，也不能过分认真，先从侧面了解事情的真相，这样才能有效地解决问题。**比如孩子对你说别人欺负他了，不要立即就去找人理论，可以多问孩子一些问题，尽可能详细地了解事情，从小伙伴那里也可以了解一些真实情况，以免偏听偏信。

家长或许并不将孩子的告状看成是一件很大的事情，然而，对于孩子来说，这件事情却极为严肃，他特别想得到家长的关注和肯定。即便孩子告状的内容是非常幼稚且可笑的，家长也应先认真去聆听孩子的心声，这样十分有利于培养孩子的自尊心与自信心。

孩子向家长告状，其目的往往是非常明确的，就是想让家长与他站在同一条战线上。无论事情的真相是怎样的，家长首先要做的就是对孩子进行及时的安抚，可以对他说"妈妈知道了，一会就将爸爸偷藏的烟拿出来！"让孩子知道，他的"努力"是有成就的，并没有白费。

无论怎么说，告状这一习惯都是不好的，并不值得提倡。所以，每当孩子向家长告状的时候，家长都应这样询问他："孩子，你认为应该怎样处理呢？"将事情再抛回给孩子，让他知道，在发泄自己情绪的同时，也需要将解决问题的方法找出来。随着孩子年龄的不断增长，他慢慢就会懂得独立去思考问题，而不是通过告状这个方式求得别人的帮助。

第三章

孩子上幼儿园，应掌握的本领和规则

1 动别人东西前要征求意见，别人动了自己的东西要维护权利

孩子刚上幼儿园的时候，并不知道动别人的东西需要先和对方商量。亮亮刚上幼儿园，有一天回来他非常生气地说："我以后再也不去幼儿园了！"爸爸妈妈问了半天，他也说不清楚为什么不去，就一直说他喜欢的玩具玩不了。妈妈第二天做了半天工作才把亮亮送进幼儿园。到了幼儿园，妈妈向老师询问，亮亮发生了什么情况，让他突然对幼儿园这么抵触。老师说，前一天，涛涛正在玩拼图游戏，马上就要拼好了，亮亮过去抓起来就要玩拼图，涛涛不同意，俩人就打了起来。老师发现得早，及时把他俩给拉开了。

亮亮妈妈了解清楚事情的经过，决定要给孩子讲讲，让亮亮以后动别人的东西前要征求别人的意见。如果别的小朋友想玩亮亮的玩具，也要先征求亮亮的意见。

对于孩子来说，很多玩具都是"别人的好"，别人的东西更新鲜。而那些自己没有的，就更想拥有了。对于幼儿园的孩子来讲，他们以自我为中心的本能行为会使其对别人的玩具伸手就抢、对别人的事情横加干预。其实这是很正常的年龄特征，我们不必太紧张，也不要简单地下结论，认为自己的孩子以后一定很霸道，肯定不招人喜欢，肯定没有朋友。**我们要让孩子懂得，自己的东西和自己的事由自己做主，而别人的东西和事情就应该由别人做主**。如果我们要想用别人的东西，就要征求别人的意见，获得主人的同意，我们才能用。我们可以利用孩子的好奇心和模仿心理，引导孩子通过积极的方式达到自己的目的。

3岁的彬彬看到小区里的几个小哥哥正在玩遥控车，特别想参加，追在哥哥们的屁股后面跑。可那些哥哥们都不喜欢跟彬彬玩。彬彬主动对其中一个哥哥说："哥哥，能给彬彬玩一下吗？"可哥哥说："不行，你太小了，不会玩。"彬彬没有放弃："哥哥，彬彬只玩一下。"可哥哥仍然没有答应。

看着彬彬可怜兮兮地围着哥哥转，眼睛直勾勾地盯着遥控小车，一旁的妈妈觉得很心疼。在彬彬向妈妈投来求助的眼神时，妈妈走过去很友好地对小男孩说："小哥哥，能让弟弟玩一次吗？他会很小心的。"可几个小男孩仍旧回答："阿姨你看，这个遥控器挺复杂的，我们也都刚上手，他太小了，没法玩。"彬彬听了哥哥的话，眼泪在眼眶里直打转，但是没有哭出来。妈妈很想马上答应彬彬给他买一个，可正在权衡的时候，一个小男孩主动过来对妈妈说："阿姨，那就让他摸一下吧！"彬彬立刻用手抹去刚要夺眶而出的眼泪，两只手捧着哥哥的遥控器，又赶紧腾出手来摸摸小车，很快就还给了小哥哥，继续安静地在旁边观看。

孩子在幼儿园阶段会逐步具有自我意识，逐渐明白并区分"你的""我的"。随着孩子的思维能力逐步由直观行动思维与具体形象思维向抽象思维能力发展，我们要予以耐心指导，让孩子多做一些有目的的练习。

方法一：告诉孩子，自己的东西自己有支配权

我们在日常生活中可以让孩子对自己的东西进行自由支配，可以在家和孩子玩互相借东西的游戏，让孩子自己决定是否借出他的玩具。爸爸妈妈要为孩子做一些示范，比如让孩子来借爸爸的手机，在借出之后要求孩子及时归还。偶尔给孩子设立几次不愿借给他的情况，并且向孩子解释"因为爸爸要看一下同事发的重要信息"，然后在孩子认真地提出请求的时候表现出理解和接纳的态度，把手机借给孩子。

在孩子作为主人不愿意借出东西时，我们也要征求孩子的意见，表达

自己很想借到那件物品，并且郑重承诺会很快归还。在归还时及时向孩子道谢。这样一套完整的模拟训练，可以锻炼孩子在与同伴的真实交往中更好地满足自己的愿望，又不伤害对方。

我们可以自导自演一些具体场景下的此类游戏，这种具体的指导比我们对孩子说教，讲出一些大道理更能让他明白。久而久之，孩子了解到这样的方式方法很管用，就会按照自己的思维"依样画葫芦"地解决新的问题。

方法二：动别人东西前要征得对方同意

告诉孩子，拿别人的东西前要征得别人的同意。现在的孩子大多数都是独生子女，对自己的东西"看得紧"，而对别人的东西则使用"拿来主义"。为了让孩子能够更好地融入今后与别人的交往当中，我们可以从一些生活细节加以引导和教育。在孩子参加一些群体活动的时候，我们要注意细心观察孩子的举动，发现孩子有动手抢别人东西的倾向时，就要及时告诉他，拿别人的东西要征得别人的同意。并且在与孩子安静相处的时候给孩子讲一些故事，让孩子换位思考，"如果你的玩具被抢了会怎么样"，使孩子明白自己对自己的东西有权做主，而别人的东西由它的主人说了算。比如，在孩子想抢别人玩具前及时跟孩子说："我知道你很喜欢这个玩具。但这是别人的，如果我们没有问它的主人就拿来玩，它找不到主人会很伤心的。我们可以去问问它的主人，能不能借给咱们玩一下。"

在引导孩子的过程上，可以尝试淡化"抢"这个字眼，因为有调查显示，不少父母在孩子与别人交往时显露出来的"强取豪夺"特别尴尬，常常当着众人的面批评孩子"不能抢小朋友的玩具"。这会让孩子感到很难过，他们会认为自己只不过拿了玩具来玩而已，而父母却那么严厉地教训自己。**幼儿园的孩子对"抢""偷""说谎"等并没有刻意而为之，也没有明确的不良动机，所以不要以评判成人的眼光轻易地把孩子的行动定性成充满贬义意味的**

词句。

为了帮助孩子早点建立起良好的人际关系，我们可以教给孩子一些具体的技巧，让孩子与其他小朋友之间的交往更轻松、更愉快。这些具体的技巧包括引导孩子交换玩具、轮流排队玩耍等。这是一个立规矩的过程，而我们的孩子其实在很小的时候就已经对周围事物的固定位置、吃饭睡觉的固定时间和空间等有了一些秩序感。我们可以抓住孩子的这些优点，遵循孩子的思想和心理的发展规律，给他立规矩，增强孩子的社会认同感和责任感。让他明白，作为家庭的一员、孩子群中的一分子，必须遵守一定的规矩才能和其他人友好相处，才能顺利获得自己想要的东西。

方法三：让孩子了解并且维护自己的基本权利

5岁的静静最近特别神气，因为她总是会坚定地维护自己的权利。当她感觉自己的权利受到别人的侵害时，她就会毫不客气地说："请你给我道歉！"说话的语气十分坚定。

有一次户外活动，成成从静静的身边飞快地跑过时，胳膊碰了她一下。当成成停下来的时候，静静就走到他的面前，一本正经地说："刚才你碰到我了，请你向我道歉！"

当她发现别人违背规则时，她也毫不犹豫地制止别人不遵守规则的行为，那架势像模像样，不容置疑。

一天，她看到林正在楼道里跳起来，使劲跺脚。她就走过去，很认真地说："这里的地板不能踩，请你停止。"

很多成人都用审视的眼光看孩子，以自己的经验判断孩子，随意地去评价孩子，其实这就在无形中给了孩子一个不平等的待遇。如果孩子一直生活在一个平等的环境中，他就懂得人与人之间是平等的，谁也不能无视他的尊严，一旦有人不尊重他，他就会维护自己的权利。

有时候孩子的很多行为，在成人看来是很可笑的。比如，孩子发现某个同龄人在跺脚,他就会走上去,让那个小朋友向"地"道歉。这看上去真的有点好笑。但是,可笑的背后却反映出孩子强烈的自尊意识。所以,**为了让孩子的自尊意识能够快速、顺利地发展,父母一定要尊重他的成长规律,不拿成人的想法去要求孩子、衡量孩子,更不能武断地让孩子按照成人的意志行事。这样,孩子的自尊心才能得到最大程度的保护。**

一天,5岁半的女儿惹妈妈生气了,妈妈就使劲推了她一下,把女儿弄疼了。要是在以前,女儿一定会大哭起来。但这一次,女儿不但没有哭,还一本正经地对妈妈说:"妈妈,你弄疼我了,你得向我说'对不起'。"

妈妈本来还挺生气的,女儿这么一说,她倒不生气了,还真给女儿说了声"对不起"。妈妈说完后,女儿非常高兴,还亲了妈妈一下呢!

父母不要小看五六岁的孩子,不要认为他还小,不懂事,其实这个年龄段的孩子已经懂得很多事情了,他会像个"小大人"一样有自己的想法,会做出自己的决定,做出自己的选择。在这种情况下,父母应该尊重孩子的决定和选择。

爸爸带5岁半的儿子去一家餐厅吃饭,刚坐下,爸爸就来了一个电话,但因为餐厅太吵,爸爸就出去接电话了。10分钟后,爸爸再回到餐厅,发现儿子满脸的不高兴。爸爸还没有来得及问明原因,儿子就说话了:"爸爸,我们走,没人招待我!比我们晚来的人都点上菜了。"爸爸安慰他说,服务生太忙了。但是儿子还是执意要走。看儿子的态度很坚决,爸爸就同意了。

可能在服务生看来,孩子是没有权利点菜的,应该由成人点。但是,在孩子看来,服务生不招待他,就是对他的一种蔑视,就是无视他的存在,是不平等地对待他。所以,孩子就要为自己"维权",他要求平等地被对待,于是就做出了换家餐厅的决定。而这位爸爸尊重孩子的决定,也是明智之举。

父母不要小视这件事,如果把孩子强行留在那家餐厅,他就会认为,人的尊严是可以践踏的,没有必要"维权",有一天他也会无视别人的尊严。这对孩子的成长和未来的人生发展来说,都是非常不利的。所以,父母一定要认真审视孩子类似的行为,做出最合理、最有助于孩子成长的回应。

2 犯错了就得受惩罚

天天上幼儿园以前是由爷爷奶奶照顾的。由于家庭条件很好,两位老人很宠爱孩子,对孩子百依百顺,从小都是要什么买什么。有时候老人也觉得孩子有些过分,可不满足孩子的要求,他便又哭又闹,最终爷爷奶奶还是心疼孙子,怕哭坏了嗓子、弄出了感冒,于是满足了他。渐渐地,天天养成了一些坏脾气和坏习惯。天天3岁以后进入了幼儿园,爷爷奶奶觉得白天没有孙子在跟前跑来跑去,很无聊,于是萌生了回老家的想法。于是,在老人离开之后,由天天妈妈负责接送和照顾孩子。

被爷爷奶奶宠惯了的天天也用对付老人的方法对付妈妈。一开始,妈妈可不吃这一套,又是讲道理又是打,可天天很强硬地坚持到最后,直到妈妈答应他的条件为止。有一次妈妈动手打天天,孩子憋红了小脸默默流泪,硬是一声不吭,把妈妈吓坏了。妈妈的讲道理和打骂没有任何作用,最后她还是满足了天天的要求。这让天天更是变本加厉。

天天妈妈的惩罚对天天不起任何作用,不仅是爷爷奶奶的骄纵和溺爱助长了天天的习气,妈妈的不坚决态度和不坚定立场也让天天有机可乘。在对孩子的教育中,一味地鼓励或是讲道理自然不会得到很好的效果,而适当的惩罚才能够使孩子受到教育,孩子才能"长记性"。

"没有惩罚的教育是不完整的教育,没有惩罚的教育是一种虚弱的教育、脆弱的教育、不负责任的教育。"惩罚是一种教育手段,也是一种微妙的家教艺术。但我们许多父母往往不能灵活运用这门艺术,对孩子的教育就会适得其反。

方法一：不管有意无意，犯错就要受到惩罚

只要孩子犯了错误，不管他是出于有心还是始于无意，都要受到惩罚。比如：孩子不小心把杯子摔碎了，虽然他不是故意的，只是手太小拿不稳造成了杯子摔碎的后果。但我们要告诉他，杯子已经摔碎这个后果是他造成的，这是他的过错。他虽然没有料想到自己行为的后果，但也要承认错误。

如果孩子是无意的，并且第一时间勇于承认了错误，而不是为自己找理由、推卸责任，我们就要及时认可他的认错行为，并且立刻减轻对他的惩罚。但是，如果孩子隐瞒事实、逃避责任，我们就要加重他所受的惩罚，让他明白不诚实、不知错、不认错是不好的行为。这么强化孩子的知错认错、知错能改的意识有助于从小培养孩子诚实、负责的性格。

惩罚绝不等于体罚，也不是伤害，更不是心理虐待、歧视。在孩子犯错必须受到惩罚的同时，我们仍然要注意尊重孩子。并不只有赞赏时才能给予孩子自尊与自信，惩罚时更需要尊重与信任，要顾及孩子的承受力、尊严，不能把孩子的特点当缺点。

惩罚孩子的目的是让孩子有良性转化，如果惩罚过重，会适得其反，容易引起孩子的对抗情绪，而惩罚太轻，则起不到任何威慑作用，不足以使孩子引以为戒。所以，惩罚孩子要像大教育家洛克说的那样："儿童第一次应该受到惩罚的痛苦的时候，非等完全达到目的之后，不可中止；而且还要逐渐加重。"为了达到教育的目的，我们既不能轻描淡写，也不能小题大做，更不能滥用体罚、惩罚。其中的道理耐人寻味。

有些父母在教训孩子的时候唠叨不停，而且还时不时地呵问孩子："我说的话你听见没有？"孩子往往慑于家长的威严，为了免受皮肉之苦，只能别无选择地说："听见了。"其实他可能心不在焉，根本就没有听，或是左耳进右耳出了。为了早点结束惩罚，孩子只有顺从父母的意思赶紧"认账"。而孩子下次再犯同样的错误时，父母就责怪孩子"不听话"。其实是我们说得太

多，反而使孩子分不清主次，不知所云了。

有的父母特别喜欢翻旧账，由此及彼地把孩子以前的错误都拿出来"晒晒"，这会让孩子对改错失去信心。"我总是一错再错，反正我就这样了。"于是，孩子开始"破罐子破摔"。

所以，**我们在惩罚孩子的时候尽量就事论事，并且不要唠叨，要点到为止，也不要翻旧账，这样才能使孩子清醒地认识到当前这个错误，并且有信心改正**。

方法二：惩罚的同时告诉孩子怎样做才是正确的

有的孩子知道自己错了，也真心实意地认错了，却不知道该怎么改正，不明白下次遇到类似情况应该怎么处理。所以，我们在惩罚孩子时，除了态度明确之外，还要跟孩子讲清楚他应该怎么做、达到什么要求或标准，否则会有什么样的后果。

比如，孩子不小心把杯子打碎了，受到了一定的惩罚。但是，如果我们不告诉他应该怎么做，他很可能会认为这一次摔碎杯子是因为没有搭小板凳的缘故，而事实上却是他啃了肉骨头而没有洗干净的油腻腻的双手造成的。所以，我们除了让孩子明白自己错了，更要让孩子知道自己错在哪里，也要引导孩子，让他想到应该怎么办。我们千万不能含糊其词，或是让孩子"你自己去想杯子怎么摔碎的"。父母没有给孩子指明"出路"，孩子就不知道错在哪里，惩罚也就没有任何教育意义了。

还有一个要注意的是，有的父母在对待孩子的问题上立场不同，意见不统一。爸爸认为孩子摔碎了杯子确实是无心之失，但希望孩子对自己造成的后果负责，于是惩罚了孩子；而妈妈则觉得孩子太小，确实不是有心摔碎杯子的，而且也认错了，不仅不能惩罚孩子，更应该为孩子勇于承认错误感到高兴，并且要及时鼓励。所以，不少家庭常常出现这样一种场景：爸爸在对孩子实施惩罚之后，妈妈认为孩子受了委屈，又来安慰孩子、哄孩子，爸爸

见这母子两个一副委屈的样子，一气之下摔门而去，留下一句："慈母多败儿！"

事实证明，**家长的态度不一致会使惩罚失去作用**。家长大相径庭的态度和方式会使孩子产生认知偏差，不仅认识不到自己的错误，反而会屡教不改。所以，**我们教育孩子时要相互配合、态度一致、赏罚分明。对孩子的进步、成绩等该奖的时候就要郑重其事地奖，让孩子真正体会到受奖的喜悦；当孩子犯错的时候要果断地进行惩罚，让孩子知道自己错了就得受到惩罚，不是谁来求情或是谁来包庇就可以逃避得了的**。只有这样，才能培养孩子明辨是非、知错能改的品行。

方法三：帮助孩子建立起规则意识

林林、彤彤、悠悠3个孩子在玩"剪子包袱锤"的游戏，游戏规定，谁要是输了，就让另外两个赢的人弹一下脑门。游戏开始了，林林先赢了，接着是悠悠赢了，于是他们高兴地弹了一下彤彤的脑门。

第二轮游戏开始了，林林和彤彤赢了，他们都开心地弹了一下悠悠的脑门。第三轮，林林输了，就在彤彤和悠悠准备弹他的脑门时，林林突然不玩了，跑了。于是，彤彤和悠悠就去追他，可林林很快就跑到妈妈身后藏了起来。没办法，彤彤和悠悠只好各自回家了。

回到家，彤彤很不高兴，他对妈妈说："林林输了，他不让我们弹脑门，这样做是不对的……"妈妈向彤彤了解了情况，然后就安慰彤彤："每个人都会犯错误，林林不遵守规则，他自己也难受，以后他会遵守规则的，请给他时间好吗？"

虽然彤彤点头，但感觉他还是想不明白。直到晚上睡觉的时候，彤彤还嘟囔："林林这样做是不对的……"

我们都知道，**游戏之所以有意思，就是因为它有规则，如果没有规则，**

那就不成为游戏了。在孩子的眼里，游戏也是有规则的。孩子会在玩游戏的过程中，反复使用规则，并把它内化，也就是著名教育家蒙台梭利所说的"肉体化"。**当孩子把规则内化以后，那就意味着他对群体、对社会都会有一种规则意识、责任意识。**

星期天，两个五六岁的孩子在小区里的空地上一起"砸王牌"。突然，他们吵了起来，为什么呢？因为浩浩赢了王牌，而输王牌的岩岩却不给他。

这时，他们的妈妈听到就都过来了。浩浩对岩岩的妈妈说："阿姨，我赢了岩岩的王牌，他不给我。"

岩岩也不示弱，他对浩浩的妈妈说："阿姨，我们是闹着玩的，不是真赢的。"

听完两个小家伙的诉说，两位妈妈都笑了。

岩岩的妈妈说："岩岩，你们应该事先谈好规则，是真玩还是假玩。如果是真玩的话，人家赢了，你就应该把王牌给人家。这样，人家才愿意跟你玩。"

这时，浩浩的妈妈提议："要不，你们现在就制定规则，是真玩，谁要是输了，就把王牌给赢的人。你们看，好不好啊？"

两个小家伙都说"好"。于是，砸王牌又开始了。很快，浩浩又赢了岩岩的王牌，这时，岩岩也没含糊，直接就把王牌给了浩浩。

现在，他们已经接受了游戏规则。

孩子是喜欢游戏的，他也喜爱规则，并遵守规则，他会因为有规则才会去玩某个游戏。但是，这并不表明所有的孩子都是遵守规则的。所以，当遵守规则的孩子遇到了不遵守规则的孩子时，他就会很痛苦，就会想不通这件事。就像彤彤一样，他认为不遵守规则、说话不算数是不对的。因为在他的心里，已经建立了规则意识。

当孩子不愿意去做某种违背自身规则的事情时，即使父母对孩子的行为不理解，也不要试图说服孩子按照自己的想法去做。父母应该尝试与孩子沟通，看看他内心的想法是什么。通过沟通，父母可以发现孩子的想法是有道理的，并不是故意找碴儿或任性。父母这么做，就等于尊重了孩子的规则意识，从而让规则在孩子的内心得到强化。

在孩子看来，很多事情都是有规则的，一旦违背了它的规则，孩子就不愿意去做。比如，在成人看来，盖浇饭就是把菜盖在饭上的一种饭，很正常。但是，在孩子眼里，饭就是饭，菜就是菜，两种东西混在一起，就不是饭了，就不能吃了。如果父母强迫孩子去吃的话，就等于让孩子做违背自身规则的事，孩子的心理就会受到伤害，从而影响其规则意识的发展。当然，在生活中还有很多这样的情形，比如，孩子讨厌某种衣服的颜色或款式，父母就不要强迫孩子去穿。

一般来说，孩子会在玩游戏之前定好规则，并会遵守这个规则。这样，他才会有安全感。几乎所有的孩子都是在这样的规则中成长的。但是，在他玩游戏的过程中会遇到输了不认账的情形，这时，赢的孩子就会承受痛苦。于是，有的父母就不允许孩子玩这类输赢的游戏，认为这好像是赌博。其实，并不是这样的。因为玩这种游戏是孩子成长过程中的自然经历，在玩游戏的过程中，他会建立规则、遵守规则，而且会锻炼承受输赢的心理素质。

3　说脏话必须及时制止

4岁的洋洋最近嘴里不时会冒出一些脏话，而且屡禁不止，令父母很是头痛。尤其是在外玩耍时，本来玩得好好的，孩子突然嘴里冒出脏话来，别人的侧目或鄙夷的目光让洋洋的父母很没面子。自己平时也注意文明用语，这孩子跟谁学的啊？

2~6岁的孩子正处于语言发展比较迅速的阶段，他们的好奇心和模仿能力强，但对于语言的好坏和辨别能力却比较缺乏，所以这个年龄段的孩子说脏话并不一定真能了解其意，也许只是觉得好玩而已。因为这些"脏话"，有的是孩子通过家里长辈了解到的家乡话、土话，或是一些在家庭和幼儿园不常用的话语，对于孩子来说，既新鲜又有魅力，尤其是和同龄孩子在一起时，什么难听说什么，说完之后哈哈大笑，十分开心。这样难免越学越多，越说越来劲，从而引起家长的担忧和不满。

有的父母认为，孩子之间说点属于他们自己小范围的脏话、怪话是可以理解的，等孩子大一点，懂事了，就好了，所以对孩子的这种不良行为放任自流。而往往这样迁就孩子的坏习惯，会使孩子认为大人也觉得这么说挺好玩的，也会在与父母或其他成年人交谈时冒出脏话，那时的尴尬常令父母感到十分难堪。而且，孩子说脏话看似小事，却关系到孩子的文化修养，对孩子将来的个性发展和人际交往也有着不良影响。

孩子有喜欢模仿的天性，又容易受到周围环境的不良影响，所以会在学习语言的过程中出现说脏话的现象。面对孩子的这种不良行为，我们可以采取一些有效的办法及时予以制止。

方法一：当孩子说脏话时，应立即制止，绝对不能迁就

孩子第一次说脏话时，我们就要对孩子的这种行为立即予以制止，明确地告诉他："这句话不好听，不应该这么说。"并且可以教导他使用正确的说法表达自己的情绪。

如果父母的制止对于孩子而言起不了多大的作用，孩子还是经常说脏话，我们不应对孩子大发雷霆，不要表现出异常愤怒的样子，不要通过体罚或说教的方式企图强硬扭转孩子的不良行为。而要假装没听见，或者故意默不作声，让他以为这种话无法与大人沟通，慢慢地，他就觉得没趣，自然而然就会改掉了。如果我们对孩子说脏话表现得大惊小怪，反而会让孩子受到鼓舞，不但不能解决问题，反而会不断强化孩子的这种不良行为。孩子在不断地学习新词汇，只要我们使用正确的语言，脏话对于孩子产生的新鲜感会很容易消失的，我们不用太在意。

在孩子出现说脏话的现象时，我们不能放任不管，或轻描淡写地批评几句；也不能严厉训斥，甚至责骂体罚。要分析孩子说脏话的内容，了解孩子说脏话的动机，才能从根本上解决问题。对于不会具体伤及他人的脏话，我们最好不予理睬。孩子在发现大人的冷淡态度后，会渐渐失去说脏话的兴致。

如果孩子说了一些连自己都不明其意的话，甚至有些话在成人看来十分残忍，比如"我要杀了你""我要打死你""我要把你从楼上丢下去"，等等。我们应该向孩子解释这些话的意思，更要告诉他那样做可能会导致的严重后果。让孩子知道，有些事情是不能随意模仿的。

如果孩子说的脏话是轻视对方的弱点、对别人的人格有侮辱意味时，必须坚决禁止。要在平时注意引导孩子关心他人，从别人的角度去考虑问题。在日常生活中，可以根据一些见闻引导性地询问孩子："如果你是他的话，别人这么说你，你会难过吗？"以此来诱发孩子的爱心和同情心。

如果家长自身就有说脏话的习惯，或者在和别人交往时的言语之间经常充满粗俗的意味，那就需要检讨一下自己，不要给孩子做不好的榜样。千万不要在不允许孩子说脏话的同时自己却脏话连篇，甚至用脏话来制止孩子说脏话。

方法二：语言重复的高级阶段，父母要注意自己的用词

小依已经3岁零4个月了，现在，她经常模仿妈妈说话。这不，母女俩的对话又开始了……

妈妈：小依，我们到外面晒太阳好吗？

小依：小依，我们到外面晒太阳好吗？

妈妈：看，外面还有小朋友呢！

小依：看，外面还有小朋友呢！

妈妈：走喽，晒太阳去喽！

小依：走喽，晒太阳去喽！

妈妈：小依真乖！

小依：小依真乖！

……

妈妈跟小依说着，而小依也一直重复妈妈的话……

孩子在3～4岁这个阶段，正是语言重复的高级阶段。在语言敏感期的这个阶段，孩子就像一个学舌的小鹦鹉一样，别人说什么，他也说什么；别人问他什么，他也不回答，还是重复人家的话。为什么孩子总是重复别人的话呢？实际上，这个时候，孩子已经发现，一句话能表达一个意思，他已经喜欢上表达了，而且，在这个时候，孩子也有能力模仿一句话了。所以，他就开始了这种模仿游戏，并且乐此不疲。当然，孩子还会模仿电视上或童话书里的某个人说的话，这也充分表明，孩子已经具备了句子表达的能力。

婷婷3岁零9个月了。一天，她拿着零食在小区的绿地上一边吃，一边玩耍。旁边一起玩的一个小男孩问婷婷要吃的。谁知，婷婷不给，还一本正经地说："我不愿意给你，你别吃了！"这时，小男孩伸手就要去抢婷婷手里的零食，婷婷大叫一声："哎呀！大事不妙了！快跑！"然后撒腿就跑。

原来，"大事不妙"这个词是她刚听过的《朵拉历险记》里的，她已经学会用了。

孩子模仿的语言、重复的话几乎都来自于日常生活。他在这一段敏感期内，会模仿口语、练习口语，并感觉语言的音韵，不断地重复语言，在使用的过程中把语言内化。这是孩子学习语言必经的过程。所以，父母一定要注意自己在日常生活中的口语表达，一定不要太随意，要谨慎，要说规范的、准确的、文明的语言，要给孩子创造一个干净的语言模仿环境。

3岁的明明最爱吃豆沙糕了，现在，妈妈正在厨房里给明明做呢！明明有点等不及了，隔一会儿就往厨房跑一趟，还不时地问："妈妈，什么时候能吃呀？"妈妈说："别着急，请再等一会儿！"

不一会儿，明明又来到厨房，表情十分严肃地对妈妈说："妈妈，我正在

'请等一会儿'呢！能吃的时候你叫我呀！"

妈妈先是一愣，随后就明白了，笑呵呵地说："好！"

父母可以利用孩子善于模仿重复别人语言的时期，用语言来鼓励孩子。比如，对孩子说："孩子，你真勇敢！""孩子，你真棒！"孩子也会重复父母的这些话，并且把这些话记在心里。在以后的日子里，孩子也会想起这些话来。当孩子遇到什么困难时，也许就是儿时父母对他说的那些鼓励的话让他战胜困难。

切记不要在孩子面前说脏话，孩子觉得好玩的话，很容易就开始学着说了。父母应该有意识地多与孩子交流，引导孩子重复一些话，以此来训练孩子的语言表达能力。

方法三：平静对待孩子的诅咒性语言

媛媛满3岁了，在稍微不如意时，她就边哭边大声喊叫："我打你，我打死你！"然后就挥舞着小拳头示威。不长时间后，她这方面的话语就变得更多了，比如，她会说，"我捏死你！""我踢你！""你是猪！""混蛋！"总之，她知道的"有力量"的词都用上了。

在这以前，如果媛媛遇到困难或挫折时，她就会大哭起来，以此来表示抗议。但是，3岁2个月后，媛媛使用的语言就更加令人惊讶，"我要把你从马桶里冲走！""我要割下你的脑袋来！""我要把你撕碎！""我要把你压成肉饼！"当妈妈听到媛媛说这些话的时候，非常吃惊，她真不知道孩子是怎样把这些粗话记在小脑袋里的。

现在，媛媛已经4岁了，即使在很高兴的时候，她也会突然冒出一句诅咒的话。比如，她正在客厅里随着电视音乐翩翩起舞，爸爸妈妈还有爷爷奶奶都在欣赏。突然，媛媛停下来，一转身，脸上带着笑意说："我要把你们都踢出去，踢到对面的楼顶上！"面对突如其来的粗话，爸爸妈妈、爷爷奶奶不知道该如何应对才好。

第三章 孩子上幼儿园，应掌握的本领和规则

随着年龄的增长，孩子会发现一句话能够表达一种意思，这个发现会令他喜悦不已，于是他又会不断地重复这句话。其实，这时候，孩子已经渐渐发现了语言的力量。很快，他又会发现某种语言会更有力量，这种语言会像一把剑一样把别人刺伤，会让人大发雷霆，会让人伤心落泪，这些语言就是诅咒的话，就是成人所说的粗话。实际上，孩子讲粗话或诅咒的敏感期已经到来了。

对于讲"诅咒语"的孩子，很多父母都非常敏感，认为孩子讲这些话是在学坏。其实，当孩子讲粗话或者是说一些诅咒的话时，可能并不明白这些话的含义，只是看着别人高兴或不高兴的时候这么说，他也就学着说了。这只不过是想引起别人的注意，或是宣示自己的个性而已，而不管别人的反应是好还是坏。

一位妈妈正在给3岁的女儿穿袜子，突然，女儿说了一句："坏妈妈，你弄疼我的脚了！"这位妈妈先是一愣，但马上就意识到，孩子已经进入语言的敏感期了。她没有生气，非常平静地对女儿说："袜子穿好了，你自己穿鞋子，然后去洗漱。"

看到妈妈对她的咒骂没有任何反应，女儿感到很惊奇。不过，她好像还是有点不太甘心，于是继续重复道："坏妈妈，坏妈妈……"妈妈好像依旧没有听见的样子，忙着手里的活儿。最后，女儿忍不住了，站在妈妈的面前，一本正经地说："妈妈，我说'坏妈妈'呢！"

妈妈还是很平静："妈妈听见了，现在该吃早饭了，走，我们去吃早饭！"看到妈妈一直没有什么反应，女儿觉得这个游戏很不好玩，于是就放弃了。

不过，女儿有时还是会在其他人身上玩这个游戏，比如对爸爸说："臭爸爸！"对爷爷说："坏老头爷爷！"对奶奶说："笨老太太奶奶！"

这位妈妈非常有心，她为了帮女儿度过这个敏感期，就与全家人达成一致意见，无论女儿怎样咒骂，说多么难听的话，全家人都不作任何回应。不到两个月，女儿感觉这个游戏没有什么意思，就彻底放弃了。

很多孩子之所以以说脏话为乐，就是因为父母对此表示过震惊和惊慌，甚至还威胁他说，如果继续说脏话，将如何去惩罚他。其实，这样做反而适得其反。孩子可能会想，"哈，这可真是一个惹他们注意的好方法。真有趣！""我找到战胜爸爸妈妈的办法了！"可见，面对孩子的诅咒，父母如果做出比较过激的反应，对孩子反而是一种刺激，他就会更加感受到诅咒语言的神奇力量，更喜欢去说这样的话。

所以，父母不用把这种情形视为洪水猛兽，也不要强行去制止孩子的"恶劣"行为，更不用对孩子大发脾气、动手打孩子。父母对此如果不予理睬，不急着纠正，而是继续做手边的事情，可能就不会产生孩子预期的效果了。父母越是不当回事，孩子就越是感到索然无味，就会觉得很没趣。也许几个月后，孩子的这种"有力量"的语言就会悄无声息地离他而去。

4　别人的东西不要拿回家

嘟嘟即将满4岁了。一天下午他从幼儿园回到家，从自己的书包里掏出一个小玩具车。妈妈看到就问："玩具车是哪来的？"

嘟嘟怯怯地回答说："是老师给的。"

妈妈知道，这肯定不是老师给的。妈妈想，如果是老师给的，嘟嘟就不会这么怯生生地回答了。

不过，这位妈妈并没有训斥孩子。晚上快睡觉时，嘟嘟对妈妈说："妈妈，我逗你玩呢！小车是晨晨的，我明天给他。"

妈妈问："晨晨知道你拿他的小车了吗？"

嘟嘟低着头说："不知道。"

妈妈蹲下来，认真地对嘟嘟说："拿别人的东西一定要让人家知道，明白吗？"

嘟嘟用力点了点头。

嘟嘟妈妈的做法是正确的，她没有严厉地斥责孩子，等孩子反省之后，再告诉孩子正确的做法。

4岁的毛毛是幼儿园中班的小朋友，可最近毛毛的一些行为让妈妈感到很不安。妈妈经常在毛毛的口袋发现一些不属于家里的小玩具；有一次去超市，他竟然还揣回了几颗散装的糖果；去邻居家、亲戚家，他也总会"带"回一些小东西。

刚开始，妈妈觉得可能毛毛只是一时好奇而忘记归还了，可最近发生的一件事让妈妈感到事情比她想象的要严重得多。妈妈的同事也有一个和毛毛一般大的男孩。某天妈妈带毛毛去同事家玩，两个孩子一开始玩得挺开心。可后来毛毛喜欢上小朋友的变形金刚，还和同事家小朋友闹了小别扭，妈妈为此还教育了毛毛一番。几天之后，妈妈发现毛毛晚上上床之后，还窝在被窝里不知道鼓捣什么东西。妈妈掀开被子一看，看到了那个属于同事家孩子的变形金刚。妈妈询问毛毛怎么回事，毛毛一脸轻松地说是小朋友送给他的。妈妈不太相信，不记得当时那个小朋友答应过要送给儿子啊。妈妈打电话给同事，同事的回答让妈妈大吃一惊。同事说儿子的变形金刚丢了，都找了好几天了，昨天才新买了个一模一样的。

妈妈感到又羞愧又担心，越想越害怕。孩子这么小，长大了不就成犯罪了吗！妈妈就是想不通，家里条件优越，毛毛也有其他几款变形金刚，为什么他还要拿别人的东西呢？于是，妈妈采用各种方法教育毛毛，甚至动手打了毛毛的屁股。可越是受到严厉的责罚，毛毛顺手牵羊的坏毛病越改不了。

我们常说"三岁看大，七岁看老"，难道有这个坏习惯的毛毛会把小时候的行为习惯直接带入成年，他长大后就一定会是个小偷吗？答案肯定是否定的。但如果我们把孩子的这种小问题无限扩大并加以严厉的教育，一味地打压，不见得会让孩子"改邪归正"，反而很可能会使孩子产生逆反心理，出现对着干、我偏要干的叛逆行为。

其实，我们仔细回想，自己在幼儿园时期从没有偷偷拿过别人一丝一毫的东西吗？为人父母，都希望自己的孩子在各方面都是优秀的，是完美无缺的，可孩子在成长过程中难免会出现一些小问题，这需要家长的正确引导。

方法一：帮助孩子分清楚"你的""我的"

从心理学意义上讲，孩子之所以顺手牵羊，有一部分原因是孩子的自我中心意识使然。幼儿园孩子普遍以自我为中心的眼光来看待周围的人和事，他们认为世界是以他一个人为中心的，"我的""我自己的"概念在头脑中已确定，但对"你的""他的"概念却比较模糊。他认为"你的就是我的，我的还是我的"，只要是他喜欢的东西，那统统都是"我自己的"，都是要"归我所有的"。其实这是每个孩子都会经历的阶段，这个时期一过，这种在父母眼中的"偷窃"行为就会慢慢消失。所以父母千万要了解孩子这个时期的心态，不要随意给幼小的孩子扣上"小偷"的帽子。一旦孩子被自己最亲近的父母认定是"盗窃犯"，他幼小的心灵就会受到极大的伤害，甚至会影响他青少年时期的人格完善。

虽然说孩子以自我为中心是成长的必经阶段，不必对孩子的"顺手牵羊"过于恐慌，但我们也不能对孩子的"需索无度""贪得无厌"视而不见。**作为父母，要开动脑筋尽早帮助孩子建立起"所有权"的观念，知道什么是自己的、什么是他人的，并且要获得他人的同意才能有享有他人物品的使用权。**父母可以在日常生活中向孩子借用他的玩具或是纸笔，告诉孩子要使用多长时间后才会归还，而且必须征得孩子的同意后才能把物品带走。在规定时间内使用完毕及时归还，并且真诚地向孩子道谢。孩子以后取用父母的物品也会按照这种程序进行。父母以身作则的示范意义对于幼儿园孩子的这种所有权意识的建立十分有效。

如果孩子拿了别人的东西，我们可以通过编故事、做游戏等方式让孩子明白他的这种行为是不好的，如果不及时改正，会有哪些不好的直接后果。比如没有小朋友愿意和他玩。也可以让孩子学会换位思考，体会到"如果我是那个丢了东西的小朋友，我会很难过"，并且鼓励他及时归还东西。

可以给孩子讲一些拾金不昧的故事，让他辨别什么是对的、什么是不对的。平时看到孩子主动与他人分享玩具或是食品时，要及时予以表扬和鼓励，强化他的分享行为。这样有助于建立起孩子的所有权观念，并养成尊重他人所有权的行为习惯。

方法二：从敏感期特点出发，帮助孩子纠正坏习惯

最近一段时间，妈妈发现3岁半的儿子到小朋友家玩时，会偷偷地把他喜欢的一些小玩意儿、小玩具装在口袋里带回家。而且，妈妈问他时，他还不说实话。

妈妈有些担心，不知道该怎样应对孩子的行为。这位妈妈说："我非常希望儿子能够健康快乐地成长，我担心如果不对他加以引导，他会养成偷窃和说谎的坏习惯，但我又不知道该如何去引导儿子。"

孩子偷拿别人的小物品，或者是把别人的东西藏起来，以供自己玩耍，并不是他恶意地去侵犯别人的财产，而是孩子在自我意识敏感期的一种正常表现，他觉得自己喜欢就拿了，好像也没有什么不对的。对此，父母大可不必特别惊讶，也不要认为孩子不道德，更要慎用"严加管教"的方式。父母只需要耐心引导。当然，引导孩子还有更多的方法，只要父母善于学习、善于总结，就一定能发现，就一定能让孩子顺利度过这个敏感期。

很多父母发现自己的孩子有"偷窃"的行为后，就会感到非常紧张，就会非常严厉地警告孩子。其实，这样的做法是不妥的。父母应该知道，孩子之所以会"偷拿"别的小朋友的物品，只是因为孩子对他人物品的归属感还不是很明确或很强烈。

所以，在这种情形下，父母可以耐心地告知孩子，"别人的东西不可以拿，更不能带回家""这些东西是别人的，拿别人的东西要征得别人的同意""你的物品不允许别人拿，所以你也不能拿别人的东西"。这样，孩子就会明

白，和自己的物品一样，别人的物品也是不容侵犯的。

对于孩子所谓的"偷窃"行为，父母只要给孩子讲清道理就可以，大可不必大动肝火去惩罚孩子，打骂孩子。其实，在孩子的观念中，并没有偷窃的概念。如果父母因此而惩罚孩子，就会大大打击孩子的自尊心，这同样也会影响孩子自尊心的发展。

也就是说，对于孩子在这个年龄段的"偷窃"行为，不必严加管教，否则，很可能会适得其反。如果父母用特别严厉的方式管教他，偷窃反而会成为孩子的一种强烈的心理需求，他会变本加厉地偷拿别人的东西，以至于最后成为真正的偷。

在孩子出现这种现象时，父母不要进行直接的道德教育，因为这并不代表孩子的道德品质出现了问题。当孩子"偷拿"了别人的东西时，要让孩子把东西还给别人，或是与孩子一起把东西还给别人，而不要做太多的评价。换句话说，不要指责孩子做得如何不对，也不要用"偷"这个字眼，避免让孩子把自己的行为与这个字眼匹配。当孩子把东西还给了别人，就对他还东西的行为表示赞赏。当然，孩子拿一次，就让他还一次。这样，慢慢地，孩子就不再拿别人的东西了。

如果父母过于重视这件事，整天想着这件事，孩子就会感受到父母的重视，他也会重视自己的行为，这种重视反而会强化孩子的"偷窃"行为。

5 让孩子懂得帮助他人

楠楠5岁了，爸爸妈妈都把她视作掌上明珠，什么事情都不让她做。不过，楠楠却非常想做点什么。

晚上，爸爸把楠楠从幼儿园接到家，妈妈已经开始准备晚餐了，正在厨房切菜。这时，楠楠就走了过去，在旁边看妈妈切。

看了一会儿，楠楠对妈妈说："妈妈，让我切吧，我也会切。"

妈妈说："小祖宗，你别切，这个不好玩，你要切的话，手就麻烦了！"

尽管楠楠一再请求妈妈，但妈妈就是没有答应她。最后，妈妈说："去看动画片吧！这里不好玩。"楠楠只好悻悻地走向电视机……

很多父母把孩子想要做事的行为看成是"添乱""凑热闹""搞破坏""捣乱"，等等，于是就会阻止孩子去做他想做的事情。其实，这是对孩子的一种误解，孩子想做饭、想修理、想做家务等想法或行为都是他在社会活动敏感期的特殊表现。如果父母不让他去做，他这种好奇心或愿望很快就会消失，那么孩子的自理能力也会很难培养起来，更别指望孩子帮助别人了。

帮助孩子树立良好的价值观是为人父母最困难的工作之一，也是最重要的工作。如果我们只是抽象地向孩子说教"我们应该帮助别人"，即使把这句话每天重复一百次，对孩子也起不了一丝一毫的作用。**只有让孩子在行动中充分感受到帮助别人的快乐之后，助人为乐的价值观才能真正根植于孩子的头脑中，并伴随他的生活。**

然而，现在的孩子绝大多数是独生子女，由于没有兄弟姐妹，而父母长辈又多是宠着顺着他，孩子根本不知道如何与人相处，只知道满足自己的需求。很少关心、照顾别人，甚至很少想到别人，除非他们需要别人的帮助。这一切看起来是顺理成章、自然而然的。然而，这对于孩子的成长是非常不利的，不利于孩子优良品格的形成，也不利于孩子长大之后与人相处。

那么，对于自我意识很强、更注重满足自我需求的幼儿园孩子，父母应该如何引导他成为乐于助人的孩子呢？

方法一：从生活中的小事上培养孩子帮助别人的好习惯

孩子的行为绝大多数是感情冲动引发的，并且整个行为过程也带有浓重的感情色彩。为了培养孩子乐于助人的良好品质，可以从启发他的情感入

手,比如,"你看那位老爷爷头发都白了,弯腰多吃力啊,我们赶快帮助他把报纸捡起来吧"!这样的启发式提醒比生硬的"要学会助人为乐,应该帮助老人"效果好很多。

有许多孩子存在这样的心理:我帮助了别人,我能获得什么?而父母的教育不当也会增强孩子"有偿帮助"的错误意识。**父母要让孩子明白,从帮助别人的行动中获得的是别人对自己的信任和尊重。帮助不是施舍,而是从心里愿意去做;帮助也不是用金钱、物质可以衡量的,而是无私的、不图回报的、能让自己感到快乐的事。**

父母可以给孩子讲一些关于"助人为乐"的故事,比如雷锋叔叔的故事以及我们周围的英雄事迹,还有孩子同龄人中的榜样,让孩子从中感受到帮助别人不仅给他人施以援手,更会使自己受到别人的尊敬,从而越来越快乐。

培养孩子帮助别人的习惯,应从做家务开始。上幼儿园的孩子自我意识感强,迫切需要展示自己的能力,证明他长大了,"我能行"。根据孩子的这一特点,我们可以给孩子分配一些他们力所能及的家务,比如摆放餐具、布置餐桌等。父母对于孩子圆满完成他那份任务要及时予以鼓励,并表示感谢,让孩子明白,正是由于他的帮助,父母的劳累才得以减轻。而且作为家庭成员中的一员,孩子帮助家里做事情,其实也是帮了自己。

让孩子在集体活动中感受到互相帮助的温暖。**孩子可以在集体活动中开阔视野、增长见识、结识伙伴、培养广泛兴趣,并在集体活动中和同伴们互相帮助,切实感受到帮助别人和受到帮助的快乐。**父母可以在集体活动后和孩子谈心,有意识地进行教育,让他们明白,今天帮助了别人,或许明天自己遇到了困难就会得到别人的及时帮助。要是自己不愿意主动帮助那些需要帮助的同伴,或许明天自己需要别人帮助的时候就不会有人出手相助了。

此外,有心的父母还可以制作一个进度表,每天填写孩子需要完成的家务。当孩子完成一项时,可以用孩子最喜欢的贴画等作为奖励。

方法二：根据孩子的年龄，让他们做力所能及的事

不少父母认为，幼儿园的孩子太小，怎么可能让他帮自己做家务？他能够乖乖地自己玩，不要给大人捣乱就好了，要真让孩子来帮忙，肯定是越帮越忙，到头来大人不仅要照样做家务，还得收拾他鼓捣出来的烂摊子，还不如大人自己做省事，所以常常把孩子"驱逐"出现场。

更有许多父母在孩子小的时候，舍不得让孩子做家务，认为这些家务事没有什么技术含量，孩子只要安心学习，以后大了，家务事一学就会了，不用从小就开始让孩子参与家务。可真等到孩子大了，可以帮忙的时候，父母开始指挥做这做那，结果又发现：不少家务活属于熟能生巧、多做做就能学会的事，可孩子学会了却不愿意参与了。明明会帮忙收拾碗筷的，孩子却赖在沙发上摆弄自己的小玩具；明明学会择菜了，可当妈妈一遍两遍地叫他来帮忙时，孩子嘴上答应着，却依然还在客厅里自顾自地玩耍。

这种围绕"孩子是否从小做家务"的情况是现今独生子女家庭中最为常见的现象。其实，对于幼儿园孩子来说，1岁半至4岁，正是孩子发展自理能力的阶段，如果在此阶段，孩子的自理能力能得到充分发展，他的自主性就会有所提高，而且有助于孩子逐步建立自信的人格；如果父母没有把握孩子认识自己、肯定自己的这个阶段，孩子没有建立良好的生活自理能力，就会对自己的能力产生怀疑，认为自己做什么都做不好，所以大人才不让自己参与家务；或者由于父母的宠爱，孩子疏于动手参与家庭事务，他就会逐渐产生强烈的不自信，对大人充满依赖，在今后的人格发展上也会出现一些问题。

所以，我们不要小看家务劳动对孩子的影响，不要以为扫地、擦桌子、丢垃圾这些琐碎的家务事仅仅是让孩子动动手、迈迈腿而已。我们要清醒地看到，**让孩子做家务是帮助孩子健康成长的最好机会，不仅可以增加孩子的做事能力，更能够培养孩子的责任心，对孩子的一生意义重**

大。如果孩子从小就养成了良好习惯，就会逐渐感受到做家务的乐趣，体会到"我是小主人"的责任感，渐渐地爱上劳动，爱上整洁、有序、自立的生活。

"做家务"对于孩子而言，不仅是帮大人做事，也不仅是做一些大人所想的家务范畴中的杂事，更重要的是，做家务是和孩子的生活处理能力紧密结合的，为了让孩子更安全、顺利地学习如何帮助父母做家务，我们可以依照孩子的年龄，试着让他做一些力所能及的事。

"力所能及的事"就是孩子在适当的年龄做适当的事。孩子并不是所有的时候都那么笨手笨脚、总给大人添乱的。有很多事情，他们完全可以胜任，就看我们当"司令"的会不会安排。比如，我们让2岁的孩子洗碗，摔破一个盘子两个碗，这是必然的结果。但是我们完全可以让孩子帮忙摆筷子、放桌垫、拉椅子。这样恰当的家务能够让孩子每次都可以完成得非常棒，这样父母也开心，孩子也有成就感。

对于2~3岁的孩子，我们可以让孩子练习清洗自己用过的碗筷、杯盘；在大人做家务的时候给孩子也提供小抹布、小扫帚，让孩子在限定的空间范围里擦小桌、扫地、擦地板；帮父母把同款、同色的衣服叠好堆放。3岁的孩子一般已经进入了幼儿园，通过幼儿园的集体生活已经掌握了一定的自理技巧，自理能力也有所增强。回到家中，父母也要尽量让孩子多动手，让孩子的各种生活习惯与幼儿园的生活秩序保持一致，在家也可以让孩子自己洗脸刷牙、晾放毛巾、清理餐后区域等。

对于幼儿园时期的孩子而言，父母不要仅仅关注于孩子劳动得怎样，而是要着重培养孩子的劳动习惯，锻炼孩子的自理能力，培养孩子的独立性。让孩子通过双手感受到自己的劳动可以带来一些成果，能够改变家里原来的面貌，让他感到，自己是一个有用的人，感受到劳动给自己带来的快乐和满足感。让孩子在劳动中不断接触到新东西、不断积累一些解决问题的新办法，这对孩子的智力发展也有帮助。

方法三：即使孩子干家务"帮倒忙"，也要保护孩子的积极性

家里的自行车坏了，爸爸正在修理，5岁半的儿子就站在旁边看。他看爸爸熟练地运用扳手把螺丝拧下来，把零件拆下来，就感觉很有意思。

于是，他就说："爸爸，也让我拧个螺丝吧！"

爸爸说："去，一边玩去吧，别在这里捣乱了！"

儿子并没有离开，他还是想亲手操作一下。于是，他又说："爸爸，我想拆那个零件。"

这时，爸爸有点着急了："你这孩子，再捣乱我就打你了！"说着，还举了举巴掌。

儿子很知趣，不再看了，一个人上楼去了……

很多父母把孩子想要做事的行为看成是"添乱""凑热闹""搞破坏""捣乱"等，于是就会阻止孩子去做他想做的事情。其实，这是对孩子的一种误解，孩子想做饭、想修理、想做家务等都是他在社会活动敏感期的特殊表现。如果父母不让他去做，那他这种好奇心或愿望很快就会消失，那孩子的自理能力也会很难培养起来。

一位初中生的妈妈就曾这样抱怨："我儿子都上初二了，可什么家务都不会做，连袜子都不会洗。以后他住校了，我真担心他是否能打理好自己的生活。"其实，这是父母在孩子小的时候不满足孩子想做事的愿望的结果。

很多父母都口口声声地说为了孩子好，不让孩子做他力所能及的事，就连孩子要尝试的心都会被父母给很好地"保护"起来。结果若干年后，当父母感慨自己的孩子不懂事，不懂得帮父母分担家务，什么事情也不会做的时候，是否能反省一下自己呢？是谁"造就"了这些"无能"的孩子，难道不是父母自己吗？

多多5岁时的一天，突然对倒垃圾产生了浓厚的兴趣，每天早晨上幼儿园的时候，她就背着书包，提着垃圾去倒。妈妈为了支持她参加家务劳动的兴趣，培养她倒垃圾的责任感，对她倒垃圾的事情给予充分肯定，并予以表扬，说她勤快、能干。这样，就激发了多多主动倒垃圾的自豪感，慢慢地形成了习惯，并最终把这项劳动看成自己的一种责任。

现在，多多已经7岁了，每天依旧提着垃圾下楼，非常开心……

不过，多多的妈妈却是很有智慧的，她知道保护孩子劳动的积极性，并运用肯定、鼓励与表扬的方式，让孩子增强做事的主动性，最终使她养成了一种好习惯，也培养了她的责任感。这种方式是值得父母学习的。

每一位父母都应该特别留心孩子做事的积极性，一旦发现他有想做事的想法，就一定要让他去做，甚至是创造机会让他做。孩子之所以想做事，就是因为他有好奇心，有探索的欲望，如果父母以各种理由拒绝孩子，不但会伤害孩子的自尊心，还会扼杀孩子的好奇心和探索心。这样，孩子学习和成长的主要动力——好奇心就会消失，那孩子的学习和成长就会受到很大影响。所以，父母一定要给孩子做事的机会，给他足够的自由，这样孩子才能健康成长，才能具备强大的成长力量。

当然，并不是孩子想做事他就一定能做好，很多时候，孩子只是在探索，而只要有探索就会有失败。比如，开始的时候，他连基本的家务可能也做不好。初次切菜的时候，可能真的会切着手等。对孩子来说，这可能就是一种挫败。这时，就需要父母及时鼓励孩子，不要让孩子轻易放弃，并给孩子示范正确的做法。

4～5岁的孩子勇于尝试，愿意参与，渴望帮助他人并得到肯定。但由于生活经验和实际能力不足，常常"好心"办了"坏事"。当孩子仰着小脸，扑闪着清澈明亮的大眼睛，兴致勃勃地恳求妈妈："妈妈，我来帮帮你吧？"究竟是不耐烦地拒绝他还是接受他的帮忙，同时鼓励他，帮助他，让"帮倒忙"的小捣蛋变成"帮到忙"的小帮手？

为了孩子能够健康地"长大成人"，能够在幼儿园里更好地照顾自己，我们要懂得放弃完美的标准，以宽容的心态对待孩子的"劳动成果"。孩子毕竟年龄还小，得到父母帮忙做家务的许可后会感到很兴奋，却由于自身的动作发展水平不够好，经验也有限，所以难免会出错，出现"帮倒忙"的情况，我们不妨事先预料一下孩子可能会出现的各种后果，提前做出预防，尽可能不剥夺孩子做家务的权力，又不让大人收拾残局时太劳累。

6 自己的问题要自己解决

果果上幼儿园了，适应的非常快。吃饭能自己吃，上厕所大小便都能自己解决，午睡会自己脱衣服，起床会自己穿戴整齐。因此果果的幼儿园生活很顺利，爸爸妈妈都对她很放心。可是邻居小美情况就不太理想了。小美吃饭需要人喂，上厕所需要老师帮忙，而且她一般会憋着不告诉老师，好几次都尿了裤子。中午睡觉老师不拍着她她就睡不着。老师找小美家长谈过，让家长培养培养小美自理生活的能力，爷爷奶奶对此并不是很在意。可是，小美因为自己在幼儿园总是做不好事情变得越来越不喜欢去幼儿园了。

我们身边，小美这样的孩子并不少。因为自理能力不强适应幼儿园的生活就会比较慢，无形中就拉长了孩子适应幼儿园的时间。因为实施计划生育，大多数家庭都是独生子女，家长对其不免百般溺爱，孩子的一切都由家长包办，因此，在这些孩子的字典里并没有"自己的事情自己做"这样的话，从而使他们形成了严重的期待与依赖的心理状态。

在这一方面，不少家长也疏于管教，或长期将孩子托付给家里的长辈，如爷爷奶奶代管，爷爷奶奶对孙子孙女更是含在嘴里怕化，捧在手心怕摔，甚至楼梯也不让自己下。由于孩子的年龄小，在自理时往往不懂程序与方法，遇到实际困难，家长不是教会孩子，而是去代替孩子做。由于缺乏正确的教导，孩子并没有掌握自理的方法与技能，最终导致孩子不会自理，并产

生了任务上依赖的心理。除了任务上的依赖心理，更多孩子还会表现出情感上的依赖。所谓情感上的依赖，是指孩子渴望其他人对自己表示友好的情感，倘若别人对自己十分友善，他们就会变得非常快乐，相反，则会沮丧颓废到极点。

许多家长认为，自己的孩子年龄还小，不具备解决问题的能力。即使孩子已经具备了做事的能力，能够自己穿脱衣服、自己大小便了，可是父母们生怕孩子自己穿衣服穿得慢会着凉，担心孩子自己大小便会弄脏裤子、擦不干净屁股，就一味地包办代替。这样一次次剥夺了孩子单独行动的权利，就会造成孩子独立解决问题的能力逐渐退化。不仅遇到问题不会处理，还会怕事，有事就依赖父母。没有独立精神、不能依靠自己的能力独立解决问题的孩子是无法独立生活的。

有句话说得好，"授人以鱼不如授之以渔"，孩子将来面临的是一个需要自己走路的社会，作为孩子的第一任老师，父母更应该教给孩子将来如何在社会立足的能力和技巧。不要认为孩子小，等他大一点儿再教也不迟。其实，再小的孩子也会运用一些策略和办法来解决问题。如果我们忽视了从小培养孩子独立解决事情的能力，在孩子不需要帮助的时候擅自帮助或者替孩子做决定，就会使孩子失去锻炼机会而能力退化，到孩子大一点儿的时候就会出现懦弱、遇到问题束手无策的境况。所以，要让孩子从小就有足够的机会体验到独立解决问题的成就感和乐趣。

有生来外向、适应性强的孩子，相反的自然也有那种适应性很差、内向的孩子。这样的孩子通常从小就害怕与陌生人打交道，对新环境有着恐慌的心理，也不愿意多接触其他人。在这种情况下，家长需要及时做出调整，应利用更多的时间、环境与耐心，来改变孩子对陌生环境不适应的感觉，锻炼他的适应能力，慢慢地学会接受一切陌生的事物。这个过程并不是轻松的，然而家长一定要坚持做下去。

那么，我们如何做才能培养孩子独立解决问题的能力，才能让孩子养成自己解决问题的习惯呢？

方法一：家长要弱势一点，适当放手

为了帮助孩子摆脱严重的依赖心理，提高孩子的自理能力，家长首先要学会在孩子面前表现得"弱势"一些。孩子之所以依赖性强，其原因有很多，比如家长过度溺爱等，然而最主要的原因，仍在于某些家长过于"强势"。家长应该清楚，孩子的能力很不全面，所以应该为他们制造一些锻炼和发展的机会。倘若家长什么都为孩子包办下来了，什么都给他想好了，那么他还有什么脑筋要动，还有什么能做？因此，**即使家长的能力十分全面，也不要在孩子面前表现得过于"强势"，切不可事事都替孩子包办，事事都为孩子着想。有时家长假装"弱"一点、"笨"一点，反而会激发孩子的潜能，培养孩子的自理能力。**

心理学家大卫·伍德曾经说过，家长应当充当孩子们的"脚手架"，为孩子解决问题提供一个框架，然后鼓励孩子自己动脑筋、想办法。这样不仅可以使孩子在父母所期望的规范内安全而顺利地处理问题，还能使孩子在自己解决问题的过程中始终保持动力和信心，因为孩子知道，父母的"脚手架"会保护自己不出意外。

当孩子的身心发展达到一定水平，已经具备了自己解决问题的生理和心理条件时，我们可以在日常生活中放手让孩子独立做自己的事。比如，可以关好门窗，保证室内温度不会造成孩子感冒，把孩子的衣服从衣柜中取出来放到床边，我们的"脚手架"就搭建完成了，可以放心地让孩子自己穿衣服了。也许孩子会把扣子扣得乱七八糟，但是没有关系，因为他会很快从中汲取经验，即使孩子出错了，甚至惹出许多不必要的麻烦，没有关系，我们不要包办代替，可以暗中给孩子一些帮助，并对孩子完成这项任务表示赞赏和鼓励。

为了培养孩子的自理能力，家长会有意识地让他们自己去解决一些难题。然而，对于这些事情，倘若孩子解决得不尽如人意，家长就会严厉地追究孩子的"责任"。事实上，这种做法是不正确的。幼小的孩子尚未具备自信心，如果经常用这种方式来"训练"他，反而会让孩子丧失信心，依赖心会变得更强。正确的办法是，**在孩子独立做事的时候，家长应适当地提示一下或帮一下忙，促使孩子形成"我是一个在任何事情上都可以做得很好的乖孩子"的观念**。这样，面对一些难题，孩子就会十分自然地独自去解决，并且在这个过程中学会对自己负责。

方法二：培养孩子的独立意识和能力

4岁的闹闹爱哭爱告状，谁和她吵架了，谁抢了她的玩具，她都会哭着拉着父母去当"裁判"，让父母去教育和她吵架的孩子，让父母出面帮她把玩具拿回来。在和小伙伴玩耍的时候，她遇到问题从来都不会自己处理，在家里就依赖父母去解决，在幼儿园就不断地向老师告状。

有一次，妈妈同事的女儿来家里做客，闹闹本来对这个姐姐挺喜欢的，拉着姐姐的手乐呵呵的。可不一会儿，闹闹就跑到厨房向妈妈告状了："姐姐真坏，抢了我的遥控器，那是我们家的！"原来，两个孩子一个想看《朵拉历险记》，一个想看《天线孩子》，两人为了看电视产生了纠纷。

妈妈联想到闹闹一直以来爱告状的问题，这一次故意不出面帮女儿解决，于是对闹闹说："你去跟姐姐商量一下，想想看，平时爸爸妈妈想看不同的电视节目时，是怎么做的呢？"

闹闹歪着头想了想说："爸爸就让妈妈看。"

妈妈接着说："对啊，你为什么不让客人看呢？今天小姐姐生气了，有什么办法能和她和好呢？"

闹闹大声地回答："我向她道歉，下次她来我家，我再也不和她抢了。"

在国外，许多家庭会让孩子在假期出去打工，体验生活的艰辛。到了一定的年龄，父母就让孩子独立生活。通过这样的实践锻炼，国外的孩子普遍独立性强、自立而自信。而中国的家长则普遍缺乏这方面的意识。

要想让我们的孩子具备自己独立解决问题的能力，我们应该放手让孩子独立分析、解决自己遇到的问题，依靠自己的能力处理纠纷。

3~6岁的孩子虽然有了自我意识，有了初步的独立意识，但由于他们经验有限，是非辨别能力和实际处事能力较弱。为了解决问题，他们最常用的办法就是"告状"，目的是向大人求助，希望借助大人的力量帮自己解决问题。闹闹妈妈虽然之前对闹闹的各种问题过于包办，但在认识到问题的严重性后及时转换了思想，正确而有效地引导孩子顺利地解决与小姐姐的纠纷。虽然这些都是小事，但通过这些小事的处理，孩子才会渐渐成熟。所以，我们要尝试压抑自己保护孩子的护犊之心，引导孩子独立思考、勇于实践，逐渐培养孩子的独立意识和能力。

年幼的孩子在做事情的时候难免会出现失误，因此，孩子们特别需要在失误之后有一个自我反省和觉悟的机会。这不仅可以帮助他们学习事情的规律和操作方法，同时还能让他们提高生活的自理能力。 然而，现在很多家长总是过分保护自己的孩子，这其实等于将孩子自我反省的机会剥夺了。情况严重的话，还会影响孩子"自律性"的形成。因此，对于一些孩子想做的事，家长应该放手让其独立去做，并且还要为孩子制造犯各种错误的机会。通过这一过程，孩子便能学会怎样做才不再犯类似的错误，慢慢变得懂事起来。

方法三：利用游戏培养孩子处理问题的能力

美国心理学家的研究成果表明，孩子是否能成功解决问题，更多地取决于他们的经历而非聪明程度。所以，我们要想提高孩子解决问题的能力，不能仅限于纸上谈兵，只有通过实践和体验才能逐步提高孩子的能力。

我们可以有意识地为孩子创设独立解决问题的机会和条件，比如有意地晚一点儿到幼儿园接孩子，看看孩子会有什么表现；孩子想约伙伴玩，我们把约会的电话交给孩子来打。给孩子足够的机会和信心，让孩子大胆尝试，渐渐地，我们会发现，孩子更懂事、更让自己放心了。

进行游戏活动，这既是孩子认知、个性、情绪、社会交往能力等发展的途径和手段，更是孩子发展的真实写照。在玩游戏的过程中，孩子既可以操作各种材料，又能和其他小朋友交往，同时还能使身心各方面得到充分的发展，如动作、言语、思维、想象、情感等。家长在实践中要发挥游戏的教育功能，比如在孩子玩洋娃娃的过程中，教孩子给洋娃娃穿衣服，从而达到辅助教育孩子自己穿衣服的方法。同时家长还要综合运用多种活动，引导孩子在活动中主动地去感知、操作、探索和发展。

由于能力有限，孩子们解决问题的方式、方法也许并不合乎我们的想法，但我们要相信孩子的能力，并且欣赏他的努力，用赞赏的眼光看待孩子独立解决问题的过程。一个欣赏的眼神或是一个鼓励的举动，都能给予孩子无穷的力量，增强孩子的信心。孩子就会更加积极地解决遇到的问题。

我们不能给予孩子未来的一切，但如果我们培养了孩子独立解决问题的习惯，使孩子在实际生活中具备了解决问题的能力时，就等于给予了孩子未来的一切。

7 养成良好的睡眠习惯

"睡得多、长得高"这话没错，因为孩子的脑垂体在睡眠时分泌了更多的生长激素。良好的、高质量的睡眠不仅仅可以缓解疲劳，而且能够促进孩子的生长发育。也就是说，保证孩子有充足的睡眠时间是保证孩子神经发育和机体健康的重要条件。

孩子的睡眠往往比大人更多、更沉，这是因为睡眠是大脑皮层的保护性抑制过程，孩子的好奇心强，认为周围发生的一切都是新鲜有趣的，这些孩子清醒状态下接受的各种外界刺激使孩子的神经细胞易于疲劳。为了补偿细胞的耗损，孩子就会采取保护性措施而进入长时间的深深的睡眠。

豆豆一到晚上睡觉的时候，就想方设法不上床。他常常会在妈妈提醒他睡觉的时候借口收拾玩具，眼睛却盯着电视；要么就赖在床上要求妈妈讲故事，故事一个接一个地听，妈妈讲得口干舌燥，他还要求再讲一个。哪怕他躺到床上之后什么都不让他玩了，任何玩具也不给他，他也会在床上依依呀呀欢快地唱歌，要么躺在床上不断地提要求，喝水、小便、要妈妈捏捏自己的背、怕黑要求开夜灯睡、央求妈妈关上对面卧室的房门、请求妈妈拥抱自己、等爸爸来亲吻自己的脸蛋……总之，他就是不睡。

有时，爸爸妈妈还有许多家务要做，豆豆一点儿都不体谅大人的辛苦，依然我行我素，爸爸妈妈没有及时满足他的要求，他还会开始哭闹，有几次，妈妈实在困得不行了，动手拍了豆豆的小屁股，他才入睡。而妈妈却后悔不已，辗转难眠了。

孩子的这些睡眠问题常常弄得年轻的父母筋疲力尽，因为睡眠问题而引发的感冒发烧、咳嗽咽痛也时常困扰着父母。事实上，很多孩子的睡眠问题是睡眠习惯不好引起的。

良好的睡眠习惯包括按时睡觉、独立入睡、入睡快等，这些习惯需要从婴儿阶段就开始培养，使孩子每天到了睡觉时间，大脑皮层就很快产生抑制而进入睡眠状态。

方法一：让孩子养成早睡早起的好习惯

欣欣从小由妈妈亲自带，妈妈的生活属于晚睡晚起的类型，慢慢地，欣欣的生物钟和妈妈一样了，越到晚上越精神。可是欣欣马上要上幼儿园了，这种作息方式必须要改变了。欣欣妈妈开始研究怎样让欣欣早睡早起。

其实，孩子通常都比较敏感，无论是对身边的人还是身边的事物，都会产生强烈的反应。所以，家长们的生活习惯与行为举止，都会对孩子造成影响。有少数妈妈在怀孕之前喜欢打牌、上网、与朋友们聚会，过种种内容丰富的夜生活，抑或是由于工作上面的原因而必须加班甚至熬夜等，这些行为在无形之中都会对孩子造成影响。此外，妈妈的孕期生活，也会对孩子之后的睡眠质量产生影响。不久前有医学研究就发现，倘若妈妈在孕期生活中保持早睡的习惯，那么生下来的孩子也会有早睡的生活习惯。而晚睡型的孕妇所生出来的孩子，则会有晚睡的习惯。

孩子兴奋过度，白天经历了什么比较兴奋的事情，从而导致孩子出现过度兴奋的状况，这也会使得孩子不睡觉。此外，还有分离焦虑，尤其以2～3岁的孩子最为严重，很怕和家长分开，怕见生人，对外界十分警惕，这一情况也会使孩子变成小夜猫。

让孩子不变成小夜猫的方法有很多种，而并非千篇一律的。只要你是一个会观察又会关心孩子的家长，那么即便孩子有成千上万种原因，你也可以手到擒来，迎刃而解。

对于孩子的生物钟，家长应正确加以调整，切记不要让孩子在白天睡觉过多。将孩子晚上的就寝时间固定，时间一长，孩子便会养成习惯。然而，孩子的睡前模式也是需要花时间去建立和培养的，不可能在一两天之内就让孩子养成习惯，因此家长一定要有耐心。一旦发现孩子产生了睡意，那么在这个时候，家长应及时将孩子放回床上，让孩子自己入睡。倘若家长每次都抱着孩子或是摇着孩子入睡，久而久之，他便会养成习惯，每当晚上醒来时，都会要求家长抱着或摇着入睡。

对于自己的生活习惯，家长也应该进行调整，坚持早睡早起，保证自己有充分的睡眠时间，中午的时候最好也有1个小时的午休。

方法二：给孩子营造安静的睡眠环境

在平时的生活中，家长应保持孩子睡觉的卧室内空气新鲜、温度适中，不可过热或过冷。被褥必须根据室内温度及时进行更换，不要太厚，以致压着孩子，也不能太薄而冻着孩子。尽量避免周围产生嘈杂的声音。睡觉的时候，最好不要开着灯，并注意不要让孩子的手压在胸前。

保持卧室安静、光线柔和、空气新鲜，这样的环境能使孩子感受到睡眠必需的安全感，容易产生睡意。如果家里有这样爱笑爱闹、精力充沛的孩子，全家人要自动关闭电视并且停止大人的一些动静比较大的活动，比如打牌、搓麻将、高声谈笑等。并且尽量关掉所有大灯，如果需要，也只能留一盏微弱的照明灯。

父母要注意调节孩子的活动水平，不要在睡前和孩子玩过度兴奋的游戏，或是给孩子讲惊险可怕的故事，或是让孩子饮用含有刺激性、提神醒脑的饮料。可以在白天增加孩子的运动量，使孩子感到疲劳，有利于晚上的睡眠。

对于已经养成的不良睡眠习惯，要尽早纠正。比如，孩子喜欢带着玩具上床，父母可以告诉孩子玩具脏了，上面有眼睛看不见的细菌，所以玩具需要洗澡。由此慢慢地增加孩子不带玩具上床的次数，时间一长，孩子就会戒掉这个习惯。有的父母采用强硬的态度，不许孩子带玩具，硬生生地把孩子紧紧搂抱在怀里的玩具拉出来，丢出卧室，这会让孩子感到十分恐惧，更加害怕一个人睡觉了。

孩子不愿睡觉不外乎是没玩够或是害怕黑、怕孤独。**我们不妨在孩子临睡前多陪陪他，轻轻抚摩孩子的头发、手臂、身体，让孩子感觉到来自父母的温度，感受到关爱，增加孩子心里的安全感。每天在固定的时间洗漱、上床，然后对孩子进行睡前爱抚，渐渐缩短抚摸时间，使孩子逐步过渡到自己入睡。**

方法三：午睡了，孩子要乖乖睡觉

在幼儿园，午睡是个大问题。大部分幼儿园的午睡时间都在两个小时以上，这一过程也是老师们深感疲累的一段时间：临睡前敦促所有的小朋友去厕所、脱衣服、盖被子；之后要防着小朋友哄闹、说话、跌下床；有小朋友睡醒了要帮着穿衣服、叠被子、梳小辫，还要防着他们笑闹追跑，吵醒别人……老师的辛苦自不必说，而从孩子这面来说，"睡不着也要睡"并不是一件好玩的事，"睡不着就是犯错误"更会让孩子对幼儿园产生抵触情绪。

老师们多希望午睡时间一到，孩子们都乖乖睡觉，可是现实情况是，该午睡了，孩子们并不能很快的入睡。身为妈妈，首先就要了解孩子干吗不想睡午觉，然后去与老师沟通，想办法为孩子解决这一问题。

孩子们不能入睡的情况有很多种，我们一一来分析应该怎样解决，找到最佳的解决方法。

情景一：

越越原来的午睡习惯很好，新学期开学两个月之后，刚分来不久的大学生老师，反映他在下午的课上哈欠连天，"自己睡不着，还打扰周围的人！是不是当了小组长，反而骄傲了，不好好午睡？"越越妈妈觉得很奇怪，儿子双休日在家午睡，睡得很实，怎么会在幼儿园睡不着呢？回家问起越越，越越的回答让人啼笑皆非："我哪有工夫睡？我是小组长，得管着周围的小朋友！老师让各个小组比赛，看哪一组睡得快，可以插一面小红旗！"

解决方法：妈妈一定要与老师好好沟通，可以婉转建议老师在午睡时间的开头和结尾开展比赛，开头看谁脱衣服脱得快、盖被子盖得严；起床时看谁能自己穿衣穿鞋、梳头发、叠被子；老师可以表扬表现好的小朋友，给他们插红旗；至于谁睡得快，这是不适合比赛的，因为比赛会让孩子情绪亢奋，反而睡不着。越越妈妈把这个情况反映给了老师，老师纠正了自己的比赛内容，越越又能很好地午睡了。

情景二：

果果的午睡表现一向不太好，至今没有因此得到一枚小红花，问起老师，老师说果果倒没有私下讲话、跟其他小朋友做鬼脸、哄闹等行为，但入睡很慢，该醒时又怎么都叫不醒，这样的小孩还不止果果一个，有一次，大部分小朋友都穿戴整齐要出去活动了，果果他们几个还没醒透，非常不愿意起床。回家问他，果果说"肚子不舒服睡不着"，去医院检查，又没有任何毛病；果果妈妈仔细看了幼儿园的时间表，发现孩子们11：30开饭，12点就是午睡时间，也就是说，一放下饭碗，孩子就上了小床，这对消化力稍弱的孩子来说，难入睡就成了普遍问题。

解决方法：果果妈妈联合其他家长，一同去与幼儿园方面沟通，争取对孩子的作息时间做一个微调——孩子在12点吃完午饭，最好由老师带着孩子到操场上走一走，一来稍稍消化一下食物，二来也通过散步这种方式让孩子充分地放松下来，做好午睡的准备。一开始，老师觉得这是增加了她们的工作量，但实践下来发现，区区15分钟或20分钟的散步，不但让师生关系更亲切和谐，对孩子的身心发展也大有好处——事实上，孩子睡得好身体好，最终也减轻了老师的工作量。

方法四：孩子晚上老做噩梦，父母要帮助孩子减压

孩子刚上幼儿园的时候，很多孩子都有半夜哭喊着醒来的现象。很多家长对此很忧虑，担心幼儿园会给孩子带来太多的心理压力。要让孩子健康成长，妈妈们就要帮助孩子解决这个问题。

孩子之所以出现经常做噩梦的情况，很明显与日常的生活有着极为重要的关系。倘若孩子经常在晚上睡不安稳，这不仅会对孩子的睡眠产生恶劣的影响，同时也会极大地影响到家长的睡眠质量。

孩子刚上幼儿园，面对全新的环境和同学，没有家长陪着，孩子肯定会感觉很孤单，觉得自己要面对的新鲜事物太多，往往会不知所措。这无形中给孩子增添了很大的心理压力。

还有一种情况，孩子在白天与其他小伙伴玩得十分开心，活动量太大，导致身体极度疲劳，晚上也休息得不是很好，这也是造成孩子总是做噩梦的原因。

还有一些家长，为了省时省力，总是在晚上给孩子喂很多的食物，生怕

夜晚太长了，孩子会饿着，从而影响到生长发育。晚上吃得太多，胃蠕动又比较慢，加之孩子的身体器官比较柔嫩，这样他就会表现得很不舒服，并导致其晚上做噩梦。

不良的睡眠环境也会导致孩子晚上做噩梦。因为孩子大脑神经的发育还不健全，所以他对噪声、光线、震动等都非常敏感，即便是一点声响，也有可能将他惊醒。有时候被褥过于厚重，也会影响他的睡眠。孩子不知道如何表达，于是便以噩梦的形式发泄。

我们成年人被噩梦困扰都会很烦躁，休息不好，何况孩子呢？父母们要帮助孩子走出噩梦的困扰，还给孩子一个香甜的睡眠。对此，家长应该具体问题具体分析，将孩子做噩梦的原因分析出来，接着再进行正确的引导。

避免孩子做噩梦的关键，就是将引起噩梦的因素消除掉。事实上，无论孩子是不是已经出现了经常做噩梦的情况，家长白天，特别是睡觉之前，切不可给孩子讲那些鬼神故事，也不要看那些有打杀镜头的电视、电影，更不可说一些恐吓孩子的话，这样即便不会让孩子做噩梦，也会对其心灵产生伤害。

还有一个注意事项，就是孩子在睡觉前的两个小时，家长不要与他玩得太兴奋，倘若中枢皮层处在兴奋状态，当孩子睡着之后，就会以梦的形式呈现出来。不要让孩子在晚餐时吃得过饱，也不要暴饮暴食。与其他小伙伴打架，或者是看到父母之间争吵、打架，这些对孩子的心理都会造成一定的影响，我们都要尽可能避免。

倘若孩子晚上做噩梦而大哭不止，或孩子从睡梦中突然惊醒，面露痛苦的表情，或爬起来坐在那里的同时还伴有呼吸急促甚至出汗的情况，家长这时千万不要叫醒他，只需用温毛巾擦其脸部，抑或抱抱、拍拍孩子，这样他就可以立即止住哭声了，一般几分钟后，孩子就会自然入睡了，醒后则什么也不会记得。

对于一个孩子来说，安全感是最重要的依赖，就如同妈妈的怀抱一般，无论到哪里都不会怕。**家长无须在半夜急着问孩子心里在怕什么,这时最好的办法就是立即给予他们安全感,把灯打开,使孩子消除恐惧感。家长也无须向孩子解释什么,只需说清楚做梦不是真的,根本不具有危险性,从而让孩子的心情逐渐平静下来。**第二天,家长再与孩子好好谈一下,了解其恐惧的到底是什么,然后想办法减轻其心理的压力。

第四章

我喜欢上幼儿园,幼儿园里朋友多

1 父母对孩子社交的关注能让孩子少走很多弯路

孩子6岁之前是人生智力发展的最佳时期,也是优良性格品质养成的时期,抓住这一时期对孩子进行教育,可以达到事半功倍的效果。如果错过了这个时期,长期让孩子处于小范围环境中,再加上家人的迁就、纵容、不与他人交往,就会造成孩子性格上的缺憾,对孩子的一生都有不良的影响。

现实的情况往往是这样的:孩子们在家庭中长期备受呵护,处于一个没人与他竞争的环境当中。很多父母忙于工作,不少孩子大部分时间都是由老人照顾。老人们对孩子每天宠着捧着。也不带孩子和别的小朋友玩,怕摔着磕着,这直接导致了孩子与人交往的能力越来越弱,只会和亲人相处。和自己亲人在一起的时候,有说有笑;见到外人,要么紧张局促、胆小怯懦,要么霸道自私、咄咄逼人。不少父母已经意识到,孩子在社交方面出现了问题:不能自己独立玩耍,一定要家人陪伴;无法适应陌生的环境;见到生人极为紧张、恐惧。这样的状况让父母极为担忧。

对于和小朋友们交往很少的孩子来说,在他们和别的孩子交朋友的过程中,父母的帮助对他们是至关重要的。这个时候,父母不能袖手旁观,要用自己的人生经验,给孩子最实际的帮助和指导。

方法一:对不知所措的孩子,父母要参与其中

我们平时经常可以看到类似这样的场景:闹闹看见同一小区的军军,于是高兴地跑过去,朝军军的脑袋上拍了一下,结果军军转头哇哇大哭,而原

本笑嘻嘻的闹闹也突然呆立在那里,不知所措。孩子分明是开心地和朋友打招呼,怎么会搞得大家都难过呢?这是因为,许多孩子不懂得如何用语言、表情或体态去交朋友,一片好心却因为不当的方式使他不容易被对方接受,甚至有时还会产生矛盾冲突。如果父母不及时教授给孩子一些交往技能,类似闹闹这种暴力的交往方式,会让其他小朋友不喜欢甚至孤立他。所以,父母平时可以多教孩子一些实用的交往技能:培养孩子学会使用礼貌用语,如你好、谢谢等;教孩子使用商量的语气,比如,希望和小朋友交换玩具时,要询问"可不可以";如果不小心、无意地伤害了对方,要主动说"对不起"。还可以让孩子自己选择,带上玩具或书籍和其他小朋友交换,让孩子体验到分享的快乐,增进孩子们之间的感情,拉近彼此的心理距离,在孩子之间建立良好的交往秩序。

父母可以教孩子一些适合儿童玩的游戏,并且指导孩子一些玩的窍门,让孩子在游戏中成为焦点,不仅会吸引周围的孩子参加,还会培养自己孩子的自信。

不少父母认为,孩子见到同龄的孩子,自然会找到自己的朋友,有时候还会追着比自己大的孩子玩。其实这是父母们常犯的一个错误。心理学家托马斯·伯恩特指出:"一个孩子只有经常和朋友们在一起,才能增进友谊。因此,父母要为孩子的交友牵线搭桥。"父母要带孩子走出家门,到小区、公园、游乐场等孩子多的地方,主动引领孩子接触新朋友,不仅可以让他开阔视野,适应新环境,而且不同的场合也会给孩子带来更多的生活体验。

父母为孩子交朋友把把关,并不是说只为孩子找好的小孩,严格筛除"坏小孩"。孩子是无所谓"好坏"之分的,我们提出父母为孩子把关,主要是让孩子强化朋友意识,如果孩子已经有了小伙伴,可以对孩子说:"你有了自己的朋友,应该互相关心,互相帮助。"父母可以了解孩子的社交进度,适时与孩子讨论与朋友的交往情况,帮助孩子做出选择。如果一定要说"把关"的话,那也就是帮孩子选择能够合得来并且与自己的孩子优势互补的伙伴。这样有利于孩子们的优点在互动过程中强化、发展,缺点则会逐渐

被克服。

如果父母自身不会与人交往，在人际交往中被动、含羞，也会导致孩子出现交往障碍。父母平时可以积极参加社交活动，在孩子面前展现自己在与人交往当中快乐、阳光的一面，让孩子在耳濡目染中，对如何交朋友有一个感性认识。

除此之外，父母还要时刻注意自己的社交方式。比如见到邻居热情地打招呼，受到帮助友好地说"谢谢"等，这些都能让孩子在潜移默化中掌握一些基本的社交技能。

方法二：交换物品是孩子社交发展的过程

3岁半的儿子从幼儿园回来了，手里拿着几张贴纸，兴奋地对妈妈说："妈妈，你看，贴纸，好漂亮的！"

妈妈问道："哪来的？"

"换的！"儿子还是一脸的兴奋。

"换的？用什么换的？跟谁换的？"妈妈接着追问。

"用小汽车换的，跟我们班的小朋友换的。"儿子得意扬扬地说。

一听儿子这么说，妈妈才发现孩子的小汽车没有带回来，于是她就生气了："你太傻了，那个小汽车多贵啊，还是刚买的。这几张破贴纸值几个钱？"

儿子一听，兴奋劲儿全没了，委屈地哭了起来……

孩子乐于支配和交换物品，表明孩子正在拉开他人际关系的大幕，开始学着与人交往，说明孩子已经进入了人际关系敏感期。在最初的时候，孩子是通过给其他小朋友零食来换取人际关系的。但他很快就会发现，当零食吃完后，刚刚换来的人际关系就消失了。于是，他进一步总结发现，玩具能够赢得更多小朋友的喜爱。于是，他就开始送给小朋友玩具或与小朋友交换玩具，以此来赢得友谊。

但是，孩子之间的物品交换却常常是不等价交换。比如，一个孩子用一颗巧克力豆换走了另外一个孩子的电子玩具车，一个孩子用一个螺丝钉换走了另一个孩子的金箍棒……在成人看来，这些东西的价钱相差很大，就担心自己的孩子吃亏。其实，成人有自己的得失标准，实际上孩子是各取所需，他们通过交换而获得的东西成人可能看不到。实际上，孩子获得的远比失去的多。所以，作为父母，要尽可能保护好孩子们之间的这种交换关系，直到他顺利度过敏感期。

每天上幼儿园时，培培都要带好几个玩具。晚上回家时，妈妈就发现他的玩具有的已经"失踪"了，有的竟然变成了"新面孔"。妈妈知道，培培的玩具要么送人了，要么与别的小朋友交换了。

一天早上，培培决定带爸爸刚给他买的那套变形金刚玩具上幼儿园。妈妈感觉，变形金刚晚上可能就回不来了。果然，培培用它换了一盒水彩笔，而且还乐呵呵地说："妈妈，看，水彩笔，能画画的！"然后，他就用水彩笔认真地画了起来。

妈妈虽然没有说什么，但是还是有些担心，怕孩子在交换的过程中吃亏。

对孩子来说，他对物品的价值还没有什么概念。所以他也就不知道什么是吃亏，什么是占便宜。一位妈妈知道儿子跟人家换了东西，而且是拿贵的换来一个便宜的，她就告诉了丈夫："儿子会和小朋友交换东西了，是拿贵东西换便宜的啊！"丈夫一点也没有觉得儿子吃亏，反而骄傲地说："那说明我儿子长大了，懂得人际交往了。"如果父母都能像这位父亲一样，孩子的健康成长就有保障了。

4岁的壮壮正在跟同班的小朋友民民抢一个玩具。老师看到了，就走过去问："怎么了，壮壮？"壮壮说："他拿我的机器猫，不还给我。"民民争辩说："不是，是你跟我换的！"壮壮说："可你的卡片丢了啊！"

老师让民民把事情说明白。民民说："昨天我用5张卡片换了他的机器猫。"

壮壮很着急地说："可你的卡片丢了，我要我的机器猫。"

老师问壮壮："是谁把卡片弄丢的？"

壮壮说："我弄丢的！"

于是，老师就对壮壮说："你用机器猫已经和民民交换了，如果你想把机器猫要回来，就应该拿民民的5张卡片和他再交换。但是你的交换一定要征得民民的同意。"

壮壮低下头，不再争了，自己离开了……

当父母发现孩子做的是"不等价交换"时，不要责备孩子。如果父母因此而批评他，说他傻的话，就像第一个故事中的妈妈那样。那么，孩子就会认为自己真的很傻。

父母应该知道，孩子在与别人进行交换时，都会有自己的标准，但这种标准却不是成人眼中的那种"等价"标准。一位父亲看到自己的儿子用新买的文具盒换了一张手绘的贺卡时，并没有责备孩子，而是温和地问："这张贺卡是不是那个小朋友最喜欢的东西呀？"儿子自豪地说："是，我也最喜欢我的文具盒。"可见，儿子之所以拿文具盒与小朋友交换，就是因为两件东西对他们来说，都是自己最喜欢的。从这个角度来看，它们是"等价"的。孩子也会为这种交换感到自豪。所以，父母不要责备孩子，最好也不要干涉孩子的交换行为。

有时候，孩子与别的小朋友交换了东西后会感到后悔，于是就想再要回来。就像故事中的壮壮一样，他把交换来的东西弄丢了，就想把已经换出去的东西拿回来。所以，父母一定要引导孩子，交换后就不要再后悔。让孩子知道，已经交换出去的物品就属于人家了，以后再交换的时候要考虑好了，一旦交换了，就不要反悔。这样，孩子就会明白，通过交换，物品已经有了新的主人，他也就懂得了要遵守交换规则。

交换是孩子人际关系敏感期的重要标志，孩子不会交换反而不正常。所以，父母应该鼓励孩子的交换行为。要知道，交换或赠送，也是孩子人际交往和得到物品的方法。所以，父母在平时要给孩子一些玩具或食品，从而让孩子拥有交换或赠送的条件。

方法三：让孩子学会善解人意，从对方立场上思考

当孩子学会了善解人意，在与人交往中就会减少摩擦，消除怨恨，彼此加深了解，增进友谊。很多事情不需要计较得过于清楚，让孩子学会忍让，只有这样才有可能在遇到困难的时候得到别人的帮助，才有可能在遭遇险境的时候化险为夷。要知道，如果一个人什么事情都要别人让着他，处处得理不饶人，那么，大家必然都会疏远他。心理学家把善解人意分解为三个方面：有理解别人的愿望、有理解别人的能力、做出良性反应。善解人意作为一种优良的心理素质，在协调社会人际关系和家庭生活中起着举足轻重的作用。培养孩子善解人意的品格可从以下几方面入手：

父母对孩子进行教育时，要关心、爱护孩子，千万不要带污辱他的言语，不要当着别人的面去批评、讽刺他。要让孩子感到，父母是尊重他的。在自尊心的支配下，他会改掉坏毛病而健康成长的。

任何事物都是相对的，站在一个角度看是一种感觉，换一个角度感觉可能就会不相同。因此在人际交往中，要教导孩子不要片面地看问题，尤其不能只站在自己的角度看问题，而应调整好自己的参照点和观察点，多站在对方的立场上观察，以便形成良好的感觉和积极的心态，得出更全面的结论。

体态与环境信息、话语三者结合能显示某种含义。生活中要注意教给孩子一些这方面的知识，让他们学会审时度势，避免激发不必要的矛盾。以自我为中心的孩子在家庭生活中差不多都有以下特征：不关心父母和祖辈，不做或很少做家务劳动，喜欢独占好吃好玩的东西，并且总感到不满足而不断提出各种过高的要求，等等。针对这种情况，父母应明确告诉孩子：家中每个人的行为都应符合自己的身份，父母应关心孩子，孩子也应孝敬长辈。每个成员都是相互依存的，家里的事要大家做，好东西理应大家共同分享，不能一人独占。从小教育，逐渐养成习惯，孩子就会懂得与家人、客人分享好吃好玩的东西。

孩子的健康成长，需要父母的特别关注。**父母要做一个有心人，时刻细心观察孩子的喜怒哀乐、言行举止，再适时与孩子交流，由表及里地了解与掌握孩子的心理活动及他对周围发生事情的反应，耐心引导孩子从多角度读懂自己身边的每一个人：家人、老师、同学和朋友，从而建立起正确的是非观念，使孩子逐渐学会理解他人、体谅别人，感激曾伴随自己成长的所有人。**

2 帮助不合群的孩子适应集体生活

独生子女在家里没有伙伴，合作的机会很少，在小区里和同龄伙伴交往也基本在成年人的眼皮底下进行，稍微有一些有悖于大人价值观的行为或举动出现，就会在第一时间受到严厉遏制。孩子往往是通过成年人的指示和教育来建立自己对周围事物的判断，而不是依靠自己亲身体验得到的直接经验作为引导。这样的环境下养大的孩子，很难有合作意识，也不容易适应集体生活。

我们往往发现，从小就具备合作意识的孩子，能够更乐于助人，更享受团队合作游戏带来的种种乐趣，在成年之后也能够更快更好地融入团队当中，并且自觉地维护团队的整体利益。

培养孩子的合作精神绝不是一朝一夕就能成功的，需要我们精心、耐心地教育和情感感染。只要我们能够充分认识到培养孩子合作精神的重要性，在日常生活中加强对孩子进行合作意识的教育，随时向孩子进行合作精神的引导，就能够使孩子逐渐具备合作精神，在集体活动中运用合作行为发挥积极的作用。

要知道，父母的言行举止会通过日常生活中的一点一滴潜移默化地影响孩子，孩子就会以父母的行为为标准，会依照父母的做法和同伴进行交往。

为了让孩子得到正向的良性引导，父母就要努力为孩子树立一个良好的榜样。在生活中待人宽厚，对家庭成员、邻居、同事都要友善、礼貌、热情、平等、谦虚，并能互相帮助。

我们要让孩子看到，妈妈炒菜做饭忙得不可开交的时候，爸爸并没有不帮助妈妈，而是也在旁边帮忙洗菜、择菜；家里做卫生时，爸爸拖地，妈妈擦桌子，很快就能把家务做完；周末时，爸爸的同事需要加班，孩子没人照看，爸爸把同事的孩子接到家里来和自己玩。这些生动形象又直观的现实版"教材"能逐步移入孩子的精神世界，使孩子在与别人交往合作时，自觉地把父母的言行举止作为自己的榜样。

除此之外，父母还要注意在合作出现意见不统一的情况时，要积极协调，不互相指责。还要对身边发生的各种合作行为进行积极评价和鼓励，并且要对孩子表现出来的合作行为表示赞赏和鼓励，比如爸爸擦地板时，孩子主动收拾了散落在地上的玩具、书本，爸爸就要及时表示感谢，并且表扬孩子。这样才能激发孩子的合作意识。

有了有合作意识的父母的言传身教，再加上适当的指导，孩子就会具备合作意识，更快地适应集体生活。

方法一：让孩子欣赏别人的长处，感受到合作的好处

合作是把双方或多方的长处进行有效的整合，以达到优势最大化。当然，通过合作，也可以相互遏制各自的短处，尽量降低"短板效应"。一般而言，有效的合作过程就是互相利用各自优势和资源，弥补各自的不足，共同获得最大效益的过程。在这一过程中，对别人的接纳和欣赏是非常重要的。所以，只有相互认识到了对方的长处，欣赏对方的优点，才会具备合作的源动力和基础，才会进一步展开合作的具体实施过程。所以，父母要让孩子认识并欣赏别人的长处，从内心深处真正愿意接受别人的意见和建议。

父母不要耳提面命地教育孩子"谁谁谁很优秀，你要学习别人的长处"。

这样的说教不仅不能让孩子欣赏别人的长处,孩子还会因为父母拿自己的短处或劣势与对方的优点相比较而产生极强的敌对情绪。不仅达不到合作的目的,反而使孩子拒绝合作。所以,我们在引导孩子认识别人长处的时候,要注意自己的措辞和表情,要让孩子感觉到自己并不比别人差,只是现在努力得不够而已。

父母可以通过故事并结合自己的言行让孩子逐渐明白:我们每个人都各有所长,各有所短。一件优秀的品牌童装是由设计师、色彩师、儿童心理学家等多方面合作的结晶;而一本好看的童话书则是由作者、插画师、设计师等联合大家的智慧通力合作的结果。让孩子在父母的肯定与赞许中明白,善于互相利用彼此的长处的人才能达到共同的目标,携手走得更稳更远。

如果孩子总是一个人"独处",当然不会感受到人与人之间的互帮互助究竟有什么力量和神奇之处。不要片面地以为孩子离社会非常遥远,也不要认为孩子将来自然会走进社会,成为一个社会人之后就会明白合作的意义了。这些大人过度溺爱、包办的主观思想是严重影响孩子踏出与人交往第一步的障碍。

要想让孩子乐观、大方、宽容、自信,就必须让孩子到集体中去,在集体交往中发现合作给自己带来的种种意想不到的好处,逐渐增强各种优秀品质,积累更多的精神财富,在集体活动中自觉地意识到与他人真诚合作的必要性。

我们可以具体到让孩子参加足球、篮球的玩耍,让孩子体会到团队内部的协调与团队之间的对抗与竞争;还可以让几个家庭一起组织户外郊游,增加独生子女之间的交往,人为地创造积极有益的合作事件,比如一起野炊、烧烤、堆雪人等。

人的合作意识不是天生就有的,而是在合作的过程中逐渐萌发并得到强化的,而合作技能的高低直接影响合作的进展和结果。孩子年龄小,缺乏社会交往经验,孩子往往不知如何去合作,这就需要家长教给孩子合作的技能，指导孩子怎样去合作。

我们要让孩子明白，在合作中要尊重对方，服从大局，不能只想着自己，要充分顾及他人的需求和感受，适当的时候需要做一些让步和牺牲。但是，在合作的过程中也要有自己的立场，不能无限度地容忍或迁就对方，坚持自己正确的立场和为人正直的个性才能在同伴中获得尊重和信任，取得合作的成功。

方法二：孩子不合群，父母要帮孩子尽快适应集体

很多孩子被家长照顾得太好了，不经意间被剥夺了和小朋友们交往的机会。孩子不合群和家长有很大的关系。孩子上了幼儿园，如果还不合群，会让孩子更难适应幼儿园的生活。

要想培养孩子合群的性格，家长一定要主动对其进行教育，而不应在意识到孩子不合群之后才被动加以纠正。对待过于孤僻的孩子，家长一定要为其营造一些交往的环境，需要手把手地教他怎样和其他小伙伴进行交流，通过什么样的动作加入到活动中，不能因为孩子"不会"或"不懂"而放弃。

家长每天要抽出一定的时间亲近孩子，和他聊天、玩游戏什么的。每逢节假日，则要带着孩子去公园或者是去探望亲朋好友，积极为孩子创造与其他小朋友一起玩耍的机会。刚开始，家长最好是陪着孩子一起去玩游戏，等熟悉之后，便可以让他自己去玩了。每次玩完游戏后，家长都应积极夸奖孩子玩得好、玩得有趣，让孩子可以在玩游戏的过程中感受到其他小朋友的可爱及融入集体中的快乐。

倘若遇到节假日，还可以和孩子一起外出旅游，走向社会，与大自然亲近，这样不仅可以使孩子的见识得到增长，而且还有利于陶冶性情，也可以培养孩子多方面的兴趣，开阔孩子的胸襟。

鼓励孩子多去参加一些不同类型的体育活动，这样既可以使孩子身体方面的素质得到提高，而且还有利于培养孩子的兴趣，同时还能提高人与

人之间的交往能力。孩子一旦喜欢上体育运动，就会主动去寻找对手，这种寻找的过程，其实就是交际的过程。合适的对手，往往都会成为最好的朋友。

家长可以给孩子交代一些他一个人无法完成的任务，鼓励孩子主动与其他小朋友通力合作，或者是向家长求援来完成，这样就可以增加他与别人合作的机会了。家长要让孩子懂得个人的力量是非常微小的，对于某些事情，仅凭一己之力是绝对办不到的，而若大家一起干的话，就可以达成目标。

那些心理方面很健康的孩子，通常都会有几个和自己玩得好的朋友。在孩子与其他小伙伴进行交往的过程中，家长一定要教育孩子严于律己，宽以待人，彼此之间要相互信任，相互尊重，并培养孩子团结合作的精神。倘若孩子喜欢捣乱、喜欢逞能、爱惹是生非，那么家长务必要及时纠正他们的行为，慢慢地，孩子就可以融入集体之中了。

3　孩子和小伙伴闹了矛盾，父母尽量少插手

"爸爸，东东又打我了。"

爸爸立刻把林林抱起来，紧张地问："他打你哪儿了？用什么打你的？"

林林仰着小脸说："他用手打我头了。"

爸爸问："痛吗？你还手了没有？"

林林笑着说："早就不痛了。我也用玩具手枪打了他的头，他摔了一跤，还哭了呢！他打我，我都没哭！"

爸爸夸赞林林："这就对了！这才是男子汉，他打了你，你就要还手，要不然他会觉得你好欺负，以后还会打你。不过，要是你打不过他，你就赶紧跑。大丈夫能屈能伸，不算是缩头乌龟，下次再找他算账。"

看到心爱的孩子受到伤害，爸爸妈妈的心里会感到特别难受，"自己都舍不得打的孩子，凭什么让别人给揍了？即使我的孩子再有错，也轮不到外人来教训"！心疼孩子，这是人之常情。连动物都有护犊之情，更何况人呢？

孩子还小，和小朋友吵架甚至打架了，作为父母该如何处理？教育孩子宽容忍让吧，又怕孩子吃亏受委屈，甚至在与同伴交往中始终处于下风，常常被欺负而变得胆小懦弱；想让孩子勇敢些吧，又不知道孩子会如何把握勇敢的分寸。这个问题对于很多父母来说，尤其是独生子女的父母，确实是个不小的难题。

方法一：让孩子自己解决矛盾

孩子之间发生争执或冲突，一般都没有什么大不了的矛盾，绝大多数是因为抢玩具、插队玩滑梯、游戏中有意或无意的推搡等。孩子的处理方式比较简单，而且不记仇，如果父母直接干预，不仅很有可能把简单的问题复杂化，还会伤了家长之间的和气，甚至刚刚有过冲突的孩子已经亲热地玩耍起来了，而家长却在这边动起手来了。

在孩子"受欺负"以后，父母会紧张孩子到底受到了怎样的伤害或侵犯。如果孩子多次与其他同伴吵架或打架了，父母除了会怨恨对方孩子"没教养"，还会对自己孩子的被欺负而不还击感到焦虑不安，对孩子的"好欺负"恨铁不成钢，甚至数落孩子："你怎么这么老实？就不知道还手呢？你不还手也该知道躲啊！你怎么就这么傻啊！"父母的着急和担心变成了埋怨与指责，不仅不会让孩子感到安全，反而会让孩子产生深深的挫败感，觉得自己很没用，还会使孩子产生在外面受了伤害，回到家还要被父母责骂的、没有人疼的伤心感觉。

而如果父母一味地强调"他打你你也打他，他咬你你也咬他"才是勇敢的表现，才是解决"他打我"的唯一方法。这种以暴制暴的方法却不是帮助孩子看清整个事件的关键的做法,还会使孩子得到错误的信息:不管谁对谁错,被打了就要还手,而且先下手为强才能赢得上风。渐渐地,自己的孩子不再是那个被欺负的人,而变成了用拳头欺负别人的人了。因为父母没有使他明白:"我和同伴之间到底发生了什么事情?我为什么被欺负?如果我还手了,也打了别人,最终我会得到什么?"孩子的暴力受到了来自父母的鼓励,久而久之,必定影响孩子的健康成长,孩子的心理成长也会受到不良影响。那么,面对孩子和同伴产生纠纷的情况,我们到底要不要插手?最好的处理办法就是:**让孩子自己处理,父母不要插手干预。针对不同性格的孩子,选择对路的方法最管用。**

对于个性强的孩子,我们要引导孩子对待同伴友好谦让,而对于弱势的孩子,千万不能过度保护,当然更不能完全撒手不管,我们应该耐心等待孩子鼓起勇气,自己解决和同伴间的冲突。如果孩子受了委屈,被人"欺负",父母要做孩子坚强的后盾,接纳孩子的害怕和委屈,但也不要表现得过于紧张、焦虑,父母的轻松面对会让孩子觉得这件事情没什么大不了的。我们只需要让孩子在内心意识到:不管对方有多么强大,只要自己遵守了规则,就不必向任何人妥协。

如果孩子处理得不好,父母还是要及时出面干预,但并不是质问甚至责骂对方的孩子,也不只是简单地拉开孩子了事,而是要对孩子们强调规则,强调打人是不文明的行为、别人的东西没经过主人允许不可以拿等。而且,要教育孩子承担结果。要求打人的孩子道歉,并且安抚被打的孩子;或是要求抢东西的孩子归还物品并道歉,而不是简单地以大人的身份拿回东西。经过多次这样的处理之后,孩子们会逐渐明白规矩的严肃性,以后就会逐步遵循这一规矩而不会随意违规了。

学会自我保护和沟通协调是孩子适应社会必须具备的基本能力,父母是不可能保护孩子一生一世的。如果孩子不能通过自己的力量和能力去学习、领悟人生中的课程,在离开父母双翼,独立面对人生的时候会感到格格不入,极难适应。

方法二：孩子是个"受气包"，爸妈要引导孩子捍卫自己的权利

现在的孩子们都有自己的小心眼。如果一个孩子在幼儿园受欺负不吭声，就很容易被其他小朋友欺负。如果自家的孩子是个受气包，爸妈要引导孩子反抗，捍卫自己的权利。

倘若孩子长期处于"受气包"的地位和状态，那么很容易使他们在今后的生活中一直保持怯懦的性格。

事实上，很多情况下，孩子所谓的受欺负，只不过是与其他小朋友发生了正常的争执和摩擦，并不是真的受到了欺负。

面对这些情况，家长一定要学会甄别，不能盲目地被孩子的话语所左右，更不能因为孩子偶尔被欺负就将其视为"受气包"。同时，在孩子出现这种状况后，也不要表现出疼惜、痛恨等情绪或者是数落孩子的情况。因为家长对孩子定性式的评价和消极的态度所产生的负面影响，远大于被其他小朋友欺负的影响。

孩子成为"受气包"，倘若没能及时地扭转的话，那么很有可能导致无法回避的后果。幼儿专家在长期跟踪研究中发现，没有扭转受气包地位的孩子到了青少年时代或者成为成年人，仍有可能有依赖他人、容易焦虑、对外表现得懦弱的问题。**孩子受到别人欺负，成为"受气包"的情况，有可能是最影响孩子全面发展和心理健康的因素。在这个时候，家长应及时地帮助孩子走出困境，用理性的态度与合理的方法将问题解决。**

倘若孩子被人欺负的情况很严重，家长就应该向孩子灌输不要一味忍让的理念。孩子也需要家长为他们提供坚强的后援。倘若家长向他们灌输强硬的理念，那么孩子就会感到家长可以保护自己，因而产生强烈的安全感，怯懦的心理也就离他远去了。所以，家长千万不要太多地去强调"忍

让式"的教育，而应该更多地培养孩子坚强的性格，以适应这个竞争日趋激烈的社会。

当孩子在外面受到欺负后，一定会非常难过。这个时候他们最依赖、最信任的就是自己的家长了，他们希望可以从家长那里得到关心，寻求最安全的依靠。**当孩子受到欺负的时候，家长绝对不能用"你怎么这么没用""怎么老是受欺负"这样的话来质问孩子，这样做只会让孩子受到更大的伤害。**

当孩子灰头土脸地回家告状时，家长难免会在心中燃起一股怒火。然而这个时候，家长千万不要头脑发热，把理智忘了，而应该在弄清实际情况之后再确定对策。因为孩子所谓的受欺负完全有可能是因为孩子自己太过霸道或者太敏感，不能和同伴正常相处。总之，家长必须明察秋毫，随时保持头脑的冷静，弄清楚状况后再行动。

家长是可以鼓励孩子去进行反击的，然而一定要告诉孩子，反击要适度。要做到"我不被别人欺负，同时也不能去欺负别人"，不然的话，很容易滋生孩子性格中的暴力倾向，发展下去的话，最终吃亏的还是自己的孩子。

第五章

上幼儿园该养成的好习惯

1 让孩子爱上阅读

孩子要想阅读，一定要先识字。所有的孩子都会有一个对识字特别感兴趣的时期，这个时候，父母要满足孩子的识字需求。一个孩子每次上街，他都会问爸爸妈妈店铺上的字是什么。如果会读他就自己读出来，不会的他就问。一路不停地走，他就不停地问。每次，爸爸妈妈都会耐心地回答孩子，他也会再重复几遍，然后用心记下来，等下次再看到同样的字，他就认识了。其实，这就是在满足孩子的识字需求。

但是，在上述情况下，如果父母不耐烦地说："问什么问，以后你上学都会学的，别烦我了！"这样孩子就会很委屈，就会赌气不认了。当然，孩子识字的速度就会减慢，更别提爱上阅读了。

有的父母为了满足孩子的识字需求，就会在家具、电器、生活用品、学习用品上贴上它们的名称，这样孩子就会在不知不觉中认识这些字。这样，孩子会把文字与实物对应起来，从而让文字在孩子那里获得本来的意义。

在孩子小的时候，很多父母都会为孩子讲故事。其实，与其给孩子讲故事，还不如给孩子读故事，用手指着字，逐句地阅读，这样就能把孩子的阅读兴趣引导上来。当然，给孩子读故事也要讲究方法，一定要读出故事的趣味性来，要活灵活现，惟妙惟肖，切忌把书读得太过死板，没有表现力。

一位妈妈就是这样声情并茂地给孩子读书的。读到孩子感兴趣的地方，孩子都会让妈妈停下来，他自己拿过书来看一看，还不时地提问几个问题。很快，孩子就会自己阅读了。慢慢地，孩子就会养成自己阅读的好习惯。**给孩子阅读的书一定要适合他的年龄特征，不要太难，最好能图文并茂，这样才能引起他的阅读兴趣来。**

父母还应该给孩子创造一个良好的阅读环境。第一，要有符合孩子年龄特征的书桌和凳子；第二，光线要充足，空气要流通；第三，安静，不要让孩子读书而父母在客厅看电视；第四，要有适合孩子阅读的书；第五，要有适合孩子放书的地方，等等。

方法一：保护孩子的阅读兴趣

星期天，妈妈又带儿子逛书店了。这位妈妈希望能让孩子在小的时候就读大量的书，所以每隔一个周末都带儿子去书店买书。

这不，妈妈又给儿子挑了5本书，想让孩子在接下来的两周时间内读完。看到妈妈又买了很多书，儿子不太高兴了，他噘着小嘴说："妈妈，我不爱读这样的书！"

妈妈有点纳闷："不爱读？那你爱读什么？"

儿子说："我就爱读家里那本……"

妈妈有点不解地问："那本书你读了十几遍了，还没读烦啊？"

儿子回答："没有，我最爱看里面的……"

妈妈有点烦了："只读那一本书，有什么出息？"说完，就硬拉着儿子去收银台付款了……

阅读兴趣对孩子来说是非常重要的，只有他对一本书感兴趣，他才爱读。就像上述故事中的孩子，对一本书感兴趣，即使读了好几遍依然爱读。其实，这就是孩子爱读书的表现。但在成人的眼里，读书就应该多读，只读一本书是长不了太多见识的。所以，故事中的妈妈就会给孩子买大量的书阅读，以为可以增长孩子的知识。殊不知，孩子如果不爱读，父母买再多的书也是徒劳。所以，父母应该尽最大努力去激发孩子的阅读兴趣。

父母应该为孩子选书，但这种选择并非是建立在父母对书认知的基础上的，而是应该充分考虑到孩子的阅读实际，比如，图画是否有吸引力，印刷是否精美，内容是否有趣，情节发展是否符合孩子的想象和思维特点，文字

是否简洁不啰唆，等等。当然，在选择图书的时候，也应该及时地征询孩子的意见。如果孩子说他不喜欢那本书，最好就不要买，因为买了他也不一定会读。如果妈妈替孩子做主选择了一些书，但可想而知，孩子回家是不愿意读的，如果看到孩子不读，妈妈可能就会发火，就会强制孩子阅读，就一定会产生不良的效果。

  在孩子阅读的过程中，父母应当充分考虑孩子的年龄特点，遵从循序渐进的原则，从浅显易懂的故事入手，再逐步递进到复杂的故事，这样可以避免孩子无法理解故事内容、思维逻辑跟不上阅读的节奏而出现的"老问为什么""听了也白听"的现象。比如，2~3岁的孩子接受能力有限，更适合阅读篇幅短小、情节简单重复的童话；4~5岁的孩子可以阅读一些主题依旧欢乐而情节稍微复杂的童话，这样不会让他们感到压力或烦恼；对于5~6岁的孩子，阅读的范围可以更为广泛，主角遭遇挑战、遇到困难或变故的童话也可以读给孩子听，此时的孩子已经具备了一些了解现实的基本能力。

  因为孩子的识字量有限，这就注定孩子读不懂有太多字的故事书，但是如果父母去强迫他阅读这类书，只会扼杀他的阅读兴趣。即使是孩子能够读懂的图文并茂的书，孩子也不一定喜欢读，同样，如果父母强迫他阅读，也会让孩子对阅读丧失兴趣，从而远离阅读。

  孩子一般比较好奇、好动，缺乏耐心与持久力，如果有好几本书同时摆在孩子的面前，孩子可能会一会儿翻翻这本，一会儿看看那本。遇到这种情形，父母也不要着急，不要呵斥他，这是孩子的普遍心理特点。

  只要孩子愿意把书放在手里翻阅，父母就应该感到高兴，因为孩子的上述表现也完全符合他的阅读心理。所以，父母不要对孩子的阅读管得太死，要给他点自由。

  当然，孩子在阅读过程中也会出现注意力不集中、情绪波动变化等状况，父母要及时关注到孩子的变化，了解引起孩子发生这些变动的原因。一般来说，如果孩子始终都认真地倾听并不时发问，表现得很专注、开心，那说明他对父母正在念的童话读本非常喜爱，即使故事内容有一定深度，孩子理解起来还有一定难度也无所谓了。如果孩子在父母阅读故事的时候东张西望，无法集中注意力，表现出兴趣缺乏的状态，父母就要及时更换童话读本，或尊重孩子的选择让他挑选喜爱的书继续阅读。

方法二：让孩子复述故事，和孩子一起扮演故事中的角色

星期六，两个上幼儿园中班的孩子凑在一起玩耍。玩了一会儿，他们就开始玩起阅读游戏来。由于他们都知道"大灰狼和小兔子"故事，而且非常喜欢，于是他们就开始讲这个故事。讲完后，他们决定各自扮演一个角色。

故事开始了，扮演"小兔子"的小朋友找到了一处角落，旁边还有一道门，他就乖乖地进了门，然后又把门关上，乖乖地藏在门后面。

这时候，扮演"大灰狼"的另外一个小朋友从"远处"走来，一边走，一边说道："小兔子，乖乖乖，快开门，开快点，我进来……"这时，"小兔子"也在门里面说道："我不开，我不开，妈没来，别进来……"

当一遍角色扮演完，两个孩子又互换了角色，他们依旧非常认真地表演。当这一遍表演完之后，他们高兴地都跳了起来，好像是在庆祝自己表演得很成功。

为了让孩子享受到阅读的乐趣，快乐地阅读，感受到生活的甜蜜，使孩子的思维更加活跃、思想更为健康、精神更加乐观，我们可以多与孩子共同度过快乐的阅读时光。

孩子喜爱阅读的书籍，大部分是童话故事。在绚丽的童话世界里，充满了勤劳善良、坚强乐观的人物，正义永远战胜邪恶、黑暗终究被光明压倒，我们可以从这些精神财富出发，适时适当地把教育道理包含在故事中，为孩子讲述和解释，使孩子在童话筑造的美妙世界里更好地了解世界、了解人生，不断提升分辨是非的能力，培养优秀的品质与素养。这样的教育方式比生硬的说教更具有感染力和说服力，更符合孩子的心理，更

易于孩子接受。

　　让孩子复述故事内容，不仅可以检查孩子是否专心倾听，还可以增强孩子记忆力和语言表达能力。

　　对于年龄较小的孩子而言，父母在讲完一个故事之后，可以以启发式的询问语句，问孩子："刚才爸爸讲的故事里有哪些小动物啊？"引导孩子回忆故事的主角。对于年龄较大的孩子，还可以问孩子："听了这个故事，你觉得我们应该做大公鸡那样的爱炫耀的人吗？为什么呢？"引导孩子进行正确的价值观判断。

　　对于孩子特别喜欢的故事，父母在反复阅读几遍之后，可以让孩子当小老师，讲给父母听。父母一定要安静地、专注地倾听，给孩子"捧场"，让孩子体会到成就感。也可以鼓励孩子讲给同伴或幼儿园的小朋友听，有助于锻炼他的表达能力，增强孩子的独立性和胆量。

　　在孩子复述故事的过程中，我们也可以鼓励孩子用充满童趣的语言描述身边的事物和日常环境。比如"太阳公公""月亮姐姐""风婆婆"等，这样能在认知大量事物的同时积累词汇，锻炼孩子的语言表达能力。

　　在游戏中获得经验和知识，是孩子独特的学习方法。儿童读物中的故事往往通过绮丽的幻想来创造奇幻的景象和生动的人物，在充满想象力的童话故事的启发下，孩子常常会有主动去创造的行为。

　　所以，我们鼓励家长和孩子对书中的人物分角色扮演，不仅可以加深孩子对故事的理解，还能锻炼孩子的思维能力，激发孩子的想象力。有不少活跃的孩子已经可以自编自导自演一些简单的童话故事，把自己化身为精灵、公主、可爱的动物等，甚至还会动手用一些简单的原材料来创造童话中的人物形象，完全享受着游戏的乐趣。

　　我们在与孩子进行角色扮演游戏的过程中，不要拘泥于形式，也不要"按套路出牌"，天马行空的即兴表演才是孩子们为之痴迷的原因，我们只需要"荣幸"而投入地出演配角，跑跑龙套就行了。

2 锻炼孩子的表达能力，引导孩子口齿伶俐地表达自己

孩子学会说话，仅仅只是一个"开始"，孩子的大脑在10岁前捕捉和反馈信息的能力比一生中任何一个阶段都要强。在这个阶段中，孩子会不断地拓展词汇量，通过与人交流不断吸取经验，在沟通中逐渐灵活地掌握语词运用的技巧，更加精准地表达自己的感受。而一个善于用语言表达情感的孩子能够引起倾听者的共鸣，更容易获得帮助。

相关研究表明，如果孩子的父母性格外向、爱说话、喜欢用语言表达各种情绪，这样父母所教育出来的孩子能够更快、更多地学到口头交流的技能。而一项最新研究表明，与"喋喋不休"的父母生活在一起的孩子在2岁左右时会比不太爱用言语交流的父母照顾的孩子要多掌握296个词汇。这项研究说明，父母和孩子说得越多，相应地，孩子接收到的信息与词汇也就越多。

当然，为了让孩子口齿伶俐地正确表达自己，除了多对孩子说话之外，更要注意用语的准确性，并且要及时纠正孩子的不恰当用语，让孩子在一次次实践中逐渐掌握使用语言的技巧。

方法一：让孩子多说多表达

大多数时候都是父母对孩子说话，而很多父母对孩子说话的目的仅仅是需要确定自己说的话让孩子听到了，或者得到孩子"是"或者"不"的答案就足够了。如果在孩子多听的基础上再引导孩子多说，我们就能发现，引导孩子多说话，不仅可以锻炼孩子的语言表达能力，还能使孩子在说话的过

程中或多或少地透露一些隐藏得较深或是不知道该如何用语言清晰表达的意思，能够让我们更好地了解并确定孩子的心理需求，及时满足孩子的合理要求，避免孩子由于语言障碍而造成的亲子误会。

父母不妨让孩子参与一些与他相关的家庭事务的决策，让孩子表达他的想法。比如，对于低幼的孩子，父母可以询问："孩子乖乖玩，妈妈煮面条好吗？"或是"爸爸陪你，妈妈买菜，很快就回来，行吗？"

对于大一点儿的孩子，可以询问："你的餐椅平时不用的时候我们把它搬到冰箱旁边怎么样？或许你有更好的安置办法，说来听听。"父母提供一些开放性的、引发性的话题让孩子以这一话题为中心，表达自己的真实想法和感受，或许孩子说："我就想放餐桌旁那是它原来的位置。"妈妈可以引导孩子："餐桌附近的地方比较窄，奶奶身体比较胖，每次从那里过都挺难受的，我们能不能心疼奶奶，把餐椅挪个地方呢？奶奶很感谢你的，而你的餐椅也会很高兴可以参观屋子里的其他地方。"通过耐心的引导，孩子不断地说出了他的主意或打算，一件事情就在妈妈和孩子的对话中得以解决，比妈妈直接把餐椅搬走引起孩子不满或哭闹更有意义。

方法二：父母要多给孩子朗读故事或儿歌

语言是一种符号，每个词语都与特定的事物或动作相对应，当我们使用语言时，头脑中就会相应地出现事物的形象，通过语言联系到它的含义。在很大程度上发挥了孩子的想象力，不断刺激孩子头脑中从声音到具体形象的对应思考，这种从抽象的语言到具体形象的思维过程十分有利于孩子的大脑发育。

而对于电视而言，语言所提及的内容基本上已经被画面展示得淋漓尽致，特别是动画片，尤其是无声动画之类的默片，已经把所有信息用形象的画面高度概括了，这样必定会限制孩子对词汇的想象和思考。孩子在6个月以后，就能看懂简单的电视节目。一旦让他们坐在电视前，他们会非常安静地一直盯着电视看，而不少妈妈还为此感到高兴，孩子那么小竟然能如此安静而专注地观看电视节目，真是太乖了。这样对孩子好吗？如果他们长期如此，那才是麻烦的开始。

无论电视节目的声音多么动听，但毕竟是单向的、机械的，而真实生活中，人的声音是可以互动、悦耳和谐的。如果孩子的耳朵适应了机械的声音，就会导致他们对父母的声音渐渐失去反应。

习惯性地不作任何主动的反应，从而丧失和真实生活中的人交流的能力。现实生活中就有许多电视迷宝贝，到了3岁仍旧不会说话。因为他们的语言智能已经由于缺乏使用机会而逐渐停止进化，甚至出现退化。部分受电视损伤比较严重的孩子，甚至可能出现自闭症的倾向。

所以，在日常生活中我们要控制孩子看电视的时间，多给孩子朗读故事或儿歌，能够在阅读中培养孩子对文字、词汇和语言的感觉，不断增加词汇量。在故事情节的帮助下，使孩子自然而然地领会词汇的含义和用法，让孩子逐渐积累并丰富词汇储备，以便随时随地根据自己的需要进行选择。

3 培养孩子的专注力，一定不要突然打断孩子正在进行的事

乐乐正在搭积木，玩得很起劲的时候，妈妈在厨房里喊："乐乐，饭好了，快来洗手！"乐乐哪里肯停下来，嘴上回答"好"，可一点儿都不愿意挪窝。妈妈见乐乐半天没动静，喊了好多遍都也是只听其声不见其人，终于忍不住从厨房跑出来拖起乐乐的手臂，把孩子强拉起来。而乐乐看着快要完成的积木号啕大哭，还奋力反抗，竭力想挣脱妈妈紧抓住自己的手。自然，这一顿饭，一家人吃得很不开心。

壮壮正在玩弄积木，把一箱积木倒在地板上搭桥砌屋，玩得很高兴。妈妈走过来看见他玩得这样开心，称赞他搭的楼房真棒。壮壮也很兴奋地指着一地的积木向妈妈解释："这个是大楼房，那个是动物园。"妈妈微笑着听壮壮说完，然后对他说："我们要吃饭啦！你把最后这个钟楼搭好，就来洗手吃饭好吗？吃完饭我们一起欣赏你的杰作。妈妈可以把玩具箱里的小动物找出来，请它们住进你的动物园里。"妈妈说完就回厨房忙碌去了。而壮壮很高兴妈妈能欣赏他的新房子，也很期待自己搭建的动物园能迎来动物玩具们，于是很快就洗手吃饭，这顿饭也吃得又快又好。

孩子不愿意立刻停止玩耍，我们成年人也不喜欢在自己玩得正高兴时被人打断。"己所不欲，勿施于人"，我们既然不愿意别人那样对待我们，那我们也不要那样对待年幼的孩子。由这两个例子，我们可以看出，乐乐的妈妈不能理解孩子的这种心理，并且认为乐乐"脾气倔"，这让乐乐很难过，只好用哭泣来反抗。**如果妈妈总是剥夺乐乐对做事成功快乐感的体会，时间久了，乐乐就会养成有始无终的习惯；而壮壮的妈妈明白这种心理，体谅孩子，主动让孩子对自己的事拥有一定的"掌控权"，使壮壮乐于服从，不仅会养成有始有终的做事习惯，随着年龄的增加，还会主动寻求自主权，变得更加独立。**

回想一下，如果有客人到家里做客，无论我们的孩子当时正在做什么，我们是不是都要求孩子和客人打声招呼？孩子要是没有及时与客人见面、打招呼，我们还会提醒孩子："快叫叔叔阿姨好啊！快叫啊！"如果孩子还继续专注于他的漫画书或者小汽车，我们或许还会当着客人的面说："唉！这孩子真没礼貌，让您见笑了！"有客人来访，作为主人，我们要主动迎接客人的到来并且打招呼，这在我们看来是一种礼貌。但是，我们往往没有考虑孩子的感受，不会考虑到那么做会打扰到孩子。难道教育孩子懂礼貌有错吗？答案当然是否定的，教育孩子讲文明、懂礼貌这都没有错，但如果在客人到来之前，提前和孩子约定好客人来访之后他需要做的事情，或者和孩子商量"客人来了之后就把漫画书收起来，和客人打了招呼之后，你可以回到房间继续看"。这样可以让孩子感受到父母的尊重，也可以避免孩子对未知情况的焦虑，让孩子能了解父母的安排，主动预知到之后将要进行的事项。

现在，有不少"注意力培训机构"，专门针对注意力不集中、总是开小差的孩子而设立。为什么有这么多孩子需要类似的专业机构来培训？我们可能会把原因归咎于孩子的个性问题、环境问题，而无论如何都不会想到那就是我们碍于大人情面打搅孩子的缘故，是我们过度的关爱惹的祸，是我们充满爱意的一次次打扰犯的错。

方法一：保护孩子对事物奥秘的强烈探究需求

星期六，6岁的平平和爸爸妈妈去动物园玩。到了黑熊馆，平平给黑熊投喂了一些食物后就问道："爸爸，为什么黑熊总是仰着头？"

"因为他们希望我们把食物给他们啊！"爸爸回答。

"为什么他们一直吃个没完，他们饿了吗？"平平不解地问。

爸爸想了想说："应该不是饿了，而是馋了，就像平平看到好吃的食物也会馋啊，也希望多吃一些，对不对？"

"可是，妈妈不会让我吃个没完，它们的妈妈为什么不管啊？"平平对于黑熊吃个没完还是很好奇。

"这个……爸爸就不知道了，但是，咱们还是不要给它们喂太多的食物，它们吃多了会胃疼，对身体不好！"

"哦！"平平好像明白了，暂时停止了发问。

随着年龄的增长，孩子会逐渐表现出对世界的好奇，对于他想了解的问题就会不断地寻找答案。而当孩子有能力通过阅读找到答案之前，他会认为答案都在父母那里，因为从小都是父母告诉他关于周围的一切。所以，这个阶段的孩子大部分还是通过和父母"问与答"来满足自己的求知欲，于是，孩子会不自觉地把父母当作"百科全书"，问个究竟。

然而，孩子一边向父母请教着，一边还在怀疑着，或者还有更深的疑问。即使父母从教科书中拿来标准答案，孩子还是会追问下去，因为孩子正在用提问的方式探索这个世界。因此，当孩子不断地提出"为什么"时，父母更需要用耐心和智慧引导孩子。

一位妈妈带6岁的女儿在楼下玩，看到路边的老爷爷把眼镜摘下来揉眼睛，女儿问："妈妈，那个爷爷为什么摘下眼镜啊？"

妈妈回答说："可能是眼镜戴久了，爷爷眼睛累了吧！"于是，女儿跑到老爷爷面前问："爷爷为什么摘下眼镜啊？"老爷爷说："太热了，爷爷的眼睛出汗了。"女儿好像不太明白，还用很疑惑的眼光看着那位老爷爷……

下午，女儿刚睡醒，看到妈妈在自己的小腿上挠了一下，她就开始好奇了："妈妈为什么挠痒痒啊？"妈妈随口说："被蚊子咬了一口呗！"女儿又问了："蚊子为什么咬妈妈啊？"妈妈不经意地说："哪有那么多为什么呀？"女儿听后很不高兴地走开了。

当孩子提出"为什么"时，父母之所以会不耐心和急躁，主要原因是回答不了孩子的问题，因为孩子的大部分问题在父母眼里是很幼稚和没有意义的。比如，当孩子提出"鸟儿为什么会飞，而不是在水里游？""树叶为什么是绿色的？""为什么称呼母亲为'妈妈'而不是'爸爸'"等类似的问题时，父母可能会想："这些本来就是这样的，还用得着问吗？"如果父母有这种想法，难免会敷衍和搪塞孩子，甚至当孩子一连串的问题问过来的时候，父母会说："去去去，不要问个没完没了，长大了就会知道的。"

其实，父母的态度说明他们不知道问题的答案，如果父母可以很轻松而且很自信地告诉孩子鸟儿不能在水里游的原因，树叶是绿色的理由，"爸爸妈妈"称呼的起源的话，就会认真地回答孩子的问题。因此，当孩子提出的问题父母不知道时，就应该大大方方对孩子说："这个我也不清楚，等我查一下相关资料后再告诉你。"要是父母知道，就认认真真地告诉孩子。所以，父母不要以自己不知道而搪塞孩子，也不以自己知道而贬低孩子，父母平静而诚实态度，会很好地保护孩子的好奇心。

孩子爱问"为什么"，是孩子愿意思考的表现，因此，父母可以先对孩子勤于思考表示认同，同时，既然孩子喜欢思考，就可以鼓励孩子继续思考。父母可以反问孩子："你觉得是为什么呢？说说你的想法。"可能孩子给出的答案是不合逻辑的，或者是荒谬的，但父母不要嘲笑，而是应该认同孩子的想象力，同时希望他能够找到正确答案。这样，父母既不用被孩子拖入回答问题的循环中，又鼓励了孩子进一步去思考。当然，孩子寻找答案的能力毕竟有限，因此，父母帮助孩子一起寻找答案，就会更加激励孩子的探索精神。

面对孩子的"为什么"，父母应尽量用简短的语言来满足孩子的知识需求。因为，即使父母给孩子讲很深的理论，孩子也接受不了，所以，父母应该把握孩子能接受的程度作回复。比如，当孩子问及"鸟儿为什么会飞，而不能在水里游"时，可以简单地告诉孩子："因为鸟儿的翅膀就是用来飞翔的，就像眼睛用来看东西，而不是用来吃饭一样。"当然，孩子还会根据父母的回答，继续问下去，他可能会说："为什么鸟儿有翅膀，人没有？""鱼为什么不长翅膀？"……孩子总会问到父母回答不出来的时候，此时，父母可以说："这个还有待于我们继续探索。"留一个小小的余地，无论对孩子还是父母而言都是明智之举。

所以，父母耐心而简短的回答，不仅使孩子对世界有更进一步的认识，还使孩子的好奇心得以持续。而孩子有好奇心是日后求知的基本动力，会促使他成为博学多闻的人。

方法二：保护孩子对数字的敏感性

3岁的花花在楼下玩耍，邻居张阿姨见到她很高兴，就与花花搭话，花花也开心地回应着。张阿姨问道："花花，你会数数吗？"

花花自信地说："会，我能数到20，1、2、3…19、20。"

张阿姨高兴地说："花花真棒！"

听了张阿姨的夸奖，花花美滋滋的。

张阿姨继续问:"花花,那你说,是15个桃子多,还是14个桃子多啊?"

花花眼睛眨了眨说,有点不太自信地说:"15个桃子多。"

张阿姨向花花竖起了大拇指,她又问:"是14个桃子少,还是15个桃子少?"

这下,花花想了一会儿,也没有答上来。

张阿姨一看这情形,发现自己问的题目太难了,于是就对花花说:"14个桃子少,15个多,是吧,花花?"

花花听张阿姨说出了答案,也就接着话说了:"是的!"

为了不让花花因为感觉自己没有回答上来而心情不好,张阿姨又与花花玩了一会儿小游戏……

孩子对数学的认知与学习是一个循序渐进的过程,孩子对数学产生兴趣,首先是从数数开始的。但是,孩子数数的时候只是把这些数字记熟了而已,他数这些数就像俗话说的"数滑句"一样,并不知道这串数字之间的联系和原理。就像故事中的花花,按顺序数数,她就知道15比14多,但反过来,她就不知道14比15少了。其实,孩子在4岁之前,他仅仅是把数字符号当成一种玩具,而且不知道数字之间的逻辑关系,因为他常会把数数错,比如,数到39时,孩子会突然跳到60。

接着,孩子会对数字感兴趣,他会写出1、2、3等,并能够理解这样的数字所对应的数量。孩子在4岁左右时,会迷上数学,对数楼梯、数楼层、加减法很感兴趣。这时候,孩子能比较轻松地算出一些简单的加减法的题目,一旦他算出一道题来,就会表现得快乐无比。

儿子已经6岁了,爸爸知道他已经对简单的加减法非常熟悉了,比如,20以内的加减法基本是难不住儿子的。所以,爸爸也不问儿子这样的问题。

不过,有一年,爸爸看了强大的阅兵式,感到非常骄傲。看完阅兵后,军人飒爽的英姿,威力无比的坦克、大炮,还有空中梯队令他兴奋不已。

国庆节那天晚上,爸爸突然问儿子一个问题:"7加8等于多少?"

儿子想都没有想就回答说:"15。"

爸爸接着问道："7辆坦克加8架战斗机等于多少？"

这下，儿子有点蒙了，他抬头看看爸爸，又低头思考了一会儿，还是没有回答爸爸。爸爸是因为随口一问，也没有在意。

大约半个小时后，儿子来到爸爸身边，非常认真地说："爸爸，7辆坦克加8架战斗机等于8架战斗机和7辆坦克。"

爸爸有点惊奇，他问道："怎么会是这样的结果呢？"

儿子认真地说："因为不同类别的东西是不能相加的，我不知道坦克和战斗机是不是一个类别的，所以拿不定主意。我想了好大一会儿，发现坦克和战斗机不是同一个类别的东西。所以，就得出了刚才的结果。"

听儿子解释完，爸爸开心地笑了……

再经过一段时间，孩子就会对分类和组合产生极大的兴趣。就像故事中的孩子，在6岁的时候，已经对分类组合有所认知，并能够判断出某些东西是否属于一个类别。一旦父母了解了孩子数学敏感期的整个过程，就会有针对性地对孩子进行指导了。

上面已经提到，很多孩子虽然会数数，但对数与数之间的关系并不理解。所以，父母应该尽早让孩子明白这种关系或逻辑。当然，仅靠用口说是不够的，父母还应该通过实物让孩子去感知。比如，孩子对5元加3元等于8元这个概念不了解，父母就可以拿出5张1元纸币，再拿出3张1元纸币来，把它们放到一起，孩子很快就理解"5元加3元等于8元"这种数与数之间的组合概念了。

4　幼儿园时期应该早点养成的好习惯

好习惯不是天生就有了，上幼儿园孩子的年龄特征决定了习惯的形成是好习惯和坏习惯不断斗争的过程，在这个过程中，不是好习惯代替坏习惯，就是坏习惯代替好习惯。好习惯的养成比坏习惯的改正更难，因此，我们要趁孩子年龄小，学习习惯还没成型的时候帮助孩子养成好的学习习惯。

中国近现代教育家陈鹤琴老先生说过："养成好习惯难，养成坏习惯易。做父母或做教师的要使孩子养成良好的习惯，在好习惯未成的时候，不准小孩子有例外的动作。"

孩子在幼儿园，由于年幼无知、缺乏自制力，一些良好的习惯是不稳定的。好习惯和坏习惯要有一个不断斗争的过程。克服坏习惯首先要使孩子认识到坏习惯的危害，树立克服坏习惯的信心和决心。其次是锻炼孩子与坏习惯斗争的意志力。意志在良好习惯形成中起着重要作用，孩子缺乏毅力，不能持之以恒，良好的习惯就难以形成。习惯具有稳定的一面，但不是固定不变的，只要运用适当的方法，锲而不舍，不良的习惯终会被克服。

好习惯一：大人说话时孩子能不能插嘴

当孩子们学会用语言表达自己以后，都会成为小话唠，这个阶段正好是孩子上幼儿园的时期。

孩子爱插嘴，在大人看来，是不好的习惯，我们往往认为爱插嘴的孩子首先是不懂礼貌、没教养；其次，爱插嘴的孩子被大人制止后往往感到委屈、难过，还会生气，我们总是会认为孩子脾气不好、不听话。其实，我们换个角度来看，爱插嘴的孩子思维反应能力和语言表达能力其实是很强的，并且也有很强的表现欲。当然，也有一些孩子或许只想引起家长的注意，或是不顾大人正在交谈而只想尽快满足自己的需要。

很多父母常用"小孩子不要插嘴""你懂什么？别插话""大人还没说完呢，你插什么嘴？真没礼貌"之类的话制止孩子们参与大人的讨论。其实，一概反对孩子插嘴的做法不仅不能遏制孩子急于表达个人思想的想法，反而还会因为父母的强势制止使亲子之间逐渐产生距离，孩子的观点得不到表达，对与错也无法及时地比较、修正，不利于孩子的发展。

所以，我们要纠正孩子插嘴的不良行为，又要让孩子有机会表达自己的想法，这样才能既保证了大人之间的正常沟通交流，又不剥夺孩子表达自我的机会。

有个关于孩子插嘴的笑话是这样讲的：妈妈和阿姨正聊得热火朝天。突然，儿子急急忙忙跑来，扯着妈妈大喊："妈妈，跟我走！"

妈妈回头瞪了孩子一眼："平时妈妈是怎么教你的？大人讲话小孩儿不要插嘴！"妈妈继续和阿姨聊天，而儿子乖乖地站在旁边。过了许久，儿子怯怯地打断了妈妈的谈话："妈妈，我想说……"

妈妈有些生气："不是说了大人讲话小孩儿不要插嘴吗？有什么事等妈妈和阿姨聊完了再说！"

又过了许久，儿子见妈妈依然没有结束谈话的意思，忍不住插嘴道："妈妈，我想说……"

妈妈狠狠地瞪了儿子一眼，儿子赶紧低头不敢再说话了。等妈妈和阿姨终于聊完分手道别了，妈妈才转头问儿子："有什么事，你现在可以说了。"

儿子抬头对妈妈说："妈妈，刚才妹妹掉进池塘里了……"

这个小故事看似一则笑话，实际上却提醒我们，孩子有时候插嘴确实是情有可原的。现实生活中或许不会出现笑话中的真实事件，但往往会有孩子着急打断父母的谈话而被父母制止，结果孩子因为来不及脱裤而尿湿了裤子，反而还被父母责怪；有的孩子不小心把玩具掉半路上了，可妈妈和朋友聊天丝毫没有注意，又不断制止孩子插嘴，等发现玩具掉了反而责怪孩子不早说。所以，**面对孩子的插嘴，我们还是要给孩子机会让他说话，只是要和他约定，不能大声喧哗，不要咄咄逼人，要尽量准确完整地说清自己的想法。**

好习惯二：用完东西要放回原处

妈妈正准备晚餐，见珠珠在客厅画画，可地板上、沙发上、椅子凳子上，到处都是珠珠摆放的玩具、书本。妈妈看到后头都大了，她叫珠珠赶紧整理好。

珠珠说："妈妈，我马上就画完了，一会儿再收吧！"妈妈一听就有些生气："'马上'是多久啊？叫你收拾就赶快动手，别什么事都指望妈妈来帮忙。你自己看看，家里就像个垃圾场！"

见珠珠噘着嘴，依然舍不得放下手中的画笔，妈妈更生气了："我说你怎么不听话啊？你都5岁了，自己的东西搞得乱七八糟不知道收拾，你要等我来收拾的话，我直接都扔垃圾桶！我命令你必须、马上、快点儿收拾！"

珠珠含着眼泪，依依不舍地放下画笔，默默地开始收拣散乱的玩具。

很多孩子都和珠珠一样，不会把自己玩过的物品及时放回原位。不仅不会收拾玩具，还不断地拿出更多的玩具，制造更大的混乱，这让爸爸妈妈感到很头疼。有时候，父母提醒孩子收拾玩具，孩子不乐意或是收拾得很缓慢，父母又不得不弯下腰来帮孩子收拾。久而久之就成了孩子玩好了之后就不管了，留下的烂摊子由父母来收拾。

有的父母希望孩子做事有始有终，在孩子玩玩具的时候，他们会提醒孩子记得收拾。让孩子独立处理自己的事情，这个出发点是好的，但父母们往往急于求成，今天让孩子收拾积木，明天就要把看过的书分门别类地放回书柜。孩子初学收拾玩具的时候，不可能一下就把所有的步骤都完成得很顺利、很完美，父母笼统而迫切的要求往往让孩子对收拾玩具这件事产生抵触心理。

幼儿园的孩子主要通过模仿来学习各种技能，如果父母能够对家里的物品收纳做出很好的示范作用，可以帮助孩子树立正确的物品归置观念。如果妈妈回家把钥匙乱扔，第二天上班到处找钥匙；爸爸习惯乱扔臭袜子，在妈妈打扫卫生时才从椅角边翻出来，这些都是不好的表率。父母要对自己的私人物品摆放有序，按时整理，才能引导孩子合理处理他的物品。

我们要让家里的物品或孩子的玩具有固定的存放位置。由于幼儿园孩子的秩序感很强，我们这么做是符合他们的天性特点的，让他们有足够的安全感。所有的玩具每次都能顺利找到，才能保证孩子每次取用的玩具从哪里拿来放回到哪里去。

　　我们不妨使用一些策略，引导孩子主动把物品归位。我们可以和孩子一起，一边收拾玩具一边学习。比如，和孩子收拾积木的时候可以给孩子安排任务，让孩子负责收拾圆形积木，而妈妈收拾方形。或者孩子负责收拾蓝色的积木，妈妈收拾红色的。这样的分工合作，加入了形状、颜色等概念，让孩子在家务活动中提高了学习兴趣，一举两得。

　　我们还可以利用孩子的童心，把收拾玩具变成游戏的形式吸引孩子来参加。比如，让孩子参与"帮玩具找家"的游戏，把芭比娃娃放回她的卧室里，并且把属于她的化妆品、服装鞋帽等也放到她的盒子里，方便芭比娃娃下次打扮。"请你把毛绒玩具放到小整理箱中吧！因为他们的毛毛太多了，好怕热，在整理箱里面他们可以喝喝茶、聊聊天。"把小摆件放到沙发靠背或墙角去，"让他们排成队听你上课好吗？"利用孩子贪玩的天性。我们用一些童言童语让孩子不觉得收拾玩具是很乏味的负担，相反还能提高他的积极性。

好习惯三：干扰他人时要说"抱歉"

　　有的孩子不管父母是否正在炒菜或是正接听电话，或者正在和邻居谈话，他都会叫嚷着让父母讲故事、陪他玩游戏，拉着父母赶紧走。孩子这样的行为，常常让家长感到头痛，他们往往事后对孩子发一通脾气，而孩子下一次依然明知故犯。为什么孩子就不能耐心等一等，总是那么急躁呢？为什么孩子没有一点尊重别人的意识呢？其实，孩子往往不是真的就等不了那么一会儿，真的不明白打扰别人不好，他那么做的终极原因就是，他总是不能立即得到你的关注。这让他感到很不爽。

　　所以，我们可以告诉孩子，在特殊情况下，有些事情是不能同时进行的，就好像我们不能在喝水的同时还能说话一样。让孩子明白，如果他企图打搅或者要求，就是不合理并且粗鲁的。在某些时刻，需要一些耐心，必须要等待爸爸妈妈做完自己的事情之后，再过来以全部的关注力来关心他的某些并不很重要的需求。使孩子逐渐明白，不给父母或者他人造成打搅是礼貌和体谅的表现。而且，在迫不得已要打扰到别人的时候，提前说"抱歉"也是寻求帮助的方法。

日常生活中，可以通过游戏的方式，注意激发孩子积极的情感体验，调动孩子以往的经验和各种感官体验，让孩子知道：不打搅别人是一种尊重他人的表现。

我们可以尝试使用家里的玩具，让孩子来照顾"生病"的玩具，告诉孩子要轻声说话、轻声走路，不能打扰生病的玩具，那样会让玩具感到难受。我们还可以即兴发挥很多游戏场景，比如探望生病的玩具、假装带玩具看电影、为玩具做可口的饭菜让孩子陪玩具一同安静地等候，等等。这些模仿真实事件的游戏场景可以增加孩子的经验和情感体验，激发孩子自发产生关心别人的愿望。也能使孩子在具体的游戏环节中模仿学习良好的行为习惯。这比父母苦口婆心、语重心长地教育孩子"要懂礼貌，不要打扰别人，干扰别人是不文明的行为"的说教更有效果。

一位小孩在慢慢地往酸奶瓶里戳吸管，他很专心地试着，虽然失败了好几次，但他还是坚持着。孩子正在认真地研究他的"工作"，此时，在他的眼中，所有的事情都没有这件事重要，所有外界的影响对他而言仿佛都不存在。

而当孩子正沉浸在努力戳吸管的工作中时，他的妈妈在一旁不耐烦了。妈妈一把抢过酸奶瓶和吸管，边戳着吸管边说："这么简单的事，你还戳得那么费劲儿，还是我来吧。"孩子顿时"哇哇"大哭起来。

不明就里的妈妈一脸怒容："帮你忙你还不乐意？有什么好哭的！我不帮你，你弄到天黑都喝不上酸奶！"

这位妈妈不仅无情地打扰了培养孩子专注力的好时机，而且还打扰了孩子的动手能力，孩子没有亲手完成这项他特别专注而重视的工作，使他感到是自己没有能力去做这件事，自己真的很笨，连这么简单的事都做不好，孩子的自信心也受到了伤害。而这位妈妈急躁的举动也会给孩子带来不良的心理暗示：自己可以随意插手别人的事情，可以随时中断别人正在进行的工作。在孩子与别的同伴玩耍的时候，面对同伴不太擅长而自己比较熟练的游戏时，孩子就会像他的妈妈一样，冲上前去肆无忌惮地打断同伴正在进行的游戏。

所以，要让孩子养成不随意打扰别人的好习惯，身为父母，就要努力做到不打扰孩子，如果无意中阻断了孩子的"工作"，我们不妨真诚地对孩子道歉："对不起，妈妈不是存心要打断你的。但是你看，吸管被你很用劲地戳弯了，不太好用了，所以这一次由妈妈帮你插。你看，这不是还有几瓶吗？剩下的都交给你负责了哦！妈妈相信你，一定能做好！"这样饱含了歉意和鼓励的话语，不仅能够安抚孩子的心，还能让孩子感受来自妈妈的尊重和呵护。

好习惯四：培养孩子谦让的美德

现代社会，只靠自己努力、单枪匹马是无法赢得最终的胜利的。只有宽容、谦虚的人才能团结其他人，才会有号召力，才会被人信赖，才能获得更多的机会。一个人在精力、时间、资金有限的情况下，并不是事事都要争先才能在竞争中取胜，而是需要选择真正有价值的东西。如果父母从小让孩子事无巨细都获胜，反而会让孩子的一生都很累。

最为重要的是，一个过分好强、没有谦让意识的孩子，虽然一时会因为人高马大、敢冲敢闯而占到便宜，但时间长了，不仅很难有朋友，而且还会在一些小的失败或挫折中备受打击。

现在许多家庭的孩子都是独生子女，家长们把孩子看作"小太阳""小皇帝"，全家人围着孩子转，对孩子百依百顺、有求必应。这样的溺爱会在孩子的潜意识中形成一种"人人为我"的心理优势，他们不会意识到自己爱吃的东西，别人也爱吃，自己喜欢的玩具，别人也想玩。不仅在家庭中常常出现孩子独占电视而不考虑长辈需要的现象，在与同伴玩耍、交往时，还常常出现争强好胜、唯我独尊甚至对同伴使用暴力的情况。

由于孩子这样的习惯不是一天两天形成的，这样的品行也不是一次两次就养成的，所以也不可能在短时间内就得以纠正。父母在日常生活中要让孩子意识到好东西不是孩子一个人的，大人同样喜欢吃好的东西，当孩子得到好东西时应该拿出来和大家一起分享。在看电视时，父母可以和孩子商量，轮流看自己想看的节目，不要一味地迁就孩子，要让孩子明白，属于他看电视的时间，家长不会禁止、缩短；同样，在大人看电视的时间里，孩子也不能打断、变更。久而久之，让孩子意识到，在自己满足需要的同时，也要考虑并照顾其他人的需要。

在孩子有谦让行为时，父母要及时给予鼓励。 比如可以夸赞孩子："真懂事，都会照顾别人了！""真能干！""做得真棒！"通过父母的肯定和言语强化，孩子会逐渐懂得怎样做才是对的，怎样做是不受人欢迎的。

涵涵来菲菲家里做客，他非常喜欢菲菲心爱的巧虎，哭着喊着一定要玩。菲菲的爸爸教育菲菲要谦让，于是，菲菲委屈地把巧虎给了小客人。爸爸知道菲菲心里很不情愿，于是抱起了菲菲，并表扬了她，还从自己的书柜里拿了平时不让菲菲碰的车模。

菲菲见了，特别高兴，不再为刚才的委屈而难受了。菲菲爸爸能够体谅孩子的心，不仅没有剥夺孩子的权力，还让孩子懂得：有时为了缓和矛盾，与别人更好地友好相处，适当而必要的让步是必须的。而这些让步往往也是有价值而且会有补偿的，不是因为你没有资格去获得那些好东西。菲菲把心爱的巧虎给了涵涵玩，而她也补偿性地获得了玩车模的机会。

有心理学家指出，那些经常被要求压抑自己的感受和需求，为别人做出牺牲的孩子，往往对自己的价值估计和判断会比其他孩子低。所以，培养孩子具有谦让的美德，并不是培养孩子委曲求全或自我牺牲，而是需要在竞争和谦让之间掌握平衡，拿捏好这个"度"。这需要父母的正确引导。

好习惯五：告诉孩子什么时间做什么事

园园的父母因为工作单位较远，每天起得很早，把园园送到幼儿园又赶紧倒车去上班。而园园也是全班最晚离开幼儿园的孩子。妈妈想辞职在家照顾园园，可房贷压力让妈妈不得不坚持上班。爸爸也曾想过把园园送回老家，请爷爷奶奶或者姥姥帮忙照顾，可老人年岁渐大，而自己也舍不得孩子，最后一咬牙，宁可自己辛苦一些，也要让园园在自己身边长大。

每天园园都在父母的催促声中起床、睡觉，小小年纪也懂得爸爸妈妈为自己辛勤工作很劳累。但是，孩子毕竟是孩子，在妈妈急不可耐的催促中，园园也会有故意捣乱的时候。常常是妈妈倚在门口整装待发，催促他："时间紧，我们得赶紧出门。"可园园依然一副无所谓的样子。有时候妈妈着急了，催园园穿鞋，园园反而故意挪着小碎步慢慢踱到门边，气得妈妈直想揍他。园园看着爸爸妈妈每天操劳，心里也明白事理。但毕竟孩子年纪小，很多事情他无法理解，他不明白，自己慢一点儿有什么关系呢？爸爸妈妈的公司又不会跑掉，早一点儿和晚一点儿有什么大不了的呢？自己有没有按时上床有什么呢？还不是一样睡觉，真不明白大人为什么总是那么着急。

其实，孩子对于成人的生活无法理解，这是正常的，因为在孩子眼中，一切都是新奇好玩的，无忧无虑的。而许多像园园这样的孩子，他们的拖延和无所谓并不是不心疼父母的表现，只是因为他们没有时间概念，不知道什么时间做什么事。

时间这个看不见、摸不着的概念，很难通过解释说明的方式让孩子了解到它的意义。但是，我们应该通过培养孩子有规律的生活，把时间这一极为抽象的概念以非常自然的方式融入日常生活，让吃饭、睡觉，都变成培养时间观念的一个环节，才能使孩子逐渐具有管理时间的意识。

用规律生活来培养孩子的时间观念，需要父母的身体力行。如果父母自身的生活就没有规律，孩子在认识时间、遵守时间方面就会无所适从。只有父母做榜样，才能以规律的生活作息使孩子对时间这个抽象概念产生深刻的认识和理解。

在平时生活中坚持让孩子养成有规律的作息习惯。我们可以和孩子一起制订一张作息时间表，把起床、洗漱、早餐等时间进行大致规划，要让孩子明确几点之前必须出门。可以和孩子约定放学后先做什么，然后做什么，几点睡觉等。这样不仅可以让孩子对自己的时间有一个整体的规划和认识，还能够有效地避免妈妈着急做饭而孩子不依不饶地要妈妈陪着讲故事的情况发生。只有把作息时间固定下来，形成习惯，孩子才能对时间有一个明确的认识，才能养成良好的时间观念。

好习惯六：孩子性格太急，要让孩子学会等待

现在绝大多数家庭中只有一个孩子，父母、长辈都对孩子有求必应、百依百顺。这样就在孩子头脑里逐渐形成了一种思维定式，那就是："我想要什么就马上要得到，因为任何东西都不需要通过自己的努力或等待一段时间获得。如果不能立即、马上得到，我就会以哭闹、撒泼、反抗的方式来威胁大人。而且事实证明，大人确实挺怕我使用那些招式的。"

存在这种思想的孩子必定不懂得何为谦让、克制，在与同伴的交往中，只要对自己有利的、自己喜欢的，就会不顾一切地盲目冲动。比如好东西不会与朋友分享、不能专心地搭积木、不能按秩序进行有序地玩耍、不能很好地融入"轮流玩"的游戏当中。

为了让孩子在今后的生活和学习中能够耐心地、目光长远地做，我们应当积极培养孩子的自制力，让孩子学会等待，让孩子明白：等待之后能够获得更多回报。

有的孩子在和同伴玩耍的时候，虽然知道要排队、要按秩序进行，但却总是特别着急地催促同伴"快点儿"；有的孩子虽然知道好东西要和家人分

享，可当妈妈的第一个菜刚上桌，孩子就忍不住开动筷子了；还有的孩子，虽然明白出差在外的爸爸会给自己带回新玩具，但却总是"惦记玩具"胜过想念爸爸，以至于爸爸一到家，孩子第一句话不是"爸爸，我想你了"，而是"爸爸，你给我买的玩具呢"，这令爸爸很伤心。

这些孩子的种种表现，其实都是天性使然，虽然他们明白事理，可就是控制不住自己的想法，因为他们面前的目标对其而言，实在是太具吸引力了！他们的所有想法、所有思维、所有视线都集中到了目标上面，已经完全不会顾及别人的感受，甚至还会因为迫切地实施自己的想法而伤害到别人。

孩子见大人没有立即满足自己的需要就大发脾气，而后情绪低落。这时候，我们可以尝试转移孩子的注意力来缓解他内心的冲突。比如，爸爸出差回家，比较匆忙，没有给孩子买任何礼物，而孩子不依不饶地索要玩具，我们可以给他两个选择，"你是愿意看动画片还是愿意到游乐场玩？"这两件事情都有一定的诱惑力，可以使孩子的注意力在选择的过程中得到转移。等孩子从挫折的阴影中走出来的时候，他会感谢你的陪伴，正视挫折。

并不是孩子的所有需求都必须延迟一定时间才满足他，我们要对孩子提出的需求有正确的判断，果断地决定哪些需求是可以立刻满足的；哪些是需要给孩子一定考验，需要孩子等待的；而哪些是根本就不能满足的。

对于可以立即满足的需求，我们还可以不失时机地附加一个条件，比如，"你想看电视可以，但要事先约定时间。而且，你得把刚才画画散落的彩色笔都送回家才能看电视。"又比如"你可以到邻居家玩半个小时，但这个点可能他们还在吃饭，你现在过去不太合适。那就请你帮我们把地扫扫吧！"

父母有条件地答应孩子的需求，并不是让孩子感到受到了要挟，而是让他懂得珍惜自己的满足对象，也让他明白任何收获都是需要付出的道理。

第六章

成功的幼儿园教育，离不开妈妈的参与

1　和孩子一起快乐地识字

随着我国独生子女家庭的增多，父母对孩子的成长极为关注，在孩子的培养上更是倾注了几乎所有的精力和爱心，希望自己的孩子能够尽早开发智力，在日益激烈的社会竞争中从小就名列前茅。父母们的殷切期望没有错，但是，许多父母存在一些片面甚至是错误的家庭教育观念，认为孩子越早开始接触成人化的教育越好。于是，父母每天花大量的时间和精力不是陪孩子一起玩，而是用来教孩子识字，并且盲目地追求识字的数量和速度。

虽然孩子的潜能确实很大，但这种过分追求"量"的做法违背了早期识字教育的初衷和原则，不仅因为忽视了孩子的年龄特征，强制要求孩子规规矩矩地学习，而使原本应该享受玩耍的孩子感到十分压抑，更会挫伤孩子学习的积极性，使孩子讨厌学习，对今后进入小学接受正规教育也会有极为严重的不良影响。早期识字最重要的结果不是孩子掌握了多少汉字，重要的是在识字过程中，孩子的注意力、观察力、记忆力、想象力和思维能力等都能得到良好的发展。

所以，父母要重视孩子的天性，遵循孩子成长的正常发展规律，多给孩子一些自由玩耍和游戏的时间，在孩子的玩耍和游戏中有意识地培养孩子学习的兴趣，让孩子感受到学习的乐趣，用科学的方法使孩子爱上识字、爱上学习，养成良好的学习习惯。

怎样让孩子能够快快乐乐地识字呢？**父母可以尝试利用孩子的童心和好奇心，把原本枯燥的识字学习以游戏的形式展现在孩子眼前，让孩子在玩耍的过程中不知不觉认识并记住汉字。**

有的父母有一定的绘画功底，在教孩子认字的时候，写一个汉字并配以形象的字体。比如，教孩子认"上"和"下"，我们可以在纸上画一条地平线，把"上"字画成一颗刚刚出土的小芽，把"下"字画成向地下延伸的根茎，让孩子通过直观的形象把这两个容易混淆的字区分开，并且很好地记忆。这种绘画的方式很像古汉语中的象形文字，尽量把汉字通过形象的外观加以表现，孩子觉得好玩、有趣又容易记住。

父母还可以利用孩子模仿的心理，通过识字游戏来满足孩子做老师、做大人的愿望。父母要很配合地端坐在小桌前，一本正经地听孩子这个小老师给他们上课。父母可以把孩子认识的一些简单的字找出来让他来教，不仅能够通过孩子的表现了解他在幼儿园的生活点滴，还能起到复习作用，加强孩子的记忆，更能通过组词、造句的形式把一个字进行放射性拓展训练，比如教孩子"水"字，我们可以组词"喝水""开水""提水""冷水"等，借机询问孩子在幼儿园是怎么喝水的、每天喝几杯、要是喝水时不小心洒衣服上了会怎么办，等等。既和孩子玩了游戏，又复习了之前学习过的汉字，还了解了幼儿园的生活，可谓是一举三得。

方法一：接纳孩子的乱写乱画

吃完晚饭，3岁半的女儿跑到书桌前，拿出爸爸写字用的笔和笔记本，就开始写了起来。写了一会儿，她就大声喊道："妈妈，快来啊！"

此时，妈妈正在厨房收拾碗筷。听到女儿的喊声，就赶紧过来了。来到女儿面前，女儿腆着小脸一本正经地问妈妈："妈妈，你看我写的字漂亮吗？"

妈妈一看，真不知道该说什么好，因为女儿根本就不是在写字，而是在乱画。女儿看到妈妈没有及时做出评价，有点失望。妈妈看到女儿的表情后，说了一句话："我看还不错，你看这个字写得就很不错，妈妈像你这么大的时候还不会写呢！"

听妈妈这么一说，女儿非常高兴。她睁大眼睛问："妈妈，你说的是真的吗？"

妈妈说："当然是真的了！"

这时，女儿一下子找到了自信，她非常认真地说："我还要写更多的字，我要好好写。"

看到女儿这么有信心、有兴趣，妈妈很高兴，心想："幸亏没有打击孩子的积极性。"

其实，孩子的书写实际上就是乱画，他会不停地握着笔写呀、画呀。但是，他写的所谓的"字"就是一些黑点、一些乱线条等在成人看来没有什么意义的东西。很多父母看到这种情形，就会感到很奇怪，这怎么能叫写字呢？其实，父母应该知道，这是孩子刚刚发现的一种表达方式，是与以前的表达方式完全不同的。孩子正在体验书写带给他的无穷乐趣。

这个时候，孩子书写的"字"成人是看不懂的，而孩子却是明白的。如果父母让他去解释一下，相信大部分孩子都能解释自己写的是什么。当然，在开始书写时，孩子所写的东西具有很大的随机性，写得也很差，这反映了孩子缺乏良好的协调和控制能力。随着孩子协调与控制能力的提高，他才能写出可以识别的线条或图案。

开始的时候，孩子写出的字并不规范，尽管如此，孩子还是非常喜欢去书写。虽然孩子写的东西在父母眼里好像都不是字，甚至可以称为涂鸦。但是，父母依然要鼓励孩子，用欣赏的态度去看待孩子的书写。这样，就等于给孩子的书写兴趣注入了动力。就像故事中的那位妈妈，就是在认同并鼓励孩子的书写行为，从而让孩子获得自信与力量。相反，如果那位妈妈说孩子写的根本就不是字，把她内心的真实感受说出来的话，就会给孩子带来心灵的伤害，孩子很可能就会放弃书写。

3岁半的儿子在茶几上趴着写了好长时间了。妈妈走过去看儿子在写什么，刚到儿子跟前，儿子就问妈妈："你看我写的是什么？"

妈妈看了半天，也没看出儿子写的是什么。儿子开口了："妈妈，我写的是……"他开始跟妈妈讲了起来，可是妈妈一点也没看出来他在写什么，但妈妈并没有否定孩子的说法……

　　这里所说的示范，并不是指教孩子一笔一画地写字，而是给孩子做好书写的习惯示范，并营造良好的学习氛围。也就是说，**在日常生活中，父母就应该有意识地用笔写写算算，因为孩子会模仿父母的行为，他也就会学着写字。**当孩子开始乱涂乱写时，就表明他已经对"书写是什么"有一定的概念，而且也已经感受到了书写的趣味性，从而爱上书写。

　　当然，父母也可以与孩子一起写写画画，让孩子感受到父母对他的支持与关爱。在这个过程中，父母也能够感受到亲子乐趣。

　　父母可能还会注意到，孩子经常在乱写一气后问父母："你看我写的是什么？"很显然，孩子是相信阅读他文字的人能够看懂他写的字符是什么。故事中的妈妈，尽管妈妈在孩子的解释下，仍没有看懂，但她也没有否定孩子的说法，更没有否定孩子的书写行为。

　　另外一方面，即使孩子明明知道自己写得不对，他也会假装写得很对。这一点父母也需要注意，尽可能地不去"揭穿"孩子，以保护孩子的自尊心。

方法二：鼓励孩子把字写规整

　　星期六的下午，几个四五岁的孩子在小区的石灰地面上比赛写字，他们有的写的是字，有的写的像字，有的写的不是字……尽管如此，每个孩子都开心地写着。

　　当写满那一小片空地时，一个小家伙突然发现旁边的石桌上也可以写字，于是，他就在上面写了起来，其他的孩子见状，也都在石桌上写了起来……

　　两个小时后，地面上、石桌上、石凳上、靠近地面的墙壁上，都是他们比赛留下的"墨宝"，看着自己写的字，小家伙们都说自己写得好看，他们又在为谁的字好看争了起来……

当孩子处于书写的敏感期时，对于孩子把"墨宝"留得到处都是的情形，父母不应该批评孩子，而应该鼓励孩子。如果父母批评孩子，甚至是打骂孩子，很容易打击孩子的书写积极性，导致孩子对书写产生反感和排斥情绪，从而不愿意再写字。

10岁的男孩小波非常聪明，但一提起写作业这件事，一家人就非常烦恼，因为小波有个坏毛病——不爱写字。每天放学一回到家，小波就开始玩，作业能拖就拖，实在不能拖的时候，就慢吞吞地写，经常写到十一二点才能写完。而且，因为不爱写字，每次考试都答不完试题，当然考分也很低。其实，那些题目他都会做，但就是不爱写。之所以会这样，就是因为在小波4岁多时因为到处乱写字被妈妈严厉地批评过几次，从那以后，他就不怎么写字了。

孩子在开始写字时，因为年龄小，缺乏锻炼，他的手腕还没有多少劲，再加上以前没写过字，所以写出来的字比较难看，歪歪扭扭。父母不要拿成人的眼光看待孩子写的字，一定不要说："写得真难看！""跟鸡爪子爬的一样！""一点都不工整！"……否则，孩子就会感觉自尊心受到了伤害，他的书写敏感期也会很快结束。

面对孩子写的字，父母要积极发现他写得比较好的，然后指给他："这个字写得很工整，一定下了很大功夫吧！"这时，孩子感受到父母的鼓励与肯定，就会力争让自己的字都像父母指出的那个字一样工整。

有的孩子书写敏感期来得比较迟一点，父母应该耐心等待。不要因为看到人家的同龄孩子已经在到处写字而自家的孩子还没有书写的动向而着急，更不要强迫孩子写字。因为孩子在书写敏感期到来之前，他对写字还没有兴趣，强迫孩子去写，只能让孩子感到压力，产生反感。对孩子的成长反而不利。

2 认真对待孩子的提问

桃桃问爸爸:"爸爸,月亮与太阳为什么都是从东边升起、从西边落下呢?"对于孩子的问题,爸爸有点不耐烦,他觉得孩子的问题根本不能算是问题。"这有什么好问的?月亮和太阳不从东边升起,难道从西边升起吗?"爸爸不耐烦地说。

桃桃还是不明白,她怯生生地问爸爸:"是啊,太阳和月亮为什么不从西边升起来呢?"爸爸对于这个问题,也不知道怎么解释,他生气地说:"这有什么好问的,自古以来,月亮与太阳就是那样的。你管它们干什么,你先将你自己管好就可以了!"

对爸爸的这种态度,桃桃被吓坏了,然而她还是想搞清楚这个问题:"我认为里面一定有原因,你为什么……"桃桃的话还没有说完,爸爸就吼了起来,大声说道:"你烦什么,没有原因就是没有原因,你听清楚了没有?我说这里面没有原因。"爸爸的样子让桃桃很害怕,她不敢再问什么了。

从此以后,桃桃有什么问题都不敢再问了。

每一位父母都深有体会,自己的孩子总有问不完的为什么,而且孩子的问题五花八门、无奇不有,有的还真不知道该如何回答。经常弄得父母焦头烂额却找不到令孩子满意的答案,最后父母郁闷、孩子生气,不欢而散。

对于孩子而言,世界上所有的事物都是新鲜的、奇妙的,一旦看到什么,他就会问很多的为什么,就想去看一看、摸一摸、玩一玩,甚至去拆、去搞破坏,不弄个水落石出就不会罢手。事实上,所有的这一切,都是孩子的好奇心在起作用,也是他进行学习的最好方式。

好奇心是孩子观察世界、了解世界、读懂世界的媒介,是孩子智力、思维、心理发育的催化剂。提问题既是孩子思维火花的迸发,也是他求知欲强烈的表现。处于幼儿时期的孩子，其心理正在飞速发展，特别是他正处在智力发展的敏感期。这个时期是孩子学习新事物的初级阶段，所以他的好奇心才会那么强，才会提出那么多千奇百怪的问题，而这一切，意味着孩子正在认真思考。

心理学研究表明，提出问题是思维活动的起点，是不断接受新异事物的刺激，不断提出问题、解决问题的过程。随着孩子的阅历不断增长，思维能力逐步发展，他们提出的问题会从简单到复杂，从个别的现象到事物之间的联系。随着问题的增多和不断得到解决，孩子懂的东西也就越来越多，直到他们可以依靠自己的能力寻求问题的答案。

孩子从小就有探索的天性，爱提问题的孩子好奇心强、善于思考。如果我们能够保持一颗和孩子一样的童心，或者拥有一颗和孩子一起成长的决心，我们就能够以孩子的眼光看待世界，站在孩子的角度去思考问题，不仅不会被孩子的问题难倒，还会以积极、发展的眼光看待孩子的问题，引导孩子建立积极的人生态度。

假如家长总是严厉禁止孩子提问题，虽然可以避免很多麻烦，可是一定会压制孩子的好奇心，扼杀孩子因好奇而萌发的创造力与探究事物的能力。孩子可能会因此而变得退缩，再也不敢去主动进行探索，从而影响到其心智和各方面能力的发展。这样的家长扼杀的不仅仅是孩子的探究心理，连同孩子的天性也被无情地抹杀了。

对于孩子的好奇心，家长一定要爱护，并有意识地加以引导，切不可轻易地伤害和压制它。

方法一：对待孩子的提问要有耐心，不能敷衍了事

英国著名教育家斯宾塞曾说："怎样使孩子养成良好的学习习惯，父母扮演了一个重要角色，不仅要身体力行，而且还要对孩子有耐心。这对孩子的发展是有很大好处的。"我们在听到孩子提问的时候要有耐心，不能因为自己

正在忙着做事而烦躁地敷衍或者训斥孩子，可以暂时放下手头的事情给孩子解答问题。

倘若不知道如何回答孩子的问题，也不能以训斥代替，更不可给出一个错误的答案。毕竟孩子还小，还未具备辨别真伪的能力，而最初的印象又往往是最深刻的，这样便极易导致孩子终身抱着一个错误的答案。

孩子的注意力通常都不会持续太长时间，如果不立即给出回答，孩子的兴趣也许会马上降低，又或是忘记刚刚问的问题，这十分不利于孩子智力的发展。当然，这里所说的立即给出答案，并不是主张直接告诉孩子问题的正确答案，而是应该马上受理孩子的问题，并利用受理的问题，让孩子对相关问题进行思考，从而促进其能力的发展。

孩子提出的问题可能会让人难以作答，如果家长不受理孩子的问题，而是以粗暴制止、敷衍了事或一笑了之代替，久而久之，孩子就不会再提问了，其智慧的萌芽也会逐渐枯萎。因此，对于孩子的问题，家长一定要马上受理。

孩子的提问多种多样，某些答案就孩子的心理发展水平来说，是暂时无法理解的，抑或是非常平凡的事情，家长回答不出，或者即便是回答了，也无法满足孩子的好奇心。如果这样的体验连续几次之后，孩子问"为什么"的次数就会越来越少，甚至还会失去应有的好奇心。**在回答孩子的问题时，家长要根据孩子的年龄特点与实际情况，采用拟人化的方法间接作答。**

方法二：鼓励并协助孩子自己寻找答案

我们不能对孩子的提问完全包办地回答，而要让孩子成为主导，把他引入积极思考的方向。不要出现孩子一提问，大人赶紧回答，然后各忙各的去了的情况。这样的问答方式对孩子的思考能力和自我发现与探索的能力没有任何帮助。

比如，女孩问："为什么鱼一刻都离不开水呢？为什么人不能在水里生活？美人鱼怎么会嫁给王子呢？"如果我们直接告诉她原因，跟她说："别傻了，童话都是假的。"孩子会感到怅然所失。而要是我们能够和孩子一起翻阅相关资料，了解鱼和人的身体结构差异，孩子才会明白人和鱼不可能结婚，那只是童话里的故事而已。当孩子的问题已经超出了父母的知识和经验，或者父母感到自己的答案模棱两可并不确切，不妨实事求是地告诉孩子："这个问题我也不懂，等我翻翻书或问问别人再告诉你。"或者鼓励孩子和自己一起寻找问题的答案。千万不要因为面子而回避，更不要以否定孩子的方式来掩饰自己的无知。

我们要根据幼儿园阶段孩子的年龄特征和接受能力，尽量用简单明了、准确生动的语言进行解答。不要有"既然孩子关心这个问题，那我就要借此机会好好给他上一课"的想法；不要用长篇大论、深奥难懂的语言口若悬河地为孩子讲解。如果孩子的问题确实很复杂、怎么讲他也不可能理解，我们可以用转移注意力的方法把他的兴趣引到别的地方去。

此外，孩子常常会提一些有关是非的问题，比如"前面走路的哥哥朝公交站牌吐痰了，那样做对吗？""在幼儿园吃饭时，菜掉桌上了，要捡起来吃掉吗？"这类问题，我们必须给孩子讲清楚，帮助孩子分清是非，明确该如何去做。根据孩子不同的年龄，结合孩子的接受能力，用通俗直白的话语告诉孩子，哪些事情是对的，哪些是不对的，让孩子从小就树立正确的人生观和价值观。

某些问题的答案并非只有一个，如果简单回答，以一概全，这样是不科学的。比如说，孩子问："冰箱里的灯为什么熄了？"家长可以这样回答："我认为是停电了，你觉得呢？"这样便能起到抛砖引玉的作用，巧妙启发孩子的思维。孩子这时会开动脑筋："要么是灯泡炸了，要么就是冰箱坏了……"等等，开启孩子的想象力，接着让他自己得出答案。

倘若碰到的问题不好系统而科学地回答，抑或是不能解答时，家长可以和孩子一起查看书籍和资料寻找答案，在研究的过程中，家长可以用能理解的词句向孩子说明原因。这样做，有利于培养孩子找资料的好习惯，倘若他

以后碰见难题时，就会知道自己应该去查阅资料了。

3　避免会惹麻烦的不良沟通方式

"快点穿衣服，穿好衣服送你去幼儿园。"蕊蕊妈妈对蕊蕊催促着。

"妈妈，我的袜子找不到了。"蕊蕊怯生生地对妈妈说。

"怎么又找不到了？昨天晚上不是找好放床边了吗？你这孩子是不是没好好找啊？天天干什么事情都马虎，连个衣服都穿不好，你还能干好什么？"蕊蕊妈妈又开始咆哮起来。

蕊蕊不知所措地低着头……

我们在与他人的交往中逐渐发现：不同的沟通方式具有不同的功能，会产生不同的效果。对于我们的亲子沟通、家庭交流而言，良好的沟通方式可以促进家庭生活状态和谐，并促使生活在和睦家庭中的孩子的身心健全发展。

但是，不良的沟通方式依然在家庭教育中存在。不仅"沟而不通"，反而使家庭成员感到压抑、迷惘、互不信任，也对家庭生活中的孩子产生不良影响。

按照自己的情绪来教育孩子的父母不在少数，他们往往在自己心情愉快的时候对孩子的错误睁一只眼闭一只眼，也有很好的耐心来对待孩子制造的麻烦，愿意和孩子一起解决问题。而当父母受到外界因素影响而情绪低落、情绪波动大的时候，他们就会把心中的怨气撒到孩子身上，孩子的一点儿小错也会让父母掀起轩然大波，甚至大动肝火地对他非打即骂。久而久之，父母在类似事件上迥异的态度会使孩子感到莫名其妙、无所适从。上次这件事情我这么做，被父母表扬了，怎么这次这么做就被妈妈骂了呢？孩子想不明白问题到底出在哪里，会对一件事情的正确与否产生怀疑，久而久之就会对父母失去信任。

  父母作为成年人，应当控制好自己的情绪，对于事件要有一个始终如一的评判标准，无论孩子做了什么事情，都不能因自己的心情高兴与否随便改变对事情的看法和评价。只有父母不再因情绪波动而摇摆不定，孩子才能获得正确而坚定的指导。

方法一：唠叨的妈妈别忘了孩子已经长大

  从提醒孩子在幼儿园吃饱穿暖，到平时细微琐事，妈妈们的唠叨总是不绝于耳："在学校觉得冷了要请老师给加书包里的背心啊！""老师没看见你举手就大胆地喊老师来啊！""在学校里要听话啊！""要多吃蔬菜，对身体好！"……父母总认为孩子还小，什么事情都需要自己多次提醒才记得住。父母们忽略了孩子已经逐渐长大的现实，总是担心他们这也做不好那也应付不了，可已经具有自我意识的孩子面对父母的唠叨，听着听着就左耳朵进右耳多出了。父母嘱咐的事太多、太杂、太细致，以至于孩子在众多信息中不知道该如何处理了，最后真把事情做砸了。而父母更会认为孩子不懂不明白，更加唠叨了。

  唠叨是很多妈妈经常犯的错误。她们觉得给孩子多讲几遍孩子就能记住了，这种做法往往达不到理想的效果，而且还有可能激起孩子的逆反心理。

  家长反复说教，不断给孩子施以大致一样的刺激，这样可让孩子形成"心理惰性"，丧失对家长的敬畏。倘若又一次出现相同刺激的时候，收到的教育效果会下降很多，甚至于根本就起不到一点作用。

  唠叨是一种单调、反复的刺激，是在精神上对孩子进行疲劳轰炸，没完没了地重复批评，只会让孩子更加厌烦，将孩子的敌意挑起来，让气氛变得更加紧张，使矛盾更加激化。

  虽然唠叨妈认为自己已经为孩子操碎了心，但是孩子压根儿就不领情，早都已经不耐烦了，甚至还出现了厌烦与反抗的心理。如何才可以不唠叨而又收到好效果呢？家长们不妨参考下面专家提供的方法。

在成长的过程中，孩子有很多的事情需要家长操心，然而，有些事情其实是无须注重的，随着孩子慢慢长大，会自然而然改变过来。所以，家长切不可过于琐碎，过紧地盯着孩子，要将主要的精力放在孩子成长中的那些重要的事情上，比如孩子的人生观、价值观、学习习惯、方法等。说得越多，那么孩子听从家长的机会就越小，家长的威信也会变得越低。正确的做法是：对于可说可不说的事情，最好不要说；同时有几件事情要说的，就将最重要的事情先说，等这件事了结之后，再说其余的事情；复杂的事情要分步骤来说，先从孩子最容易做到的步骤说起，将这一步完成了，再说下一步。

某些家长总是希望自己一说，孩子就会立即听，立即改正，立即达到自己的期望。事实上，这种想法是不符合孩子的成长规律和年龄特点的。孩子只是小孩子，他的心智与能力尚不成熟，很多事情他都无法理解，很多事情他也暂时不能做好。作为家长，一定要学会等待，理解孩子反复的行为。孩子的成长需要一个过程，这个过程不会因为家长的着急和唠叨而缩短。

每个孩子的内心，其实都想做一个好孩子，并且还具备追求上进的心。孩子一时没有表现好，多数都有他自己的原因。家长应与孩子一起面对问题，共同寻找有效的改进方法。某些家长有非常强的"控制欲"，总想让孩子根据自己的意志去做。然而，孩子是一个独立的个体，他有自己选择的人生路线，到底怎么做，他有权利自己决定，根本就没有义务处处按照家长的"规划"去做。倘若孩子用自己的方式对待生活，那么做家长的应该感到欣慰，而非失落。

如果孩子犯了错误，家长就应及时告诉他错在哪里。倘若孩子自己知道了，家长就无须再说。孩子在什么地方需要改善，家长就将问题的所在明确地指出来，并提出自己的期望，同时还要尊重孩子改变的过程。遵循就事论事的原则，家长应尽可能用最简明的话语进行表达。千万不要把陈年老账全都翻出来，从头开始一一数落，这样做只会让孩子失去仅有的自信。

方法二：严厉训斥孩子的错误不如常常夸奖孩子的进步

严厉的批评只会让孩子慢慢地走向懦弱。我们经常听到这样的说法，有个强势的妈妈往往会有一个懦弱的儿子。如果我们希望孩子们能够不断进步而不是每天沉浸在错误中，不断地否定自己，父母们就要多夸奖孩子的进步，对孩子的错误要和他们一起分析哪里错了，怎样改正，这比单纯的批评更有意义。

对于夸奖来说，很多家长并不会用，他们夸不到点子上，不正确的夸奖往往会让孩子变得骄傲自大，觉得自己什么都能做好，什么都很厉害，而这种想法，本身就是错误的。

有人做了这样一个实验：研究人员首先让幼儿园的孩子们将一些难题解决，接着对其中一半的孩子们说："你们答对了8道题，真的非常聪明。"然后又对另一半的孩子们说："你们也答对8道题，的确很努力。"之后，研究人员又给他们提供了两种任务，让他们自由选择：

一种任务可能会出一点差错，但最终却可以学到很多新东西；另外一种任务则有充分的把握，可以做得足够好。结果，一多半的被夸聪明的孩子都选择了第二种任务，也就是容易完成的任务；而在被表扬努力的孩子中，则有90%选择了第一种任务，即具有挑战性的任务。

年纪幼小的孩子们也是要"面子"的。雯雯已经习惯了"唱得（跳得）真好""雯雯最棒了"这种夸奖，心理上默认了自己"最棒、最好"的形象；但是孩子慢慢会有自己的判断力，在幼儿园与其他小朋友在一起的时候，谁唱得、跳得更好有目共睹！一旦感到自己表现不够好，却又不愿意破坏以前的"最棒"形象，孩子就不愿意再在大家面前展示。这样一来，就让孩子少学到很多东西，也失去了许多的机会。

家长在夸自己的孩子时，千万不要贬低其他小朋友，比如说"不像××那么笨"这样的话，而应当鼓励孩子向某某小朋友学习。夸奖孩子的时候，家长也不要随便地许诺，常言道，"轻诺者易寡信"，倘若到时候无法做到的话，孩子就不会再信任家长了，对于家长的表扬，也不会再珍惜了。对于孩子的每一个进步，倘若家长都用"真聪明"来定义的话，那么结果只会让孩子认为好成绩全靠聪明的天赋。一方面，孩子会逐渐变得自负起来，当然，这种自负并非自信；另一方面，当面对挑战时，孩子会采取回避的态度，因为不想看到和聪明不相符的结果。

前几年的美国教育界，盛行着一种"好孩子是夸出来的"观念。孩子们通常每天都可以获得肯定，稍微有所表现就能获得言语等方面的奖励。然而，布鲁金斯学会布朗教育政策中心2006年的一项研究显示，在国际数学竞赛中，美国8年级学生的成绩只能算得上中等，可是与新加坡、韩国等成绩更好的国家的学生相比，美国学生的"自信心"却非常的高，更喜欢报告说自己的"数学学得较好"。就像前面美国研究人员所做的实验一样，事实上被夸奖很努力、敢于冒风险的孩子更喜欢接受挑战，从而实现更大的成功。这些孩子相信能力是可以通过学习新事物而不断发展的，而并非与生俱来的，他们的长期表现通常也会更好。

孩子表现好的时候，家长的第一反应通常就是"你真棒"，有时候甚至会无意识地随口说出来。从表面上看起来，这种行为的确既省事，又与鼓励为主的教育精神相符合。然而事实上，一旦这样的表扬多了，孩子就很容易听腻，结果就很难起作用了，更有甚者，还会让孩子变得敏感脆弱，对于负面的批评和指正总是听不进去，即便是对于正常的约束和批评也承受不住。

家长总是笼统地对孩子进行表扬，很容易让孩子感到无所适从。也许孩子只是很少见地端了一次饭，妈妈看见后便兴高采烈地说道："好孩子，你真棒！"这样做，还不如对孩子说："谢谢你帮妈妈端饭，妈妈很开心。"**只要孩子做出好的行为，家长就应及时给予表扬，越小的孩子越要这样**。对于孩子来说，有针对性的具体表扬会更容易理解，并且知道以后应当怎么做，怎样努力。

用夸奖来代替训斥吧。孩子犯了错误，许多父母会在第一时间严厉地训斥孩子，不给孩子任何解释的机会，单凭自己的片面判断盲目地判定孩子所犯的错误不容原谅。这样训斥孩子不仅起不了任何教育意义，反而会让孩子因为害怕父母生气而什么事都不敢再和父母交流了。父母看到孩子犯错，远远偏离自己的期望，甚至与自己的期望背道而驰，确实又气又急，但我们要明白训斥对孩子产生的危害，尽量克制自己的情绪，给孩子解释的机会。平静地沟通，了解事情发生的前因后果，引导孩子认识并改正自己的错误。或许在与孩子的平等交流中会蓦然发现，孩子只不过是好心办了坏事而已。

方法三：一味迁就纵容和过于理智都不行

我们经常看到只要孩子提了要求就不断妥协的家长：

"嗯？买错了？这不是你要的那套绘本啊？明天妈妈重新给你再买。"

"不是说想吃西红柿炒鸡蛋吗？怎么又要吃饺子了？宝贝儿，妈妈这就给你包饺子去。你别着急，好好玩会儿玩具，马上就包好了。"

父母一味地迁就孩子，不仅会使孩子渐渐养成依赖性强、软弱任性、自私固执等不良的人格特点，而且这种妥协式的沟通也不是真正解决问题的方法。仅仅是通过回避问题来解决问题，看似问题不存在了，其实只是绕了个圈而已。这样的结果就是，某天自己没有时间、没有精力、没有条件再去迁就孩子的时候，所有积累的问题就会一发不可收拾地爆发。

所以，父母不要因为爱孩子就无条件满足他的要求，无原则地按照孩子的想法来规划全家的生活。应该和孩子保持平等的地位，该做出表率时要坚持、坚决，该严词拒绝的就要坚定，这样树立父母在孩子心目中的威信，才能让孩子认识错误，才能让孩子学会尊重父母和他人。

除了过分迁就孩子的父母，还有过于理智的父母，对孩子的成长也不利。

父母对待孩子过于理智，规范意识太强，会让孩子备受压力。

孩子带着最喜欢的卡通书出门玩时不小心弄丢了，他央求父母再买一本。

父母说："怎么会丢呢？叫你别带出去，你非要带去炫耀，这下好了，丢了吧！"

"妈妈，我最喜欢那本了，再买一本吧！"

"那本书刚买几天你就弄丢了，这么不爱惜，我都不愿意再买给你了……好了，这次我可以买，但下次要是再把书、玩具弄丢，我就真的不会给你买了。小孩子要爱惜物品，给你的书本、玩具要懂得珍惜……"

教育孩子时过于理智，会使父母以过强的"规范"意识看待孩子，对孩子的优点、成绩视而不见，反而对缺点和错误紧抓不放。这种父母在任何时候都不忘敲打、警示、规范孩子，这样容易产生亲子感情障碍。从长远来看，对孩子健全人格的形成也是非常不利的。教育孩子时，父母要把握好"度"，不能时时刻刻想着抓住机会规范孩子，要善于发现孩子的优点。父母要看到，孩子把书弄丢了，是粗心大意的表现，但也说明他爱书，并且愿意把自己最喜欢的东西和同伴分享。父母不要只盯着孩子的缺点和过失不放，应该看到孩子也有值得肯定和鼓励的地方。

4 父母不能恐吓、吓唬孩子

我们经常看到有家长恐吓孩子。如果不听话，就会……这些用来恐吓孩子的对象，往往会成为孩子的梦魇。它们赶走孩子的好奇心，让孩子变得畏缩不前。

豆豆感冒了，爸爸妈妈带他去打针。由于对医院的环境感到很新鲜，因此豆豆开始的时候还悠然自得、无所畏惧。然而，医院里时而响起的小孩子的哭声渐渐引起了他的注意。

"妈妈，打针是不是很疼？"豆豆问道。

"豆豆是不是害怕了，不怕，这个就像蚊子咬一下就好了，你不是最勇敢的孩子吗"妈妈鼓励豆豆。

豆豆没有吭声，眼里闪出恐惧，竟然显示出要哭的意思。

"豆豆，不许哭！"妈妈这么一说，豆豆真的哭了起来。"不许哭！再哭，妈妈就不要你了！"

豆豆哭得更大声了。

为了教育不听话的孩子，家长常用威胁、恐吓的话语来吓唬他。对于不懂事的孩子而言，要向他们解释为什么要听话，远不如威胁恐吓的话效果来得更快。然而孩子毕竟只是孩子，他们不明白家长的话只是为了吓唬他，并非真的不爱他、不要他了。**作为家长，应该明白，恐吓孩子是一种愚蠢的教育手段，很多时候，这种做法不仅无法让孩子变得听话，还会伤害到孩子的心灵。孩子最需要的，就是一种身体与心理的安全环境。**

方法一：不要让恐吓赶走孩子的好奇心

常言道："初生牛犊不怕虎""不磕不碰长不大"。孩子能够了解周围世界的"危机四伏"，并认识到只有勇敢者方可走出去，正是通过一次次探索，一次次的"意外"体验而达成的。儿童专家指出，大声叫喊是孩子对恐怖刺激的先天反应，后来因为受到周围环境的影响，才逐渐形成了"怕"的观念。在平时的家庭教育中，一旦孩子不听话或淘气，那么在这个时候，某些家长就会用鬼或狼吓唬孩子，如"你如果再不乖乖听话，晚上就会有鬼把你抓走"，这种方法极易让孩子产生怕鬼或怕狼的心理。我们还经常用警察、医生和老师来吓唬孩子。

一个怕医生的孩子，生病的时候是不会跟医生合作的；一个怕警察的孩子，即使他迷路了，他也不会去求助警察；一个怕老师的孩子，怎么可能专心听课呢？

不要说孩子，我们每个人都有害怕的心理，只是害怕的对象不同，那为什么还要让自己的孩子产生这样害怕的心理？恐吓孩子还会让他学会欺骗。当我们用大灰狼、老虎、警察、医生来恐吓孩子时，只是吓唬吓唬并没有真正实施。虽然这种无中生有的手法第一次可以灵验，但第二次、第三次则会功效大减。一旦孩子发现大人的破绽，就再也不会相信大人的话了。相反，孩子还从中学会了欺诈行为，以后不但会用在大人身上，而且还会用在其他小朋友的身上。

我们知道孩子最难得的就是好奇心和探索欲，他们兴致勃勃地来到这个世界，对于他们来说，一切都是新鲜的，都是未知的，都是值得探索的。当家长不断用恐怖的形象来恐吓孩子时，他们不敢动一动手脚，甚至在脑子里做任何事情，都会担心这样做会导致"不良后果"，久而久之，孩子就会缩手缩脚，对一切产生恐惧，失去探索的欲望，失去开始的自信和兴致，变得畏畏缩缩。

事实上，这些空洞的恐吓不能发挥一点实质的作用。当家长不断告知孩子："倘若你再做这件事……"孩子通常都听不到"倘若你"这三个字，只听到"再做这件事"，有时孩子会把这件事理解为"爸爸妈妈希望我再做一次，倘若不做的话，他们会很失望的"。孩子肯定会再次做那些令家长反感的行为。

恐吓实质上是在挑战孩子的自主权，倘若他还有一点点自尊的话，经常听到空洞的恐吓，时间一久，他就会再一次违纪，以此向家长宣示，他不怕那些空洞的恐吓。

方法二：当孩子面临恐吓的时候，父母要给孩子及时的保护

在日常生活中，家长不能为了图省事而随意吓唬孩子，从而让其顺从自己的权威，不然的话，很容易让孩子形成胆小、懦弱的品质，并使其个性受到束缚。孩子的身心健康都是在家长的爱护下养成的，这些家长都知道用爱为孩子的心灵疗伤。日常生活中，家长千万不要恐吓孩子，这样才有助于帮

助孩子消除来自客观环境的某些威胁与精神压力。

在孩子哭闹时，家长应该对其进行温和的、耐心的安慰与劝解，缓和地抚平孩子的激动情绪，并转移他的注意力。对于新鲜事物，孩子通常都十分感兴趣，这样他便会自然而然地停止哭闹了。

父母要用积极向上的故事来激励孩子。

在日常生活中，家长可以经常给孩子讲一些积极向上的故事，从而使其受到启发。比如说，当孩子在睡觉、吃饭、穿衣等方面常常不配合家长的时候，家长可以用故事中的形象，对孩子进行耐心的引导，督促孩子向其学习，切不可使用恐吓的方法。

当面对生活中实际存在的威胁和压力而无力对付时，孩子也会产生害怕情绪，比如担心安全而不敢过马路等。家长应通过讲述科学道理、实际示范，以及让孩子实际观察，耐心启发或鼓励孩子等途径，将孩子的心理阴影消除掉，同时还要教给孩子克服那些威胁与压力的方法。如孩子害怕过马路，那么就教他安全过马路的方法：根据红绿灯的提示，坚决走斑马线。家长一定要让孩子相信，对于孩子难以适应的突然惊吓以及确实危险的事情等，家长都会及时地给予保护。

5　孩子上幼儿园不能缺少的安全教育

对于上幼儿园的孩子们来说，他们对外部世界充满了好奇，对身边潜在的危险毫无察觉，有的危险会让孩子受过一次教训之后就刻骨铭心，比如被抽屉夹到手，被刀划伤手指等。我们并不能时时刻刻在孩子身边为他们"保驾护航"。所以，为了孩子的安全，我们必须要让孩子明白：父母禁止的事情千万不要尝试。

孩子们都有一股初生牛犊不怕虎的劲头，他们往往意识不到危险，还没有安全意识，往往不知道如何保护自己，此时，爸爸妈妈和老师都要给孩子们讲讲安全知识，让他们在安全的前提下去游戏玩耍，这样才能有一个快乐的童年。

很多危险的游戏，家长越反对，孩子越想玩，甚至背着大人偷偷玩危险游戏，更失去了遇到困境向大人及时求救的机会而导致意外发生。所以，我们要让孩子知道，有些危险的游戏不能玩，遇到别的孩子玩危险游戏不仅不要参与，还要及时告诉大人。

4岁以下的孩子基本和父母、老师在一起的时间较多，脱离父母视线单独玩耍的时候极少，而5、6岁的孩子相对而言身体素质较好、懂得一些基本的安全知识，逐渐有了一些相对自由的玩耍机会。尤其是男孩，往往几个男孩远离父母，相约在楼下或小区里玩耍。虽然小区环境相对安全，但小区里也有许多安全隐患，我们要提醒孩子，不要因为小动物可爱就随便捉弄它们，避免被猫狗挠伤引发狂犬病。不要随意进入小区里的草坪或树丛，避免遭遇蜂虫。更要远离蜂窝，不要把捅蜂窝当作好玩的游戏。

方法一：让孩子一定要保护好自己的眼睛

蓓蓓今年4岁了，每天从幼儿园回到家第一件事情就是看电视。妈妈老是提醒她要保护好自己的眼睛，蓓蓓总是一点儿都不在意。在幼儿园，保健医生发现蓓蓓老是揉眼睛，保健医生提醒蓓蓓妈妈，蓓蓓的眼睛要好好保护，不能让孩子过多地看电视。蓓蓓妈妈规定蓓蓓以后放学只能看一集动画片，保健医生也告诉蓓蓓，眼睛一定要保护好，要是近视了，就不好恢复了。蓓蓓乖乖地点了点头。从此以后她放学看一会儿电视就乖乖地去玩玩具了。一段时间以后，蓓蓓不再天天揉眼睛了。

稍微留心一下，我们就会发现，现在上幼儿园的孩子有的都戴上近视眼镜了。现在的孩子们接触各种电子产品的机会很多，电视、电脑、手机等各种电子设备，对孩子的视力影响很大。孩子的眼睛还处于生长发育的时期，保护好了眼睛对孩子非常重要。在他们不知道如何保护好自己眼睛的时候，家长们一定要督促孩子，教育孩子，让他们认识到，眼睛是心灵的窗户。

孩子阅读量从3岁开始明显增大，比以前有更长的看书、画画等近距离作业时间，所以要教育、督促孩子从这一阶段开始就养成良好的阅读、写字习惯。孩子阅读时，要监督他保持正确坐姿，书本和眼睛保持一段距离，而且不要躺在床上和在行驶的汽车里阅读。还要控制孩子在家里看电脑、看电视，或其他会加重视力负担的活动。

看电视时，要根据房间的大小选择合适尺寸的电视，要使孩子的眼睛与电视屏幕在同一水平线上，避免孩子出现俯视或仰视的姿势。要想孩子建立良好的习惯，关键在于能否真正重视并坚持下来。不要在孩子小的时候疏于监督，好的习惯没在幼儿园阶段养成，以后改起来就会更加困难。

由于孩子的双眼正处在视力发育的关键期，需要接触到外界适当的光线、色彩、图形的刺激，才能促进视力发育得更完善。所以，我们要尽量为孩子的眼睛提供一个形状多样、色彩丰富的环境。不仅要为孩子选择字体较大、颜色图案较多的书籍，还要注意在户外活动的时候防止紫外线伤害孩子的眼睛，应当为孩子准备帽子或遮阳伞。

多给孩子吃一些护眼的食物。

豆豆非常喜欢吃胡萝卜，妈妈告诉豆豆，胡萝卜是"小人参"，多吃胡萝卜能让豆豆的眼睛又黑又亮。豆豆每天的食物中都有一些胡萝卜，他最喜欢吃的是胡萝卜炖牛肉，每次都能吃一小碗菜，长期坚持下来，豆豆的眼睛确实很好。

我们保护孩子的眼睛还要从饮食上多加注意。要保持视功能的良好，必须在日常生活中摄入足够的营养物质。

鱼肉含有较高的动物蛋白质及钙、铁、磷，有消除眼睛肌肉紧张的作用。

鸡蛋可以增强孩子的智力和视力。

山药不仅健脾开胃，经常食用还能促进耳聪目明。百合不仅清热、醒脑、润肺，和鱼搭配还有明目护眼的功效。动物内脏如鸡心、鸡肝等，含有丰富的维生素a，能够明目养心、补血健身，对孩子的生长发育有积极作用。

妈妈要控制孩子看电视的时间。

随着孩子年龄增大，电视对他的吸引力也越来越大，我们更要抓住幼儿园孩子眼睛发育的关键时期，不让他们过早地接触电脑、电视，更不要看三维影像，而应该多带孩子走出家门，到户外接触大自然中的立体事物。指导孩子自然站立之后，两眼先平视远处的一个目标，比如远处的钟楼、塔顶等，再引导孩子慢慢收回视线，观察附近的动植物，之后再把视线由近及远转移到原来的目标上，达到保护眼睛的目的。

在孩子看电视时，要和孩子约定看电视的时间，纠正孩子的坐姿，不要坐得太近，距离以电视屏幕对角线的5倍为宜。如果发现孩子在看电视或看书的时候出现斜眼或眯着眼睛的情况，最好及时到医院就诊，找出原因后及时纠正。

注意培养孩子养成正确的读写姿势。看书时要做到"肩不耸、头不歪、背要直、书和身体距离一尺"。如果没有为孩子准备专门的儿童学习桌椅，用的是成人桌椅，就要想办法用加书本或垫子等方式调节桌椅的高度，使孩子的双腿不悬空，大腿保持水平。提醒孩子看书、画画半小时之后要远眺一会儿。

除了看电视，现在的孩子接触电脑和手机的时间也越来越早，除了控制孩子看电视的时间，也要控制他们使用电脑和手机的时间。

方法二：让孩子远离这些危险的游戏

不能玩塑料袋套头的游戏

塑料袋给我们的生活带来了便利，但是对于孩子来说，它可能就是一件凶器。

塑料袋本身并不危险，关键是要孩子知道哪些事情不能做。有的孩子在玩耍的时候喜欢把塑料袋套在头上当帽子戴，或者套在面部当面具，这些都是十分危险的做法，容易使孩子因窒息而死亡。孩子觉得把塑料袋套头上好玩，等到塑料袋随着呼吸贴近口鼻，孩子就不能大声呼救。尤其是3岁以下的孩子，自己不懂得如何拿下塑料袋而在感到呼吸不畅时会出于求生本能乱抓一通，更会使塑料袋越缠越紧。

我们可以对孩子进行教育，通过警告、劝告让孩子放弃用塑料袋套头玩耍的行为。对于特别执拗、不听劝告的孩子，不妨尝试让孩子在家长的监护之下体验塑料袋蒙住口鼻带来的呼吸困难，这样更能防止孩子以后再往头上套塑料袋，防止在大人看不见的时间段发生危险。

别人荡秋千时不能追疯打闹，要学会躲闪。

我们往往教孩子在荡秋千时要抓紧秋千绳，保持中心稳定，并尽可能把身体重心后移，这样才能不从运动中的秋千上掉下来摔伤。而我们却忽略了教育孩子在别人荡秋千时注意安全，不能和正在玩秋千的孩子打闹嬉笑，不仅会影响玩秋千孩子的平衡性，更会使自己受到不必要的伤害。

有的孩子在排队等待玩秋千时和同伴玩闹，不是去扯玩秋千同伴的鞋子、裤腿，就是和其他排队的孩子在距离荡起的秋千很近的地方玩耍。这都是非常危险的，很容易被荡起的秋千或秋千上的孩子撞倒，后果十分严重。所以，我们要教育孩子在别人荡秋千时学会躲闪，要与秋千保持一定的安全距离。

不能玩倒滑滑梯或是反上滑梯的游戏。

幼儿园阶段的孩子，骨组织比较柔软，可以做很多在成人看来比较高难的动作。但是，任何事情都是双面的，孩子的骨组织柔软，在受到外力的作用时很容易发生变形。如果孩子倒滑滑梯，会对颈椎产生猛烈的挤压，可能引起椎骨的变形，不仅影响孩子的生长发育，严重时还会造成胸部以下截瘫。而且，在倒滑滑梯时，孩子的头部可能先着地，滑下来的一切冲力都将由头部承担，一旦和地面产生撞击，轻者擦破头皮引发大量出血，严重的更会引起脑震荡。我们要让孩子明白倒滑滑梯的危险性，避免孩子发生意外。此外，不少孩子还喜欢反着爬上滑梯，他们觉得那样与众不同，显得自己很能干、很厉害。其实这样的玩法也有许多安全隐患。反上滑梯会和顺滑滑梯的孩子发生冲撞，而顺着向下滑的孩子所带来的冲击力会使反上滑梯的孩子受到伤害。而且，孩子在反上滑梯的过程中也会因为脚下不稳而摔倒，发生下颌损伤、嘴唇破裂、门牙磕落等意外。所以，不仅要让孩子学会按顺序排队玩滑梯，更要教育孩子不能倒滑或反上滑梯。

玩捉迷藏时千万不能藏入无人照看的地方

曾有这样一个让人痛心的报道，两名9岁的女孩去玩耍，结果离奇失踪。家人多方寻找无果。不仅引发媒体关注，更利用流行的微博呼吁网友提供线索。然而，在孩子失踪6天之后，家人才偶然发现，两个女孩躺在家里4楼的木箱里，早已窒息死亡。孩子们都很喜欢玩"躲猫猫"游戏，但这个令孩子痴迷的游戏却隐藏着太多的伤害。有的孩子在超市和父母躲猫猫时走失；有的孩子为了不被同伴发现，躲在汽车后被粗心的司机开车碾压；有的孩子爬到了楼顶墙外的挡雨台失足坠落；有孩子躲在灌木丛中被刺伤眼睛；有的孩子躲在狭小的空间中被卡住；更有孩子钻进了像挤压机、挖土机这样的机械设备中惨受伤害。

虽然"躲猫猫"游戏有利于孩子短暂性记忆的发展，增强孩子的身体灵活性和思维能力以及与同伴的交往能力，但在游戏中如果孩子藏到了无人照顾或无人知晓的地方，就会引起意外伤害甚至死亡。所以，我们必须让孩子了解"躲猫猫"好玩但也有危险性，教育他们在游戏中首先要学会照顾好自己，然后再玩乐，要引导孩子注重游戏过程，不要太过看重游戏的结果。让孩子明白：不能因为"躲猫猫"时被同伴发现就觉得自己失败了，防止孩子为了不被同伴发现而竭力藏身在没人照顾的地方。

方法三：告诉孩子，不要尝试明确禁止的危险事

教给孩子一些安全用电常识。

幼儿园孩子好奇心强，从会爬行开始就喜爱到处探险，特别对小孔小洞有浓厚的兴趣，看见小洞或者小孔就想用手指、小棍、铁钉去捅，或者学着父母的样子用镊子等金属器具插入电插座双孔里，还很得意自己的"修理技术"。而且，孩子对电视机、手机感兴趣，常常想自己打开电视看动画片或是帮助父母给手机充电，这些都容易发生触电事故。

我们可以在电源插座上安上安全电源插座的护盖，或者在电源插座不用时插入安全隔离插销。但是，我们更要让孩子知道"电"很有用，但也很危险，在源头上杜绝孩子触摸电源插座的行为。要教孩子学会看安全用电的标志。红色的"当心触电"标志表示禁止、停止的信息，看到红色标志，应该严禁触摸。黄色的"注意安全"标志一般说明那个地方危险，要注意安全，远离危险，不能在那附近玩耍。

我们要告诉孩子，家里的每个电源插座上面都有两个或三个窟窿眼，那些小洞里都有电，只要把电视机、电冰箱、洗衣机等电器的插头往插座里一插，拨动开关，电视机就能收到节目，电冰箱就能制冷，洗衣机就能洗衣服。电的用处非常大，但电也很危险。如果用手去摸电源插座，人就会触电受伤或是被电死，再也见不到爸爸妈妈了。孩子在户外活动时，要教育他不要爬电线杆，不要在高压线下游戏，更不能用手拉电线，以防触电。

现代家庭中的电器越来越多，电器设备给孩子带来的吸引力和危险也增加了。虽然聪明的孩子随着年龄增大常常会自己学会一些操作方法，懂得自己开关电视，为自己选台，但是明智的父母一定要时刻注意以身作则，并及早教会孩子安全用电知识，让孩子学会自我保护。

不拿铅笔、竹签、小棍、筷子奔跑。

我们要教育孩子不能拿铅笔、筷子、竹签、小棍等一切尖细的东西玩，

更不能拿着跑，现实生活中已经有许多因拿这些尖锐物品奔跑摔倒导致的意外事故。

一个三岁半的孩子跟在爸爸后面走时，一不小心摔倒在地。原本只是一个普通的摔倒，却给这个家庭带来了惊魂的灾难。谁也没看见孩子手里什么时候拿着一支筷子，在他摔倒在地的瞬间，筷子从孩子的嘴里插进了颅腔。经过5个多小时的抢救，孩子幸运地脱离了危险，但这一次灾难让父母感到后悔又后怕。而且，像这种意外伤也经常发生在我们周围。某著名医院眼科每年能收治眼外伤患儿50~60个人。这样的数据令人担忧，孩子的身体协调能力较差，特别是幼儿园孩子，小肌肉感统平衡能力不强，如果拿着尖锐的东西玩耍，一不小心就会受到伤害。而孩子由于语言表达能力差，一旦发生铅笔笔尖断裂在眼睛里或是小棍、竹签插入面部较深，大人很难发觉，就会延误病情，等到孩子的伤势已经出现明显症状了才急忙去医院，会造成不可逆转的伤害。眼睛受伤如果耽误治疗特别容易失明。如果发现孩子眼睛不舒服，老是揉眼睛，或眼睛红肿，一定要第一时间到医院就医。

平时要注意教育孩子，让孩子意识到玩耍尖锐物件的危害，告诉孩子：筷子是吃饭时用的，其他时候不能使用。不要拿着铅笔、小棍跑，如果戳到眼睛的话很疼，就看不见爸爸妈妈了，还看不到自己心爱的图书和玩具了。

第七章

当敏感期、叛逆期碰上幼儿园

1 接纳孩子的第一个叛逆期

暖暖刚过完3岁生日，已经长成一个聪明又机灵的小女孩了。然而，爸爸妈妈都反映，暖暖在家很任性。比如说，家里有一个药箱，爸爸妈妈不许她玩，暖暖偏要把药撒得满地都是，以此来"示威"。

有一天，爸爸让暖暖识字，然而，暖暖并不愿这么做，随后便拿毛毛熊玩了起来。等到爸爸想教暖暖学画画的时候，她却吵着要写字。这个时候爸爸说了她几句，暖暖就跟爸爸翻脸了。爸爸不让暖暖在家里乱丢杂物，不要把房间弄乱，暖暖却说就要弄乱，说完之后，还将手上的书往地板上丢了过去。爸爸仅仅多说了几句，暖暖就大喊大闹起来。爸爸实在忍不住了，把暖暖狠狠地揍了一顿，惹得暖暖号啕大哭。从第二天开始，父母决定通过给暖暖立规矩的方式来约束孩子：不准玩药箱，不准乱丢东西，每天只能看一个小时的动画片……

然而，这些措施完全没有效果，暖暖对这些规矩视而不见，一不高兴就耍赖、发脾气和哭鼻子，无论父母施加什么手段，她都反抗。因为暖暖的叛逆，父母伤透了脑筋。

孩子两岁后不知道怎么了，经常和妈妈顶嘴，一向听话的孩子突然就变得任性、固执、软硬不吃、和父母对着干、不讲理认死理。他的要求没有达到满足的时候常常号啕大哭，还会在哭的时候随手乱扔东西，甚至用自己的小脑袋把地板撞得"咚咚"响。爸爸妈妈们对此十分抓狂："我们的小天使怎么突然变成了小恶魔？"

就拿孩子尿尿的事情来说吧，很多父母都有过这样的经历：好说歹说抱起了孩子，给他把尿，可他说什么都不肯，还把腰挺得直直的，好像他真没有尿。可当我们把孩子一放下来，他却很快就尿了一身，我们不得不特别郁闷地张罗着给孩子换洗……

其实，孩子并不是故意和我们对着干，而是此时的他喜欢自己拿主意，喜欢自己决定自己的事情。只是孩子不愿意让我们控制他什么时候尿尿而已。其实，孩子控制尿尿的能力在于他的生理是否成熟，他不接受，那就说明时间还没到，作为父母也不要强制要求，孩子尿湿了裤子，也不要责罚，而应该多加引导，比如带着宝贝一起上洗手间，因为对于孩子来说，模仿才是最好的学习方法。

两岁左右的孩子，他们的自我意识逐渐加强，"我"的概念越来越清晰，如果大人的行为或语言让孩子感到自己被约束，妨碍了孩子独立的发展需要，孩子就会以那些令大人头疼的方式来确立自己的独立性。所以这一时期是"第一叛逆期"，也叫做"第一执拗期"。

方法一：父母要认识到，叛逆期是孩子成长的必经阶段

倘若从心理成长的角度来说，人生存在着两个非常关键的时期。一个是3岁左右的幼儿时期，即"第一反抗期"；另一个则是11～15岁的青春期，即"第二反抗期"。在这两个阶段中，孩子心理状态发展得怎么样，往往会对其将来性格的形成产生重大的影响。对于3岁左右的孩子而言，随着身体的不断成长，大脑也急剧发育起来，孩子的思维活动开始出现了极大的转变，自我意识也已得到初步的形成。

这个时期的孩子，对于那些印象强烈的、带有情绪色彩的事情，往往最容易记住。孩子开始具备了一定的想象力，在日常生活中看见家长自己穿衣服，他也会进行模仿，给布娃娃或自己穿衣服。孩子开始学会思考问题了，并且突出地表现在心理方面，出现独立萌芽的情况。孩子凭兴趣行事，对于自己的事情，他们总希望可以自己做，不想别人对自己的行为加以干涉。这一时期的孩子，最容易出现反抗行为。

对于处在"第一反抗期"的孩子，有不少家长往往会忽略其心理需求，

他们总认为孩子还没有产生自我的思想，于是千方百计地让孩子变"乖"，但是结果往往事与愿违、适得其反。实际上，对待处在"第一反抗期"的孩子，倘若家长一味地宽容，听之任之，就会让他们无法分清对与错。有时候甚至会错误地将胡闹当武器，在大人面前极尽撒娇、耍赖之事。然而一味地拒绝，又会让孩子感到家长是一个很不人道的人，这样一来，"逆反"心理反而会变得更加严重。

方法二：自我意识的强烈是这一阶段的心理特征2p14

星期一的早晨，妈妈要送美美去幼儿园。

孩子："我要穿那条有小兔的短裙！"

妈妈："乖乖，那条裙子是夏天穿的。现在是冬天，太冷了，不能穿。"

孩子："不行，我就要穿！我不怕冷。"

妈妈："那绝对不行，你必须穿裤子！"

孩子："不，我就不穿裤子！"

妈妈："你见谁大冷天的穿短裙啦？你怎么不听话呢？"

孩子："我就要穿那条有小兔的裙子！"

接下来的场景就是妈妈的怒火蹭蹭往上蹿，最后忍无可忍朝孩子的小屁股挥去了"五指山"，最终孩子哭号着穿好了衣服、抽噎着被送到学校，妈妈一路狂奔赶到单位又因为迟到被扣掉了奖金。这样的早晨曾让多少妈妈为之崩溃啊！

我们对待"第一叛逆期"的孩子，不能有图清净，赶紧让孩子消停了的想法。一旦有了这种想法，就会一味地迁就孩子，无条件满足孩子的各种需要。

也不能有"孩子怎么不听话，得好好教训教训"的想法。如果父母感到不耐烦，用压制甚至动用武力的方式使孩子妥协听话，孩子会越压制越叛逆。因为他并没有意识到自己哪里做错了，也不会觉得自己这么做有什么不对。"我不开心，我就哭；我不高兴，我就闹，我就是我，我就爱这么做！"

了解了这一时期孩子的种种变化皆起因于自我意识的强烈，并没有本质上的恶劣、没有严重的原则问题。那么，在面对这一时期的孩子时，我们就要用耐心、平常心来对待孩子的变化。真心理解孩子这一时期的正常心理需求，对于孩子的任性要耐心地调教。不少孩子都能在我们的耐心中逐渐意识到自己的错误，渐渐地具备一定的自我反省能力。孩子做到这些需要时间，我们可以宽容地给孩子自我调整的机会，耐心地等他自身的情绪稳定下来之后再进行沟通。我们要正确对待孩子的叛逆，千万不能把大人的一些思想与做法强加给孩子，因为你很有可能会发现，孩子的一些做法往往比大人更明智，更令人深思。

方法三：尝试理解和接受孩子的无理要求

由于孩子的年龄还比较小，其思维仍是单维度的，因此孩子的秩序感才表现得过分单一。根据自己的经验，孩子会认为秩序是无法更改的。更何况，3岁左右的孩子，其记忆的时间是十分短暂的，他们只记得最近的事情。比如说，最近吃饭时总是和奶奶挨着坐，那么不用多久，孩子就会忘记过去是与爸爸挨着坐的。也就是说，倘若孩子的旁边坐的是别人，而不是奶奶，那么他就会吵闹。在孩子的意识中，记得的只是最近的事情。

对于孩子眼中的世界，多数家长一般都不会刻意关注，如此一来，孩子一旦在情绪上产生了波动，那么在这个时候，他一定会吵闹和反抗。在日常生活中，家长应注意观察与倾听，充分了解孩子的想法，然后再按着孩子的意思来，如此，孩子自然就不会再吵闹和反抗了。

孩子的要求明明有违常理，为什么不及时纠正反而还要顺应他的无理要求呢？如果孩子异常烦躁，非要按照他的想法来行事，我们不妨顺应他一次试试看。因为孩子非要反对你的建议，他就会更加固执己见，双方的坚持只

会让矛盾升级，并且使对方的决心更加坚定。如果你顺应了他的要求，他的反对和坚持就无的放矢了，他反而会觉得没意思。

拿大冷天非要穿裙子这件事来讲，父母可以退一步，提出穿好大人安排的衣服之后可以给她穿那条夏天的裙子，这样折中的办法多多少少能让处于亢奋状态的孩子感到"小小的得逞"。而那样的穿着是否奇怪，她出去就知道了，如果并未对她造成影响，父母也大可睁一眼闭一眼，对于孩子的独特品味，我们欣赏不了，但还是可以包容的。如果出去后他通过别人的眼光意识到自己的错误选择，会感到不好意思，父母也不用得意地说："看吧，这么穿会被人笑话吧！"这样会让孩子感到难受。如果他通过自己的真实感受明白了这样穿确实不太好，那么她下次就不会这样穿了。

孩子在这件事情上想自己做主，那就给孩子充分的空间让他自主选择。孩子可以在购买或选择衣服时提出自己的意见，但为了避免让孩子眼花缭乱而不知如何选择，父母可事先帮孩子缩小选择的范围。比如告诉孩子，"天气热了，该穿短裤了，而你去年的短裤都小了，衣服还够用，我们今天去给你买两条短裤吧！"这样孩子就知道他是来挑短裤的，而且只买两条。还可以让孩子在少量的选择中选，比如问孩子："你今天愿意吃香蕉还是梨？"而不是问孩子："你今天想吃什么水果？"这都有利于孩子缩短选择的过程，并减少选择过程中发生分歧的可能。

方法四：甜言蜜语，给孩子戴"高帽子"

倘若孩子不听话，或者出现逆反情绪，那么在这个时候，家长不妨运用一些策略，比如故作神秘地问："你知道妈妈最喜欢什么样的孩子吗？"这个时候，孩子通常都会立即安静下来，并认真地听你说。目的达到之后，家长可以继续说道："妈妈喜欢听话的孩子，喜欢爱干净的孩子，喜欢讲礼貌的孩子。"作为家长，务必要坚持正面的教育，并在这个基础上，充分利用孩子渴望被家长认可的心理，适度地对他说一些甜言蜜语，让其安静下来。教育和引导孩子，是一件十分艰难的事情。在教育孩子的时候，家长应该将自己希望孩子接受的做法和其他几种做法摆在一起，然后让孩子自己进行选择，这样既可以培养孩子自己的独立性，而且还能让孩子心甘情愿地顺从你的意见。比如说，倘若想让孩子学习，可以提供写字、画画等多种选择，让孩子自己挑，这样一来，孩子就会很高兴地去做了。

小孩子的天性，就是喜欢听好话。当孩子闹别扭时，家长可以在坚持原则的情况下，适当地给孩子戴一些"高帽子"。比如，"贝贝是最棒的孩子，可以将房间打扫得干干净净"，"孩子是最听话的，非常懂礼貌"。当孩子听到这样的话之后，通常都不会再吵闹了。

方法五：对孩子的各种情绪，父母要给予一定的关注、理解和尊重

我们用一个最简单的案例来讲这个问题：

孩子大胆地给幼儿园全班小朋友讲了一个故事，受到了老师的表扬，他回家之后欢呼雀跃，上蹿下跳，却不小心砸坏了妈妈刚买的花瓶。

如果妈妈只看到了孩子打坏花瓶的"后半段"行为，完全忽视甚至抹煞了孩子的"前半段"的优良表现而一味地责怪孩子，孩子一定会感到特别难过，获得褒奖的激动和兴奋瞬间就被后悔、委屈所淹没。

接纳孩子的各种情绪是无论孩子在兴奋、快乐或悲伤、孤独时，父母都能够给予一定的关注、理解和尊重。父母要了解"接纳孩子的情绪并不等于赞同孩子的情绪发泄方式"，但接纳孩子的情绪却是体谅孩子真实感受、了解孩子想法的唯一途径。这里有三种接纳孩子各种情绪的方法可以参考：

首先，为了让孩子信任自己，可以用一些简短的话来换取孩子的平静心情。

如使用"是吗？""我明白了。"等，表示接纳孩子正在表达的情绪。之

后，可以以关心、理解的语气继续使孩子感受到自己正在"被关注"。如果一个孩子对父母哭诉："真讨厌！为什么别的同学会画心形，可我总是画不好！"善于接纳孩子情绪的父母会说："是吗？要不咱们一起多练习试试？"而不懂得接纳情绪的父母可能会说："别的同学有那个绘画细胞，画什么像什么。你不想画就不画了！"

其次，用和孩子相同的感受进行及时回应。

如果孩子高兴地说："妈妈，快看看我衣服上的贴画，悠悠送给我的呢！"妈妈可以说："真好。我也很喜欢这幅贴画。你的好朋友悠悠对你真好，改天我们也送她一种漂亮的贴画，怎么样？"这样的回答不仅令孩子满意，还会让孩子沉浸在喜悦中，感受到分享的快乐。如果孩子流露出悲伤的情绪时，父母要表示担心，并且关切地说："宝贝，怎么了？遇到什么问题了？跟我说说好吗？"这样温暖的关爱不会使孩子感到孤单，父母也更能了解到孩子的真实想法。

最后，家长要以童心接纳孩子的情绪。

如果孩子不小心把颜料抹到衣服上了，觉得好像干了件坏事，正一脸惶恐地望着妈妈，妈妈说："要是能有魔法把衣服重新变回原样该多好啊！"孩子原本紧张的心情马上就消失了。

2　孩子发脾气要疏不要堵

美美早上要妈妈给自己编两个辫子，可妈妈扎的头发总是不能让美美满意。美美觉得不好看，就一把把头绳给扯掉，让妈妈重新编。妈妈赶着上班，一边看时间，一边快速地动手。这让美美觉得很不舒服，认为妈妈没有认真给自己扎头发。

妈妈跟美美说要迟到了，我们得赶快。可美美一点儿时间观念都没有，还一再要求妈妈重编。妈妈一忍再忍，默不作声地把刚扎好的头发第三遍拆开。

美美见妈妈不吭声，她便更生气了，抢过妈妈手里的梳子就扔到地板上，还蛮不讲理地哇哇大哭起来。妈妈只好哄着美美，捡起梳子继续按照美美的意愿扎头发，直到美美满意为止。

美美的妈妈对孩子过于溺爱，对发脾气的孩子表现出屈从，美美正是抓住了妈妈这一弱点，把发脾气作为控制妈妈的一种手段。美美在无形之中养成的不良习惯令人担忧。生活中，我们也常常会看到像美美这样的小孩子，稍有不顺心的事情就大哭大叫，不仅摔东西，还会索性往地上一躺，任父母或哄劝或威吓，都"我自岿然不动"，一副不达目的不起来的架势。遇到这种情形，父母就会心烦意乱，不知所措。为了尽快平息孩子的怒气，父母就赶紧不惜牺牲原则来满足孩子的要求。久而久之，孩子得到这样的暗示："原来爸爸妈妈怕我发脾气啊，只要我一发脾气他们就得听我的。"渐渐地，孩子自然会把发脾气作为逼迫家长就范的有力武器。如此下去，孩子的脾气只能越来越坏。

对幼儿园孩子来说，特别是2~4岁处于第一叛逆期的孩子而言，发脾气是一种十分常见的现象。因为在这个年龄段中，孩子的大脑思维和肢体的协调性、灵活性提高，而语言表达能力却跟不上，当孩子无法用准确的语言表达脑海中的想法时，他们常常用发脾气来表现自己的独立愿望和反抗意识。随着年龄的增长，在孩子5岁之后，词汇量增多、语言逻辑能力提高，他们能够逐渐较熟练地用语言表达自己的思想，发脾气的次数就会慢慢减少。可以说，幼儿园孩子发脾气，主要是词不达意的挫败感令他们觉得烦躁、焦虑，从而导致了他们会以哭闹、踢打、摔东西为主要方式来表达情感。

发脾气是一种正常的情感宣泄，是一种感到愤怒或是遭遇挫折时常见的不成熟的反应。但是，孩子爱发脾气如果不及时纠正，将影响他对环境的适应能力，使孩子难以应付挫折，并影响他健全人格的形成。

如果孩子长时间把发脾气作为解决问题的唯一手段，我们就要及时加以

疏导；而如果孩子的脾气火爆，经常踢人，打人或者伴有呕吐、遗尿和屏气发作，这就是病态表现，我们应当提高警惕。

而有的父母虽然不溺爱孩子，但对孩子的要求过于严格又不讲究教育方法，使孩子的性格长期受到压抑，逐渐形成了强烈的反抗情绪和逆反心理。孩子的脾气变得十分暴躁，稍有不顺就会大发脾气。

有的父母自身就是性格火爆的人，常为了一点儿小事就拍桌子吵架。孩子与爱发脾气的父母一起生活必定会被同化，家长的言行潜移默化地影响了孩子的言行。

方法二：了解孩子的心理需要，正确引导发脾气的孩子

幼儿园阶段的孩子，独立自主的意识逐渐加强，尤其是4岁以后的孩子，由于体力与智力已经得到了长足的发展，迫切需要得到外界的认可。而有些家长怕这怕那，给孩子提出了过多的规定和要求，过度限制了孩子行为，环境中过多的约束会造成孩子情绪上的对抗，容易引起孩子的不满，使孩子动辄就以发脾气来示威。家长要了解孩子的心理发展需求，不要过多地对孩子进行限制，让孩子发挥自己的独立意识，可以有效避免孩子乱发脾气。

此外，还要注意满足孩子的生理需要。当孩子感到困倦或是饥饿的时候，他们也很容易发脾气。有的孩子睡眠质量不高，如果父母在他没有睡足、头脑还不清醒时叫醒或打扰他，孩子就会发脾气。我们除了要保证孩子有充足的睡眠时间之外还要多花一些时间和爱发脾气的孩子一起，了解他们的喜好，理解他们发脾气的动机，在孩子遇到困难时及时给予帮助，这样有助于减少孩子发脾气的机会。

如果孩子正在大发脾气，我们可以尝试引导孩子调节情绪。给孩子一个大大的拥抱，并且对他温柔地说一些能缓和情绪的话，比如"没事了，冷静下来"。父母此时千万不能因为孩子哭闹、发脾气而使自己的情绪受到干扰，要有足够的定力让自己不要烦躁，要耐心等待孩子的情绪平复。在孩子的情

绪逐渐平稳之后，拍拍孩子的背或是给他一杯水来转移其注意力，慢慢教导孩子在感到生气时要如何处理自己的情绪。

只要你觉得孩子发脾气的程度不会对孩子本身或是周围的东西造成危险，不妨对孩子说："我先出去了，当你情绪平复下来时再出来找我吧！"或者不去注意正在发脾气的孩子，只当他不在眼前，继续做自己的事。**这种淡化和漠视，会在一定程度上让孩子觉得发脾气没意思，达不到目的，久而久之他也就会自觉放弃这种无用的手段了。**

我们可以鼓励孩子进行一些活动来发泄怒气。有的妈妈用家里的沙发靠垫来作为孩子的"受气包"，让孩子在感到生气、愤怒的时候捶打这个柔软的"受气包"，既让孩子发泄了情绪，又不会使孩子受到伤害。而如果孩子有摔砸物品的行为，就要及时把那些易碎、易损坏的东西移开，避免对孩子造成伤害。与此同时，还要密切关注孩子的言行，防止孩子完全失去自我控制而发生自残行为。

方法二：让输了后发脾气的孩子懂得输的意义

现在的孩子们，都是一个个小公主、小皇帝，从来都是被宠着娇着长大的，到了三岁多上了幼儿园，孩子们有了自我意识，都喜欢赢，不能接受输。可是生活中难免有竞争，有竞争就会有输赢。一个只知道赢不知道输的孩子，是很难融入集体的。

面对这样"输不起"的孩子，家长应该怎样进行开导，从而让他们在面对输赢的时候变得坦然呢？

对于这个阶段的孩子，家长应尽量让其体验到成功，要尽可能地建立起他的自信心。然而，生活中失败是很难避免的，因此家长应让孩子将其当成是另一种情感方面的体验。在孩子情绪低落时，家长要给予孩子积极的鼓励，帮助他重新建立起自信心，以便积极应对挫折。

比如说，在孩子上音乐课时，倘若没有受到老师的表扬，那么这种情况下，家长就要善意地对孩子说："孩子不是每次都可以把事情做得很好的，在上次的绘画比赛中，老师就曾表扬过你，说你画得特别棒，虽然在这次的歌唱比赛中，你没有得到老师的表扬，但只要我们继续努力，就一定能够做到最好。"家长在这样说的时候，既让孩子明白了失败与受挫在一个人的成长过程中是不可避免的，同时也对他进行了积极的鼓励，让他勇敢面对。

在现实生活中，很多家长喜欢把孩子的成功当成一种值得炫耀的"门面"，倘若孩子赢了，就夸他聪明、能干；倘若孩子输了，就指责、埋怨他。其实，这种教育方式是极端错误的，这样做很容易让孩子走向两个极端：一是失败了就再也爬不起来了；二是争强好胜，不管什么都非赢不可。

家长作为孩子的启蒙老师，在其个性的形成过程中，发挥着至关重要的作用。家长在对"输不起"的孩子进行引导时，首先要让自己有一个平衡的心态，对于孩子的失败，应正确看待。一旦孩子在学习或游戏中遇到挫折，那么在这个时候，家长应教给他克服沮丧与悲观的方法，并且与孩子一起对失败的原因进行分析，帮助他将积极的心态建立起来，从而应对暂时的挫折。

在进行集体游戏时，孩子一般也会遭受一些挫折和失败，这些挫折与失败可以让他更好地认识自己，看清自己的缺点和别人的优点，从而使他的内省智能得到发展。一方面，孩子懂得去欣赏其他的小朋友，在与同伴友好相处的过程中，进行通力的合作；另一方面，孩子在与其他小伙伴交流的过程中，会学会共同克服困难和解决问题。集体活动中的这些磨炼，十分有利于提高孩子的耐挫力。

虽然家长应尽可能地去协助孩子取得成功，可是在日常生活中，对于孩子可能遇到的一些困难，家长不可过分刻意地加以排除。一旦孩子遭遇到挫折，那么在这个时候，家长千万不要立即插手，不妨给孩子自己留下一些面对失利的空间和机会。比如说，孩子用了很长一段时间，才用积木搭成了一座高楼，不幸的是，眼看高楼快要盖成的时候，却突然间全部塌了下来。家长倘若看到孩子沮丧的表情，最好不要立即上前帮他解决问题，不妨与他一起进行讨论，引导他认真思考问题，接着让他自己一个人按照所想出的办法去执行。孩子对于挫折的克服能力和动机，主要来自于那些遭遇过的挫折，当他的经验足够丰富时，就可以获得巨大的成就感与自信心。

家长在与孩子一起玩游戏的时候，不能每次都故意输，适当玩一些输了也可以得到奖励的游戏，通过这种方法，可以平衡孩子"输不起"的心态。当然，让孩子将输的原因说清楚，这是奖励的前提。

虽然孩子的年龄非常小，但也已经可以理解输与赢在现实生活中是常有的事情，输了并不一定就不好。家长可以给孩子讲一讲"塞翁失马，焉知非福"的故事，或者以孩子身边的实例来对其进行教育。

3 尊重孩子的个性，少命令、多沟通

早上起晚了，多多妈妈急急忙忙给多多穿好衣服，简单洗漱就要赶往幼儿园。看到妈妈忙碌的身影，听着妈妈不停地催促"快点！快点！"多多觉得心里不开心。

穿鞋的时候，妈妈站在门口叫多多赶紧过来，多多特别不情愿地挪着脚步。妈妈见了，特别生气："快过来啊！都要迟到了，我还赶着去单位呢！你怎么还磨蹭啊？快来！"

多多听了，眼泪哗哗的。妈妈更生气了："本来早上就忙得像打仗一样，你还给我添乱！我命令你赶紧过来！要不然我就要动手打人了！"

很多家庭都出现过类似情况：大人急匆匆而孩子依然慢腾腾，大人越是着急催促，孩子就越耍赖，越磨蹭。

父母总觉得孩子小，不能照顾好自己，所以关于孩子的任何事情都由父母来拿主意，教育孩子的时候也总喜欢用"你听明白了吗""你懂了吗""你要

听话，听话才是乖孩子""不许"。苏联著名教育家巴班斯基曾经说过："父母经常用命令的口气对孩子说话，叫孩子做事，会使孩子产生逆反心理，很难收到预期的教育效果。而一直在命令中做事的孩子，会缺乏主动性，容易形成懦弱的性格，不利于孩子的成长。"

方法一：不要做雕塑家，尊重孩子的个性

多多三岁了，平时除了上幼儿园，周末还被送去参加各种培训班。妈妈希望她能弹好钢琴，她就成了钢琴学习班里最小的孩子。爸爸希望她能讲一口流利的英语，两岁多就送她去了外语启蒙班，每周末都要听几个小时的课。多多虽然消费的都是很昂贵的东西，她每件衣服都是几百元钱，但是打扮得漂漂亮亮的她并不开心。她希望能跟小朋友们一起吹泡泡，去海边玩沙子。可是这些，都被紧张的课程夺去了时间。这些也都不是她想学的。她想学画画，画五颜六色的花朵，可是，她的要求并没有被爸爸妈妈采纳。

对孩子强行塑造，在很多家长身上都存在这个问题。无论孩子现在的学习现状及孩子的未来有无需要，他们都强行加以灌输。对课内课外安排的这一整套学习，不管孩子有没有兴趣，反正都得学。不管孩子的天赋和素质特点如何，都强行将智力开发内容灌输进去，学语文、学数学、学外语、学音乐、学绘画、学书法，等等，家长完全根据自己的模式进行安排。无论孩子的接受能力怎样，在孩子的不同年龄段中，如2岁、3岁、4岁，都强行对知识、对智力进行开发，即便是对生活经验的接受，也都有一定的阶段性。对于课内课外的学习，往往让孩子同时上几个培训班，以至于休息的时间非常少。即便是周末，也处在难受的高压状态之中。家长要求的东西太多了，即便孩子有很好的承受能力，也终究会有无法承受的一天。

还有的父母对孩子智力发展的规律性和阶段性不作考虑，盲目地制定各种孩子难以达到的高目标，这种强行塑造的举动，会让孩子的精神压力变得极为沉重。从小到大，对于任何一件事情，家长总喜欢替孩子做出选择和安

排，使得孩子变成了一个木偶，时刻处在完全被动的位置。

家长总是逼着孩子干这干那，逼着孩子学这学那。只要是逼着孩子学这个学那个的，就都在强行塑造的范畴内，就都是"捏泥人"的行为，是与客观规律不相符合的。

因为天生的素质及一定的生活环境会使孩子产生自己的兴趣。那么，家长应该怎样避免强行塑造孩子，并培养孩子的兴趣呢？这当然要讲究一点艺术。优秀的家长在对孩子智力、德育等各方面的培养都比较出色，其实他们都有一个原则，就是要将培养孩子学习的兴趣、向上的积极性作为最基本的出发点。不是只有一个简单的愿望就可以的，最重要的是在方法上有所讲究。

事实上，欣赏孩子正在学习的东西，这就是家长最主要的工作。**当孩子学画画的时候，家长应欣赏他画的画。当孩子写字的时候，家长应欣赏他写的字。当孩子下棋的时候，家长应欣赏他下的棋**。任何东西在没有学习之前，孩子都会觉得有意思，一旦开始学习，那么必定要付出劳动和努力。孩子付出了劳动，却没有被人欣赏，那么就会挫伤其积极性。因为孩子毕竟还很小，他无法完全凭理智进行学习。因此，家长一定要学会欣赏。

孩子正在下棋，无论他下得怎么样，家长都与他比一下，故意让他赢一两盘，并及时给予夸奖。倘若不给予夸奖，那么他就不会有积极性了。孩子不可能像大人一样，为了以后的前途，从而不断开发智力，努力学习。家长没有给予欣赏和夸奖，那么在培养孩子兴趣方面就只能是一句空话。孩子在下棋的时候，可能会输，也可能会赢，赢的时候，家长一定要及时夸奖他；输的时候，家长则要给予鼓励。虽然孩子现在的水平不够高，然而仍有不断提升的潜力。

在很小的时候，孩子的兴趣就产生了。作为家长，应尽可能全面地培养孩子的兴趣。倘若这个孩子将来可能会成为音乐家，那么在一定的时候，他就会对音乐表现出极高的兴趣。孩子将来可能会成为画家，那么在某个时候，他就会突然表现出对绘画的极大兴趣。孩子兴趣的发展与表现，往往是其天赋与素质的先兆。在培养孩子的兴趣与积极性上，孩子的心就如同一块田地一般，家长应高度重视培育孩子的学习兴趣和向上的积极性，因为它们是培育的嫩芽。通过家长的欣赏、夸奖、鼓励和榜样，以及日日夜夜的浇水和养护，这个嫩芽才会发展起来。当嫩芽茁壮成长之后，那么学习上的发展也就无须家长操心了。

方法二：少命令多沟通

每一个孩子是独立的个体，他们有自己的想法，也拥有强烈的自尊。他们不愿意听到父母命令的口气，更不喜欢父母强迫自己的行为。孩子希望父母能够平等地对待自己，当父母用命令的口吻要求孩子做事时，孩子很容易产生与父母对抗的行为。幼儿园孩子虽然年纪小，但他们的自尊心也很强，多多妈妈只看到了"再不走就迟到了"的现象，而忽略了孩子的感受，每天早上都是有条理地穿衣、刷牙、洗脸，妈妈还会讲个小故事，怎么今天突然就这样了？年幼的孩子无法接受突然的、非常规的变化，他们会感到不安、焦虑。妈妈的催促，包括妈妈着急时使用的许多言语都让多多感到难受，认为妈妈把迟到这件事完全怪罪到自己的头上而觉得很无辜。当妈妈一次次施压时，多多虽然不能使用语言表达自己的不满，却用最基本的不合作、不配合来做无声的反抗。

很多父母认为，对孩子发号施令是做父母的权利，命令孩子做事是理所当然的。多多妈妈就认为，快迟到了，我叫你快点是为你好，听我的才不会迟到，才不会犯错误。这也是许多父母的想法，他们以爱孩子为出发点，认为孩子不需要明白或了解什么，只要按照父母的意思去做了，得到的结果肯定就是好的、对的。所以，孩子最好乖乖听话，我叫你做什么你就做什么，父母是永远不会害你的。而长期受制于父母命令的孩子，很容易产生两种较为极端的倾向。

一种是对父母充满反抗情绪，产生逆反心理。随着孩子长大，他们逐渐有了独立自主的意识，即使能体谅父母的良苦用心，却还是会对父母命令的口气感到很反感，认为父母不尊重自己，于是会产生逆反心理，不愿意听从父母。有的父母感到自己受苦受累为了孩子，什么都为孩子考虑周全了，可到头来却得不到孩子的体谅，甚至被孩子敌视，觉得很委屈；而有的父母会感觉自己威严扫地，为了维护面子，就会更进一步强迫孩子按照自己的话去做，而越是打压效果越差，孩子与父母之间还会逐渐产生严重的对抗，影响亲子之间的良好关系。

另一种较为极端的情况是，父母常用命令的口气和孩子说话，逐渐压抑了孩子独立自主的意识，使孩子渐渐形成了懦弱、自卑的性格。随着年龄增大，他们对父母依然具有依赖性。这必将导致孩子长大成人后缺乏应有的独立性，一生的生活质量都会受到影响。那么，怎样才能既让孩子的身心健康快乐成长，又能保持自己在孩子心目中的威信呢？

方法三：多从孩子的年龄段出发和孩子沟通

幼儿园孩子一般精力旺盛，好奇心很强而自控能力差，经常被父母认为是"调皮捣蛋"，如果父母以成人或者学龄孩子的标准来要求他们，就会责怪他们，严厉要求孩子尽快改变。而如果了解了幼儿园孩子特点的父母，就会用包容的心态对待孩子表现出的种种不乖、调皮。比如有的小男孩喜欢变着花样来捉弄人，如果父母对孩子大声呵斥，不仅起不到任何的教育作用，还会使孩子背着父母变本加厉地四处施展恶作剧。如果父母理解孩子的心理，认为孩子贪玩、好奇的行为是正常的，就会夸奖孩子聪明，然后再对孩子捉弄人的不良行为进行引导，让孩子把他肯动脑筋的好习惯运用到游戏，或学习中。不用命令的口气与孩子说话，反而取得了很好的效果：孩子不仅改掉了缺点，还保持了爱动脑筋的优点。

所以，父母要尊重孩子的自尊心，了解孩子的年龄特点，经常站在孩子的角度去考虑他的言语行为，才不会给孩子提出超越年龄层次的苛刻要求。

父母还要理解孩子看问题的角度，这样才不会用成人的眼光来判断孩子的行为，不会拿成人的标准去要求孩子。

我们要改变"居高临下"的教育方式，不论是从思想上还是语言上，不要总拿大人的架子来对待孩子。不要只从自己的角度单方面地认为"我一切都是为你好，全世界的人都可能害你、抛弃你，只有父母不会；而且我经历的事情比你多，眼光比你看得远，所以，你不用问'为什么'，只需要按照我的指示去做就行了"。这样只从大人的眼光看待孩子、教育孩子，虽然出发点是好的，却是不被孩子接受的。

很多父母之所以不让孩子自主选择，是因为担心他犯错误。但是，**孩子正是在错误中成长的，有错误才会促使孩子发现问题、改掉毛病，才能获得进步。**如果孩子完全遵从父母的命令一步一步向前走，不仅看不到路边的风景，还会逐渐失去独自前行的勇气。所以，父母应该给予孩子充分的信任。相信孩子能够做好，即使做错了、做砸了，这次失误的经验，比父母耳提面命十几次的效果要好得多。

当孩子不能理解父母良苦用心时，父母有没有站在孩子的角度想过：如果有人请我吃糖，我会很高兴地接受；但要是对方命令我"把糖吃下去"，我一定会感到生气，哪怕再吸引我的糖果、哪怕我再馋，我也不会接受。父母体会孩子的心境，会与孩子感同身受，对于自己及时调整心态也很有帮助。

方法四：固定亲子相处时间

三四岁的孩子对他的玩具往往是三分钟热度，对一个玩具的喜爱度并不持久。父母宁可花更多的时间陪伴孩子也不要无缘无故地给孩子买玩具。用丰厚的物质代替父母给孩子的爱，会让孩子认为反正爸爸妈妈有钱，玩具坏了再买新的。他不会养成爱惜、节俭的品质，有些孩子反而还会因为父母没有及时满足他要新玩具的要求而无理取闹。所以，父母决定给孩子给予物质奖励之前，可以先想想，孩子这几天有什么值得表扬的地方。同时，也要让孩子知道，孩子做得好的地方"可以"获得物质奖励，而不是"一定"会获得，奖励会以父母的拥抱、全家户外郊游等方式来体现。

父母为了生计奔波，赚的钱多了，可陪孩子的时间却少了。父母要重视和孩子相处的时间，多和孩子接触，不但要增加接触的次数和时间，而且要专心致志和孩子一起，让孩子感受到你对他的爱。

在和孩子接触中耐心倾听孩子的诉说，分享他的喜怒哀乐，让他体会到父母的关爱，更要从生活细节上体贴关心孩子，使孩子感受到来自父母的温情，明白自己在父母心目中的重要地位。这样有助于孩子形成良好的性格，心理更为健康，更有安全感。我们给孩子的爱应该是无条件的，就算孩子犯了错，就算孩子没有达到我们的要求，我们对他的爱都不会减少一分，也要让孩子知道我们的爱始终如一，这样他才会安心。父母得给孩子吃个定心丸，要让孩子明白，不管怎样，爸爸妈妈都是永远爱他的。同时，这份爱也是有原则的，孩子应该为自己的行为负责。

许多父母认为孩子的快乐建立在新的玩具、新的漫画上面，如果父母无法陪伴孩子就会想方设法通过购买些奇特的玩具让孩子开心。当因为种种原因而没有办法实现还会感到内疚。其实，这种用玩具弥补爱的方法并不能让孩子感受到父母有多爱自己，反而还不如给孩子念几个故事、陪孩子玩一会儿游戏更令他们兴奋。所以才会有许多妈妈抱怨"我有家务要做，可孩子有那么多玩具却不玩，偏偏跟在我屁股后面要我和他玩"。

有什么比孩子的健康快乐更重要的呢？忙碌不是我们没时间陪孩子的理由。如果我们能够陪伴孩子一起成长，闲暇时做一些好玩的游戏、看几本有意义的图书，并把这样的亲子相处时间固定下来，会给孩子一种可以掌控和期待的感觉，对消除孩子消极和焦虑等情绪非常有效。

要与孩子共同度过一点时间，和孩子聊天，关心他一天的喜怒哀乐，或者陪孩子阅读一本有趣的童话书。

必须要注意的是，父母在这段有限的时间里是需要全身心投入的。有的家长下班之后也会陪着孩子念故事、玩游戏，但在念故事的时候哈欠不断、在玩游戏的时候心不在焉或者不停接打电话,这都不是"全身心的投入"。不仅不会让孩子感到满足,反而还会使他们觉得没有真正被尊重、被重视,以后也会排斥这种相处方式。所以,这种"走过场"的亲子交流是吃力不讨好又没有任何效果的。要和孩子共同度过有限的两小时,哪怕半小时,就要从心理上放下其他杂事,真正地投入,感受到孩子的需要。

4 接纳孩子的负面情绪,让孩子发泄出来

如果孩子号啕大哭了,家长们的反应可以归为下面几种:

第一种:"别哭了,爸爸给你糖吃还不行吗?"

"你再这样,以后爸爸都不会带你出去玩了!"

第二种:"爱哭你就哭个够!一边儿哭去,哭够了再来找我。"

"回自己房间去,听你哭我就心烦。"

第三种:"再哭我就打你了!"

"你自己做错了事还要赖,真替你脸红!"

"哭哭啼啼像什么样,就你麻烦事儿多!"

第四种:抓紧时间对孩子进行教育,告诉孩子:"你还小,就为这么多事伤心难过,以后长大了还有更多不顺心的事,有你哭的时候呢!爸爸妈妈像你这么大的时候已经会照顾自己了。以后别为这么点儿小事闹情绪好吗?想想爸爸妈妈平时是怎么跟你说的……"

如果你对孩子哭闹情绪的回应大多数时候如第一种的内容,你属于"交换型"父母。会认为孩子的负面情绪一无是处,所以每当孩子出现哭闹情绪时,你就会希望孩子立刻停止哭闹并以孩子喜欢的东西作为"不再哭闹的条

件"而忽视了对孩子的了解和安慰。

如果你的反应和第二种类似，你属于"冷漠型"的父母，对于孩子的情绪不予干涉，漠不关心，既不否定也不安慰，让孩子自己想办法处理。幼儿园孩子年龄尚小，没有父母积极的引导而完全靠自己的能力化解心中的愤怒、委屈、忧伤等负面情绪，容易出现两个问题，一个是变得更具侵略性，通过伤害别人来换取内心的平静；而另一个就是尽情地哭闹，不知道如何平复心情。而孩子这样延长哭闹时间的结果是令父母更为恼火，状况直接升级为第三种类。

作第三种反应的父母属于"惩罚型"父母，对孩子表达的恐惧、愤怒、哀伤、委屈等各类情绪一律施以恐吓、责骂、训斥或惩罚，看到孩子抽抽噎噎竭尽全力地止住哭声，父母会以为这样才是坚强勇敢的孩子，这样的教育才不是宠溺，才不会惯出孩子的坏脾气。

第四种父母属于"说教型"父母，认为孩子是能听懂道理的，只要明白了道理，负面情绪就会消失。当孩子感到孤单无助，承受独自面对负面情绪带来的痛苦时，父母却在一旁喋喋不休地说教、训导，只会让他感到更难受。

这四种都是传统地处理孩子情绪的方式，是不接纳孩子情绪流露的表现。当然，这些方式都是不利于孩子情商培养和健康成长的。

方法一：先处理孩子的情绪，然后告诉孩子如何发泄

上幼儿园的孩子在认知、语言表达等方面尚待发展，对情绪的认识不多，没有足够和适当的语言来描述自己的情绪，父母往往很难正确地理解他们内心的感受和想法，如果凭借大人的臆想妄加推断和猜测，很可能会让孩子长时间陷入更不好的情绪中。所以，要想办法帮助孩子捕捉内心的情绪，引导孩子正确表达，才能对事件下结论。

父母可以提供一些情绪方面的词汇，帮助孩子把恐惧、委屈等转换成一

些可以被下定义、容易界定的情绪类型。比如"你觉得被人冤枉了，心里很不舒服是吗？"这样引导孩子表达情绪，也便于父母了解到底是什么事让孩子情绪这么激动。而且，孩子越能准确地用语言表达他们的感受，就越能提高处理情绪的能力，也就能容易了解和处理他们所面对的事情了。

当然，有时候难免会遇到孩子极端不配合，使劲哭闹令大人感到十分崩溃的时候。此时可以给他讲个他以前从来没有听过的故事、用别的东西吸引他的注意力，有时还可以没头没脑地发问："对了，上次我们看的故事里面是巴巴伯吃坏了肚子还是巴巴祖？妈妈记不清了呢？"这种打断惯性的做法有时候能收到很好的效果。或许孩子脸上还挂着泪花却又已经迫不及待地和你讨论那个倒霉蛋到底是谁了。

我们肯定了孩子的情绪，通过引导他描述真实感觉并了解了引起孩子负面情绪的整个事件之后，应当让孩子明白："有情绪可以，但打骂人、摔玩具却是不对的。"

比如你可以告诉孩子："你对妞妞抢走你的玩具很生气，妈妈明白你的感觉。但是你打她就是你不对了。你们两个是朋友，你打了她，她现在也想打你，以后也不想把她的玩具给你玩了，你们以后是不是就不能做朋友了？"要让孩子明白，他的感受并不是问题，问题的关键是不良的言行。要让孩子知道："你的所有感受我们都能无条件接受，但并非你的感受引发的所有行为都是对的。"

父母要会引导孩子自己处理问题。等孩子情绪稍微平和时，先问他想要什么，和孩子一起讨论解决问题的方法，尽量引导孩子自己想办法，协助孩子做出最好的选择。比如"豆豆抢你东西，除了打她，你还有别的办法吗？""下次豆豆过来的时候，你可以先对她说点什么，她就不会再抢你玩具了？"

我们以愉快的态度参与孩子的"情绪问题"，不仅可以安抚孩子的情绪，更能让孩子在父母协助解决问题的过程中变得独立、自信，以后碰到类似情况就不会仅仅只是无助地哭闹了。

方法二：理解"摇头娃娃"，然后帮助他们接纳别人

嘟嘟三岁了，已经上了幼儿园小班了。可是，让妈妈很苦恼的是，嘟嘟是个"摇头娃娃"，不管别人说什么他都说不，摇头不同意。妈妈送他去幼儿园，让他跟小朋友打招呼，他头摇得很欢，就不搭理人家。别的小朋友动他的玩具，他也一样坚决地拒绝人家。妈妈看他这样，非常担心。怕他性格越来越孤僻。

3岁孩子的自我意识开始逐渐形成，也慢慢建立了自己的观念，在现实生活中的表现就是对别人的要求说"不"。由此可见，孩子之所以做出这些"反抗性"的行为，主要是有了一定的自我主张，想自己独立，这并非什么坏事情。

一位爸爸最近很苦恼，他不知道为什么自己3岁零两个月大的儿子突然变得不听话了。比如，他让儿子干什么，儿子都会说："那不行！""我不！""我偏不！"

而且，有时候儿子竟然还对父亲下命令："爸爸，给我拿玩具狗来！"爸爸说："等一等，我忙完这点事。"可儿子语气非常坚定地命令爸爸："不行！现在就去拿！"就因为这个，这位爸爸被弄得不知道该怎么应对儿子了。

有一天，他送儿子去幼儿园，在幼儿园门口见到了老师。这位爸爸就让儿子跟老师问好，可儿子像没听见一样，低头就进了大门。晚上上床睡觉，他故意把裤子脱下来扔到地上。爸爸给他捡到了床上，一转身儿子又把裤子扔了下来，而且还得意地冲着爸爸笑。结果，爸爸捡了，儿子又扔，直到爸爸把儿子的裤子放在儿子够不到的地方。

半夜，爸爸担心儿子冷，就给他盖被子。儿子醒了，竟然不让爸爸给他盖，而且还故意把腿伸到被子的外面。于是，爸爸再次给他盖上，可儿子仍旧把被子都蹬开。爸爸很无奈，就转身离开他的屋子，见到爸爸离开了，儿子却用被子把自己盖得严严实实。

三四岁的孩子在很多方面表现为与父母作对，当然，并不是真的与父母作对，而是他已经进入了执拗敏感期。**孩子的执拗敏感期来源于秩序感，在这一个时期，孩子常常是难以变通，有时候甚至达到成人难以理解的地步。父母一定要知道，孩子的心理活动是有秩序的，在他还没有超越这种秩序时，他就会严格地执行这种秩序。**

3岁的孩子，一般都是很有秩序感的，对于这种心理，家长要能够加以利用，与他一起商定某些事情的处理方式。一旦孩子养成了这种习惯，那么其他的做法就会被其视为异己而被排斥。家长应认真对待约定的规则，在与孩子发生冲突时，应提醒他遵守。当孩子不愿接受某件事情时，家长应进行解释，明确说出做与不做的后果。警告孩子之后，要能够说到做到。在孩子积极配合时，家长应适当给予鼓励，因为这个时候家长的耐心会对孩子产生深远的影响。

妈妈带着即将满3岁的儿子小威和他的表哥去踏青，妈妈说："小威，请你让大哥哥拉着你的手。"

小威很坚决地说了一个字："不！"

妈妈继续劝他说："这个大哥哥拉着你会很安全的！"

小威还是倔强地说："就不！"

妈妈就让那个大哥哥主动拉小威的手，可这下，小威竟然大哭起来，不仅不让拉，还一屁股坐在地上不走了，耍起赖来了……

妈妈真是想不通了："为什么儿子总是这样反常呢，这么倔强，情绪也很暴躁，以前那个温顺可爱的儿子哪里去了呢？"

面对孩子说"不"，家长应允许他们无理取闹，可以当作是他们的好奇心在作怪，这样就可以容忍孩子了。在此期间，家长不要对孩子表现出失望的情绪，不要轻易加以干涉，也千万不要一味地压制他，要试着从孩子的角度来看待问题，对他的某些行为给予适当的赞成和鼓励，发展孩子的动作技巧和其他各方面的能力，用无限的耐心帮他平稳地度过这一反抗期。

在孩子总是说"不"时，家长不必急于坚决执行自己的想法，可以试着拿出多种不同的意见，让孩子自己做选择。这些选择并没有对错之分，然而要给孩子一个良好的感觉：可以自己做主了。在与孩子交流的过程中，这种多项选择法往往非常奏效。即便这多种方案都不是孩子原来想要的，可是他喜欢那种自己拿主意、做决定的感觉，因此比较容易接受，而且由于是孩子自己选择的，在执行的时候也会利落一些。

我们都知道，2~3岁的孩子是最擅长模仿的，除了"妈妈爸爸"以外，"不要"这词也是一个简单易学的词语。而"不"这个字基本上也是很能吸引孩子注意力的，不管是在家里听家长说过，还是在外面听大人说过，孩子都可以从别人的表情或所做的事情中看出"不"与其他话语的不同之处，让孩子少听到"不"字，他也就不会说它了。

一般来说，孩子的执拗行为是没有办法完全去除的，只能尽量去缓解。缓解的方法就是父母给予孩子足够的理解，并顺从他的要求，以此来减轻孩子内心的焦虑与不安。

5　怎样教见人来就兴奋的孩子

军军4岁多，是个典型的"人来疯"，家里没来客人倒还老实，一来客人就开始"走样"，表现得十分活跃，但活跃过头了，就显得闹人了。本来大人在说话，他却非要阿姨看他的玩具，让叔叔给他讲故事，要不就是一个劲儿地问父母问题，或是让父母陪他下棋。家里的来客会打破原本三口之家、五口之家的平静，增加了新鲜感，于是孩子就会表现得兴奋；而且孩子年龄小，兴趣保持时间比较短，上一分钟对客人的来临感到兴奋，或许下一分钟又会因为客人妨碍了他的正常活动而感到烦躁。

很多家长都会有这种体会：孩子平时在家里很乖，可是一旦有客人来访，他就变得顽皮和不听话起来。不是想吃糖，就是敲打东西，或者要看电视,在沙发上、床上吵吵嚷嚷,蹦来跳去。倘若大人上前加以制止,反而会闹得更凶,这就是典型的"人来疯"表现。所谓"人来疯",是指孩子在客人来的时候,情感上表现出一种近似胡闹的异常兴奋现象。面对这种现象,家长若是不管吧,当着客人面,又似乎显得自己管教无能,直弄得他下不了台面,客人也会十分尴尬。某些家长在难以忍受的情况下,在客人还未离去之前,便对孩子发出了最后通牒:"你再发疯,等客人走了,我不狠狠揍你一顿才怪!"结果,客人走了,孩子也乖了,家长也不忍打了,事情也就这么过去了。而孩子呢?因为没有受到应有的管教,下次客人来访的时候,不仅会故伎重演,而且还有可能变本加厉。

"人来疯"在孩子当中普遍存在,虽然不是病,却往往让父母不堪其扰。

根据弗洛伊德定律分析,"人来疯"是人类自我表现欲的无端彰显。一个正常人由于种种原因受到了轻视或漠视时,就会千方百计地寻找各种机会表现自我,达到吸引他人眼球、引起人们对自己注意的目的。而展现自我达到目的的最佳机会就是家里来了生人、客人或不常见的长辈的时候。

其实,大人也有"人来疯"现象,只不过把这种欢迎和喜悦之情变成了更为克制而礼貌的行动,比如注重自己的穿着、抓紧时间收拾显得凌乱的摆设、早早准备好茶杯水果等,如果是特别期盼的客人,可能还会在准备过程当中哼起小曲。这些都是快乐又有"度"的表现。

如果客人来访,待得时间长了,影响到自己的休息或打乱了自己先前的计划,大人会不动声色地尽主人之谊,尽力克制自己的焦虑,实在忍无可忍,也不会直接下"逐客令",仍然会保持良好风度委婉地向客人表达自己的想法,让客人识趣地离开。

可孩子没有太多的社会性交往经验,他们完全凭自己的本真行事,想怎样表达就怎样表达,不会像大人那样隐藏自己的喜怒哀乐。但是这样一来,必然达不到父母心目中"好孩子"的标准,自己的孩子在客人面前种种真性情的表现会让父母觉得很没面子,怕客人认为自己孩子没教养。每每客人告辞之后,父母往往把门一关,把脸一抹,开始数落起孩子刚才的种种"不乖"，说孩子是"人来疯"，更会一边絮絮叨叨教育孩子，一边收拾孩子制造的凌乱场面。所以一说起"人来疯"这个词，总会带有贬义的感情色彩。

对于常犯"人来疯"毛病的孩子，父母应该怎么对待呢？

方法一：父母要多关注孩子的成长和进步

一般情况下，那些受到关爱或关注度不足的孩子，会有比较严重的"人来疯"倾向。平时得到的关爱少，他们就会希望在外人那里得到额外的、补偿性的关注，而送上门的客人当然是最好的人选。如果孩子在幼儿园新学会了一首儿歌，迫切希望唱给父母听，可爸爸忙着接电话，妈妈着急炒菜，即使最后闲下来听完孩子的歌曲了，大人表现得不投入、不耐烦，也会让孩子很伤心。而客人却能出于礼貌比较安静地、专注地聆听，并且对孩子的表演不乏溢美之词，这让孩子感受到了关注和肯定。

父母在日常生活中除了关心孩子的身体，更要关注孩子的心理需求。主动和孩子谈谈他在幼儿园发生的事，寻找一些共同话题，通过聊天走进孩子的心，使孩子感受到父母的关注远比来自客人的关注要持久。

有很多家长由于工作忙，日常生活中很少带孩子出去走走，孩子成天待在家里，不是与家人玩耍，就是和玩具或电视打交道，实际交往的圈子十分狭窄。一旦家中来了客人，这时他们就会觉得非常好奇、兴奋，总是希望客人注意到自己。倘若客人只顾和家长交谈，而对孩子却不理不睬，孩子就会在心理上感到被冷落了，为了引起大人的关注，于是便有意识地做出一些不太正常的行为。当孩子发现大人们注意到自己的时候，便会想尽一切办法将自己表现出来，可能他们的心里也清楚，自己会因为某些不当的行为而受到训斥，然而他们仍旧觉得满足。

目前，我国很多孩子都是在独生子女家庭中生活的，这样一来，孩子的"自我中心"感就更为强烈了。有些家长对孩子过分溺爱，无论孩子的要求是不是合理的，他们一概都会给予满足，这样做只会让孩子变得自私、任性起来，即便当着客人的面，对家长的话也会置若罔闻，更有甚者还会无理取闹；而有些家长，由于对孩子的期望过高，管束过严，因此严重抑制了孩子爱玩的天性，当有客人到访时，家长的注意力全部都集中在了待人接客上，孩子常常会抓住这个时机，尽情地释放自己。

孩子的"人来疯"往往会在言行上令父母难堪，甚至偶尔还会因逞能表现而使自己受到伤害。面对孩子的异常表现，绝大多数父母都会碍于面子，不会当着客人的面教训孩子，而选择在客人走后"秋后算账"。但多次反复之后，父母会发现，孩子的"人来疯"并没有好转的迹象，反而会使孩子更加享受客人来访的"快乐时光"，孩子的眼光并不长远，只注重眼前利益，只要抓住机会多提要求，让自己在当下感到满足，客人走了之后自己面临何种境地孩子是想不到的。所以，这种"秋后算账"的办法对于制止孩子"人来疯"的效果甚微。

方法二：父母要让孩子参与接待客人

父母要理解，孩子也真心喜欢迎接客人，看到父母忙碌，身为家庭一员的他也希望能够做主人。而父母的无暇关注会使孩子感到受了冷落，他就会选择在客人来的时候"大显身手"。如果父母引导孩子把自己心中的高兴、喜悦融入协助大人迎接客人到来的准备工作中去，孩子会感到自己有了"身份"，自己并不是"局外人"或是"多余的人"，就会不知不觉注意起自己的言行举止来。

孩子总是喜欢听到赞扬的，除了父母的表扬，孩子更喜欢来自外部的肯定和表扬。他们很希望在客人面前表演，用自己最拿手的儿歌、最喜爱的玩具博得客人的赞赏。而来到家里的客人一般也会出于礼貌地予以配合，而且表情真挚、态度诚恳，让孩子觉得客人赞美的话语怎么就是比父母平时随口说的表扬要好听呢？孩子会在客人面前卖弄自己最拿手的才艺，卖弄完了还会想方设法做一些在父母看来不合时宜或者根本就是无理取闹的即兴表演。

孩子陶醉其中而父母却觉得像个哗众取宠的小丑而感到难堪。

为了避免这种情况的发生，父母可以事先和孩子一起归纳他的"拿手绝活"，平时注意教孩子一些可以在客人面前表演的节目，这样能让孩子"按照计划行事"，既能在客人面前表演以取得关注和成就感，又不会让父母因为孩子的举止不当而感到尴尬了。

为了降低孩子看见生人时的新鲜感，家长应多为孩子创造和外界接触的机会，比如多邀请朋友、邻居到家里来做客，多带孩子到一些聚会或集体活动中去。在有生人的情况下，应主动将孩子介绍给别人认识，这样才可以让孩子不会觉得自己受到了冷落，大人们交谈或活动时，倘若不需要孩子回避，应尽可能地让其参加。

孩子自控能力的发展，通常都会受到气质类型等遗传因素的影响，然而起决定性作用的，还是环境、教育等后天因素。家长可以向孩子提出前后一致的、合理的基本行为规则，比如家中待客的基本礼貌等，当孩子能够做到的时候，应及时进行赞扬与鼓励。在禁止孩子做一件不应该做的事情时，必须特别注意，这个时候应引导孩子做另一件可以做的事情。

另外，还要注意的是，**爷爷、奶奶和父母等家庭成员，对孩子的要求应当一致，并且这些基本要求不要随着情景的变化而有所改变。**前面已经说过，孩子的自控行为常常会因人、因场合而有所不同。提出一致性与一贯性的合理的行为规则，有助于提高孩子的自控能力。此外，家长可以教会孩子怎样对自己的行为进行评价，比如说，引导孩子把自己的行为和其他人的行为加以比较，慢慢增强他们对自己行为的内部调节。